Sr. Margaritha Valappila

Jesus lebt heute

DANIELIS VERLAG
79798 Jestetten

Sr. Margaritha Valappila

Jesus lebt heute

ISBN 978-3-936004-03-8
3. Auflage 2009

Auslieferung: Verlag und
Haus Raphael, Parkstraße 2a, 63628 Bad Soden-Salmünster
Fax: 0049(0)6056-740419, E-mail: haus-raphael@online.de
www.haus-raphael-ke.de
Druck und Bindung: AALEXX Buchproduktion GmbH

Inhaltsverzeichnis

Danksagung

Zuallererst danke ich Gott und meinen Eltern, die mir nicht nur das Leben geschenkt haben, sondern vor allem das Leben aus dem Glauben an das Evangelium, von dem ich nun mein Leben lang Zeugnis geben darf.
Dieses Buch dient der Neuevangelisierung. Viele haben daran mitgewirkt, denen ich von Herzen danken will. Einige möchte ich hier namentlich erwähnen. Meine Mitschwester Kiliana, Frau Dr. Block, meine leibliche Schwester Omana Anthony Kainadethparambil.
Ferner meine treuen Sekretärinnen Karin Kratzer-Dörsam, Marina Mandaric und Frau Barbara Stork. Weiter Frau Monika Meller und Pfarrer Edel, der das Buch drucken ließ.
Ihnen und den vielen ungenannten Mitarbeitern und Mitwirkenden sage ich ganz herzlich »Vergelt's Gott« und ich bin sicher, ER wird es tun.

Sr. Margaritha Valappila

Vorwort

Wenn wir auch nicht alle eine solche Blitzerfahrung der Wiedergeburt im Heiligen Geist gemacht haben, wie der berühmte französische Schriftsteller Andre Frossard, wissen wir doch aus Jesu Mund, dass wir neu geboren werden müssen, aus dem Wasser und dem Heiligen Geist. Zu Nicodemus, der des nachts zum Heiland schlich, hat Jesus ganz deutlich gesagt: Wieso kommt es, dass du, ein Meister in Israel, das nicht weißt? - Ja, der Mensch muss aus dem Samen Gottes neu geboren werden, das heißt aus seinem Wort, das das ewige Leben in uns hervorbringt.

Schwester Margaritha hat das in ihrem eigenen christlichen Ordensleben erfahren dürfen und gibt es allen weiter, zu denen sie gesandt ist im Gehorsam gegenüber ihren Obern und den kirchlichen Vorgesetzten. Im Rahmen ihrer Berufung als Josefsschwester zählt sich Sr. Margaritha zuerst zu den Unmündigen. - In der „Schule von Nazareth" gehen die Schwestern vom hl. Josef in die Stille der Klausur, um wie Maria und Josef Jesus als Gottes Geschenk im betenden Staunen zu erkennen und in inniger Liebe Ihn anzubeten und Ihm zu huldigen.
Wir Josefsschwestern versenken uns mit Maria und Josef immer tiefer in die Vertrautheit mit Jesus! Dabei entdecken wir das unaussprechliche große Geschenk des Vaters in Seinem vielgeliebten eingeborenen Sohn. In dieser Intimität mit Jesus wächst das neue Leben im im Heiligen Geist, im Licht und in der Wärme Seines Wortes, das von Ihm ausgeht. In Seinem Geist, der uns zu Gotteskindern macht, rufen wir zu Gott „Lieber Vater!". Das gilt für alle Getauften.

Ja, wir sind geboren als Kind - ein neues Kind in Gottes Reich, wo Gott Vater ist. Ein Gott, der uns als seine Kinder gerufen hat, und den wir als unseren Vater lieben. In Jesus ist uns das alles geschenkt! Wenn wir Ihn annehmen, dürfen wir uns führen lassen von demselben Geist, der Ihn geführt hat.

Als Josefsschwester weiß sich auch Schwester Margaritha in unserer Kongregation mit dem Charisma der eucharistischen Anbetung beschenkt. Dieses Geschenk darf sie mit all denen, die Gott suchen teilen. Unsere Kongregation ist in der Kirche dazu berufen, von dem Zeugnis zu geben, was das Herz der Kirche ist: Jesus, das lebendige Brot, gebrochen und hingegeben für das Leben der Welt. Er ist das große, überreiche Geschenk des Vaters. „Gott hat die Welt so sehr geliebt, dass er seinen einzigen Sohn hingab, damit jeder, der an ihn glaubt, nicht zugrunde geht, sondern das ewige Leben hat. Denn Gott hat seinen Sohn nicht in die Welt gesandt, damit er die Welt richtet, sondern damit die Welt durch ihn gerettet wird." (Joh 3,16f)

Der himmlische Vater ruft die Menschen aus allen Völkern, Stämmen und Sprachen zum Festmahl der Erlösung. Das geschieht auf dem ganzen Erdkreis in der hl. Eucharistiefeier, in der wir „Anteil erhalten an dem einen Brot und dem einen Kelch, und so ein Leib werden im Heiligen Geist, eine lebendige Opfergabe in Christus zum Lob seiner Herrlichkeit". (vgl. viertes Hochgebet)

In dem Buch will Schwester Margaritha uns dieses so große Geheimnis der Liebe Gottes nahe bringen. So nahe, dass wir es auf jeder Seite greifen dürfen in den verschiedenen Zeugnissen, die sie selber erfahren durfte im Licht der Heiligen Schrift, die dort Leben schafft, wo sie im gläubigen Herzen aufgenommen wird.

Liebe Leserin und lieber Leser, viel Segen und Freude komme über Sie durch die Gnade unseres Herrn Jesus Christus.

Mutter Sophie Moog
Generaloberin der Schwestern vom Hl. Josef zu Saint-Marc

Mitteilungen aus unserer Familie

Zu diesem Buch möchte ich, Omana Anthony, als ältere Schwester von Sr. Margaritha einige Ereignisse mitteilen, die wir Geschwister in ihrer Kindheit und später mit ihr erlebt haben.
Unsere Eltern waren sehr gläubige Katholiken. Bereits am Morgen, um 4:30 Uhr, begann unser Vater den Tag mit lautem Gebet und Lobpreis. Dieser Lobpreis hat uns Kinder aus dem Schlaf geweckt und uns für unser ganzes Leben geprägt. Zwei Zimmer weiter, wo wir geschlafen haben, konnten wir es hören. Wir sind elf Geschwister. Sr. Margaritha, ist auf den Namen der kleinen Theresia von Lisieux getauft, gerufen wurde sie Kumari. Sie ist das vierte Kind und das vierte Mädchen. Sie war immer anders als wir anderen. Schon als Kind hatte sie keine Angst, auf der Bühne zu stehen und keine Hemmungen vor Menschen. Schon mit dreieinhalb Jahren wollte sie mit uns älteren Mädchen in die Schule. So war sie bereits in der ersten Klasse, mit dreieinhalb Jahren.
Einmal sagte der Vater: »Wir gehen zum Bischof um unsere Amma (Mama) segnen zu lassen«. Das sagte er, weil schon sechs Mädchen da waren und er auch einen Buben wollte.
Dieser Bischof war eine sehr begnadete Persönlichkeit. Viele Menschen gingen zu ihm mit ihren Anliegen und baten um sein Gebet. Unser Opa war sehr befreundet mit diesem Bischof, obwohl er chaldäischer Christ war. Also gingen die Eltern mit vier von den sechs Mädchen zum Bischof. Wir Mädchen waren sehr gespannt auf ihn. Nach einer kleinen Wartezeit kam der Bischof zu uns. Er war hellhäutig, sehr groß und hatte einen langen grauen Bart. Er ließ sich auf seinem großen bischöflichen Stuhl nieder. Kaum saß er, schaute er uns alle an. In diesem Augenblick rannte die kleine Kumari auf ihn zu und setzte sich auf seinen Schoß und streichelte seinen langen Bart. Ebenso streichelte auch der Bischof ihre schwarzen Locken. Während dessen fragte er unseren Papa, was sein Anliegen ist. Papa sagte, dass er sechs Mädchen habe und er bittet um einen besonderen bischöflichen Segen, dass er nun auch einen Bub bekommt. Der Bischof sagte zu ihm: »Warum brauchst du ei-

nen Bub, hier ist ja schon ein Mädchen, die ist für zehn Buben.« Heute verstehen wir dies als ein prophetisches Wort und besser als damals. Die Freundschaft von Kumari mit dem Bischof blieb bis zu seinem Tod. Unsere Mutter wurde vom Bischof gesegnet, dabei sagte er: »Nächstes Jahr, um diese Zeit werden Sie einen Bub bekommen, er soll auf den Namen Josef getauft werden und zum Zeichen der Freude soll er ‚Joy' gerufen werden. Er wird ein Segen sein für viele Menschen.« Auch diese Verheißung ist in Erfüllung gegangen (Auch er verkündet inzwischen das Wort Gottes.) Genau ein Jahr später kam Joy zur Welt. Die kleine Kumari hatte nichts Eiligeres zu tun als den Papa schnell zum Bischof zu schleppen, um diese freudige Botschaft zu überbringen.

Schon mit sechseinhalb Jahren durfte Kumari zur ersten heiligen Kommunion gehen, sie war ja damals schon in der dritten Klasse, in der die Erstkommunion der Kinder war.

Von den Schwestern, die uns in der Schule unterrichtet haben und von zu Hause hatten wir als Kinder gelernt, viele kleine Stoßgebete zu verrichten. So waren wir sehr fleißig auf dem Schulweg. Wenn die gewünschte Zahl der Stoßgebete, z.B. einhundert, noch nicht erreicht war, sagte sie öfters: »Gehen wir doch langsamer damit die Zahl der Gebete stimmt.«

Dies alles waren schon kleine Vorzeichen, was die Zukunft in ihrem Leben bringen würde; heute erst erkennen wir das deutlich. Als sie ihren fünften Geburtstag hatte, kamen wir an diesem Tage aus der Schule und es waren zu unserer Überraschung fünf Priester zum Tee eingeladen. Bei den Geburtstagen von uns Geschwistern gab es solche Überraschungen nicht. Ein anderes Beispiel: Am Tag von Kumaris Erstkommunion hat unsere Mutter zwölf arme Kinder zum Essen eingeladen in Erinnerung an die zwölf Apostel. Kumari stand dabei und hat mit großer Freude zugeschaut wie die Kinder ihren Hunger stillten. Anschließend durfte sie noch Geschenke an die Kinder verteilen. Solche Begebenheiten gab es nur bei ihr.

Das hat unsere Mutter mit Gottes Gnade durchgeführt, als Zeichen für ihre jetzige große Berufung, was wir damals nicht geahnt haben. Der

liebe Gott hat eines von uns Geschwistern ausgewählt Sein Wort in der ganzen Welt zu verkünden.
Im Jahr 1960 hat Kumari Abschied von unserer Familie genommen. Die Verabschiedung war in der großen Basilika in Trichur nach der hl. Messe.
Der Abschied von Kumari war für die ganze Familie sehr traurig. Die erste Zeit wurde nicht viel gesprochen, niemand hat mehr gelacht. Unsere Mutter haben wir immer wieder angetroffen, wie sie alleine irgendwo gesessen hat und geweint hat. Wir alle haben darunter sehr gelitten. Und heute sehen wir, dass sich alle diese Opfer gelohnt haben. Wir erfahren dadurch in unserer Familie viel Segen von Gott.
Die Flugreisen, so wie heute, waren damals noch nicht möglich. Deshalb ist sie mit weiteren drei Mädchen mit dem Schiff nach Deutschland gefahren. Die Reise war nicht ungefährlich. Gott sei Dank war noch ein indischer Priester mit dabei. Die Fahrt dauerte zwei Wochen bis zur Ankunft in Rom.
Später hat sie mit großer Freude erzählt, dass sie, gewissermaßen mit dem Segen von Papst Johannes XXIII., in den Orden der Josefsschwestern eingetreten ist.
Nach ihrem silbernen Ordensjubiläum hatte Sr. Margaritha Heimaturlaub. Wir haben uns auf dieses große Fest gefreut, denn vorher konnten wir niemals an einem Fest, wie der Einkleidung oder der ersten oder ewigen Profess teilnehmen, weil alle diese Feste in Deutschland gefeiert wurden. Ich erinnere mich noch deutlich an diese ungewöhnliche Feier. Hier nun hatten wir die Einladungsliste schon vorbereitet. Dann kam Sr. Margaritha und sagte, dass sie niemanden von der Verwandtschaft einladen will. Das Argument war, dass niemand von ihnen verhungern müsste, weil sie alle genug zu essen haben. Sie meinte, wir könnten doch dreihundert Bettler zum Essen einladen oder dreihundert arme Kinder. Da das alles zu schwierig war, brachte die Familie 280 Kindern, die täglich in einer Schule gespeist wurden Essenspakete mit Lebensmitteln, die sie sonst nie bekamen. Die Mütter der Kinder waren alle in die Schule gekommen, um zu sehen, wie ihre Kinder sich freuten. Au-

ßerdem wurden noch Kinderkleider verteilt. Das war eine große Freude nicht nur für die Kinder, sondern auch für uns selbst. Unsere Mutter hat mit Freudentränen die ganze Aktion in der Schule eröffnet. Diese außerordentliche Jubiläumsfeier war eine große Freude für uns alle.
1990 kam Sr. Margaritha nach Indien, weil unsere Mutter sehr krank war, obwohl sie selbst gerade eine Knochenoperation hinter sich hatte. In Bombay musste sie das Flugzeug wechseln, um nach Kerala weiter zu fliegen. Zu dieser Zeit lebte ich mit meiner Familie in Bombay. Wegen eines Streiks gab es nur noch einen Flug pro Tag nach Kerala. Viele hundert Menschen haben schon tagelang auf einen Platz im Flugzeug gewartet. Drei Tage lang haben wir auch vergeblich versucht einen Platz für sie zu bekommen. So haben wir uns entschlossen mit dem Bus zu fahren – 36 Stunden Fahrtzeit und dazu noch 36 bis 38 Grad heiß. Die Fahrt war schon gebucht. Mitten in der Nacht weckte Sr. Margaritha mich und sagte: „Jesus hat mir eben gesagt: Du kannst fliegen.“ Ich war noch im Tiefschlaf und sagte ihr: „Das ist unmöglich, wir werden zusammen mit dem Bus fahren.“ Margaritha sagte: „Jesus will nicht, dass ich mit dem operierten Bein und noch dazu mit dem Gipsfuß mit dem Bus fahre.“
Auf ihr Drängen hin sind wir noch einmal am nächsten Tag zum Flughafen gefahren. Es gab nur einen Flug um 13:30 Uhr nach Kerala. Es hat so ausgesehen als ob wirklich kein Platz mehr da war und viele Leute waren auf der Warteliste, die alle schon ein Ticket hatten. Der Schalter für diesen Flug war bereits geschlossen, da wurde sie für den Flug aufgerufen, obwohl sie noch keine Flugkarte in der Hand hatte. Alle konnten nur noch staunen, es war ein Wunder. Sie konnte fliegen und wir fuhren mit dem Bus. Sie sagt immer: „Wenn Jesus etwas sagt, dann macht Er das auch.“
Zu Hause angekommen hat sie unsere Mutter krank im Bett angetroffen. Sie konnte kaum richtig sprechen. Auch mit dem Laufen war es schwer. Zwei Tage später kam ich mit meiner Familie mit dem Bus auch an.
Wir haben gemeinsam für die Heilung unserer Muter gebetet. Jesus hat sie geheilt. Sie konnte wieder sprechen und laufen. Preiset den Herrn!

Unsere Mutter wollte schon immer, dass alle ihre Kinder die gleiche Erfahrung machen wie sie sie selbst 1982, während der charismatischen Exerzitien gemacht hatte. Nur Margaritha wollte davon nichts wissen. Nach ihrer Heilung war Mama sicher, dass Margaritha jetzt nicht mehr »Nein« sagen würde. Und sie war wirklich bereit - aber nur einmal - mit zugehen, um der Mama eine Freude zu machen. So gingen wir, das war 1990, zu einer Convention (Gebetstag). Es waren ungefähr 5000 Teilnehmer unter der Leitung von H.H. Pater Mathew Naikomparambil, einem Vinzentiner Pater. Eigentlich wollte sie nur schauen, was dort geschieht. Wir trafen auf diese große Schar Menschen, die laut mit erhobenen Armen Gott gepriesen haben. Pater Mathew sagte laut: »Jesu ist hier! Er will uns berühren und heilen. Nehmt die Heilungen an.« Margaritha dachte, wenn er wirklich da ist, muss doch ein Wunder geschehen. In diesem Moment rief Pater Mathew durch das Mikrophon: »Du taubstummes Mädchen, du kannst sprechen, du kannst hören. Jesus löst die Fesseln von deiner Zunge.« Sr. Margaritha war sehr aufgeregt und schaute sich um, um zu sehen, wo dieses Mädchen war. Sie erzählte uns später, dass sie dachte: Jesus, wenn das wahr ist, hast Du dieses Wunder nur für mich getan, damit mein Glaube gestärkt werde. Plötzlich kam ein Ehepaar mit seiner 14-jährigen Tochter ans Mikrophon. Die Mutter bestätigte, dass die Tochter von Geburt an taubstumm war. Und jetzt zum ersten Mal angefangen hat zu sprechen. Während das Mädchen durch das Mikrophon zum ersten Mal »Jesus« rief, hob Sr. Margaritha ihre Hände nach oben, fing laut weinend an Gott zu loben und zu preisen und vergaß dabei völlig ihre Umgebung. Sie wurde Zeugin des Wirkens Jesu heute unter uns: Wie Blinde sehen, Taube hören, Stumme reden und Lahme gehen können. Ich hatte das Gefühl während des Lobpreises, Jesus hat Sr. Margaritha nicht nur berührt, sie wurde neu geboren im Heiligen Geist. Und tatsächlich hat Jesus sie ganz geheilt und ihr dazu einen Auftrag gegeben: Geh hinaus und verkünde das Wort Gottes in der ganzen Welt und bringe ihnen allen die Freude und den Frieden, den du hier erfahren hast. Jesus bestätigte auch durch Pater Mathew diesen Ruf.

Nach diesem Ereignis hat Sr. Margaritha ihre neue Berufung zum Dienst in der geistlichen Erneuerung und zur Evangelisation empfangen
Später haben wir erfahren, dass sie gleich zur Generaloberin Mutter Adelgundis gegangen ist und ihr ihre Erfahrung mit Jesus mitgeteilt hat. Diese war sofort überzeugt, dass diese Berufung echt ist und so fanden noch im gleichen Jahr, mit ihrer Erlaubnis und Unterstützung, organisiert von Sr. Margaritha, die ersten Exerzitien im Mutterhaus statt. Zwei Vinzentiner-Patres aus Potta, Indien, mit 79 Teilnehmern, ebenfalls Inder aus Deutschland und der Schweiz, waren für 5 Tage in St. Trudpert. So hat Jesus unsere Schwester Margaritha in den Dienst der Verkündigung gerufen. Inzwischen durfte sie in allen 5 Kontinenten das Wort Gottes verkünden.
Auch unsere Familie ist dadurch reich gesegnet. Nach Seinen Plan hat Gott sie auserwählt aus unserer Familie. Und wir empfangen durch ihr Wirken Gottes Segen in unseren Familien, dass wir in Liebe, Freude und Einheit zusammen gehen auf dem Weg mit Jesus. Wir beten alle täglich intensiv in Dankbarkeit für ihren Dienst der Verkündigung des Wortes Gottes.
Inzwischen haben wir einen eigenen Gebetskreis in unserer Familie. Alle vier Wochen kommen die Familien der Geschwister abwechselnd bei einer der Familien zum Gebet zusammen, mit etwa dreißig Personen. Anschließend essen wir auch gemeinsam, Erwachsene und Kinder. Wo gemeinsam gebetet wird, ist auch Einheit und Liebe in Christus.
Wir sind Gott dankbar, dass wir Sr. Margaritha haben, die in besonderer Weise für Gott arbeiten und in der ganzen Welt das Wort Gottes verkünden darf.

Alle Geschwister wünschen ihr Gottes Segen und dass alle, die das Buch lesen, wachsen in der Gnade und neues Vertrauen zum Herrn bekommen.

Omana Anthony Kainadethparambil

Ein Neubeginn

»Hallo Schwester! Grüß Gott! Schön, dass es doch noch geklappt hat mit unserem Treffen!« Da stand sie vor mir, Margaritha, die kleine Schwester aus Indien und dahinter die große Schwester Kiliana.
Wir hatten ein Treffen an einer Raststätte an der A3 ausgemacht... aber es hatte eine Weile gedauert, bis wir uns fanden.
Wir sprachen über ihre Pläne zur Evangelisation und dass sie ein Haus dafür brauchten, das sie in der Diözese Würzburg zu bekommen hofften.
Mit dieser Bitte waren sie schon in Würzburg im Bischöflichen Ordinariat gewesen bei Generalvikar Hillebrand. Aber da hatte sich noch keine Tür dafür aufgetan.
Der GV rief mich an und fragte, ob ich die beiden Schwestern kenne. Nein, hatte ich gesagt, aber ich kann sie kennen lernen. Er sagte mir noch: Wenn sie die Hand dafür ins Feuer legen, können die Schwestern im Bistum arbeiten, aber unter dem Dach der Charismatischen Erneuerung in der Diözese Würzburg. Damit wurde uns die Verantwortung zugewiesen.
Daraufhin rief ich die damalige Generaloberin der »Schwestern vom heiligen Josef«, Mutter Adelgundis, im Kloster St. Trudpert an und sprach auch mit Herrn Superior Hensler, die beide voll und ganz hinter dem Plan der Evangelisierung standen.
Dann also traf ich mich zum ersten Mal mit den Schwestern an der A3, zum Kennenlernen.
Nachdem Sr. Margaritha und Sr. Kiliana mir ihren Plan entwickelt hatten, war mir sofort klar, dass es hier um einen Plan Gottes ging und dass sie, wie sie erklärten, dafür ein Haus brauchten, einen Saal und auch Übernachtungsmöglichkeiten für Kursteilnehmer.

Zunächst aber schrieb ich Herrn Generalvikar Dr. Hillebrand, dass ich die Schwestern kennen gelernt habe und dass ich ihren Plan gut fände und dass die Charismatische Erneuerung im Bistum Würzburg dahinter steht.

Nach der Besichtigung einiger Häuser, die uns vom Bistum benannt wurden, fand sich schließlich in Maßbach ein geeignetes Haus mit Pfarrsaal. Daneben stand die kleine Pfarrkirche.
Das war die Erfüllung eines ersten Teiles einer Botschaft, die der Herr gegeben hatte. Denn während Sr. Margaritha und P. Mathew 1993 mit einer Gruppe zusammen beteten, erhielt P. Mathew die Botschaft, Sr.Margaritha bekäme erst ein kleines Haus und später in der Nähe von Frankfurt ein größeres Haus für die Aufgabe der Evangelisation.
Am 1. Juli 1997 konnten Sr. Margaritha und Sr. Kiliana, ihre Mitschwester, die 45 Jahre in der Kranken- und Altenpflege tätig war, das ehemalige katholische Pfarrhaus in Maßbach, Diözese Würzburg, mit dem angegliederten Pfarrheim als Gebetszentrum beziehen. So erfüllte sich der erste Teil der Botschaft, die Pater Mathew empfangen hatte. Es dauerte nicht lange und Haus und Saal waren zu klein für die vielen Menschen, die ein großes Verlangen nach dem Wort Gottes hatten.
Zur Unterstützung der Neuevangelisierung wurde der Verein »Evangelisation 2000, St. Theresia von Lisieux« gegründet, dessen erster Vorsitzender bis heute (2007) Herr Wirth ist.
Wie die spannende Geschichte der Neuevangelisierung durch die Schwestern und ihre Helfer unter Gottes Leitung weiterging, erfahren Sie in den folgenden Beiträgen.

Ekkehard Edel, Pfr. em.

Wunderbar sind Gottes Wege

Wunderbar sind Gottes Wege!
Nie hätte ich vermutet, dass meine Kurklinik Raphael je zu einem katholischen Evangelisationszentrum werden würde, da ich bis zu dem Zeitpunkt der Übergabe an die Josefs-Schwestern keine Ahnung von Evangelisation hatte. Seltsam von Gott gelenkt waren schon die Wege, die mich 1962 nach Bad Soden-Salmünster gebracht haben und schrittweise zum Bau der Kurklinik Raphael in der Parkstraße 2a, führten, die ich bis 1998 geleitet habe.

In der Namensgebung »Haus Raphael« - Raphael zu Deutsch Gott ist Heil - wollte ich damals zum Ausdruck bringen, dass hinter meinem Wirken als Ärztin Gott steht, als der Heilende.
Wie es weiter gehen sollte, als ich über 70 Jahre alt war, war völlig offen, da alle von mir eingeschlagenen Wege, das Haus an einen im christlichen Geist ausgerichteten Investor zu veräußern, sich immer wieder versperrten, oder mir durch eine innere Stimme verwehrt wurden. Bis eines Tages im Herbst 1998 sich eine Schwester Margaritha meldete.

Ich kannte sie nicht. Aber ihre Begrüßung hat mir den Atem verschlagen. Ich fragte:»Was möchten sie?« Sie sagte:»Eben habe ich gehört, dass Jesus sagt: Das ist mein Haus. Das ist mein Zelt, hier werde ich immer mit dir sein!« Und ich wusste plötzlich: Das ist die Erfüllung, die Fortführung meines Lebenswerkes im Haus Raphael.
Natürlich hat es einige Schwierigkeiten gegeben, aber alle haben sich aufgelöst und so konnte ich Anfang 1999 meine Kurklinik Raphael den beiden Josefs-Schwestern - Schwester Margaritha und Schwester Kiliana - übergeben, d.h. dem von ihnen und anderen gegründeten »Verein Zur Evangelisation 2000, St. Theresia von Lisieux.«.

Eine Kurklinik ist ja nicht ohne Weiteres ein Evangelisationszentrum. Jedoch konnten die balneologische Abteilung durch einen Umbau zu einer Kapelle, der Gymnastikraum und das Schwimmbad zu Vortragsräumen umgestaltet werden. Sorgen um die Finanzierung hatte ich nicht, weil das Gottvertrauen von Schwester Margaritha äußerst ansteckend war und sie auf meine diesbezüglichen Fragen antwortete: »Wenn Jesus mir das Haus schenkt, wird Er auch für den Unterhalt sorgen«. Und dies ist bis heute geschehen.

Gottes Wege sind wunderbar.
Es gibt einige bemerkenswerte Gemeinsamkeiten, zwischen Schwester Margaritha und mir, was die Lebensdaten anbelangt.
1962 rief Gott ein indisches Mädchen in seine besondere Nachfolge – Dieses Mädchen machte als Schwester Margaritha 1962 Profess – 1962 habe ich in Bad Soden mit dem Bau meiner Kurklinik begonnen, die ich bis 1998 Jahr geleitet habe.
Hätte ich ahnen können, wozu ich sie eigentlich gebaut habe! Alle meine Bemühungen zur Weiterführung der Klinik durch einen Nachfolger, nach meinem 75-Lebensjahr, scheiterten an einer inneren Stimme, wie oben schon erwähnt, ja eigentlich wären diese Bemühungen gar nicht notwendig gewesen. Heute weiß ich, dass Gott meine Klinik von Anfang an als Evangelisationszentrum vorgesehen hatte.
Am 09. Februar 1999 hatten die beiden Schwestern einen Termin bei Erzbischof Johannes Dyba in Fulda. Während dieser Begegnung rief der Bischof mich an und fragte mich, ob ich wirklich den Schwestern das Haus Raphael schenken wolle. Ich konnte ihm von meiner Begeisterung durch den Gebetstag, den ich in Maßbach mitgemacht hatte, erzählen und am Ende des Gespräches sagte er, dass er den beiden Schwestern, die Erlaubnis zu der Errichtung eines Evangelisationszentrums im Haus Raphael geben werde. So konnte ich Anfang 1999, als Erfüllung des zweiten Teiles der Botschaft von Pater Mathew Naikomparambil, der im Jahre 1993 Sr. Margaritha in einer Botschaft, die er im Gebet erhalten hatte, voraussagte, sie werde erst ein kleineres Haus

und dann ein größeres bekommen, ihr und Sr. Kiliana das Haus Raphael als bauliche Grundlage ihrer Tätigkeit im »Evangelisationszentrum Haus Raphael« übergeben.

Gottes Wege sind wunderbar.
Niemals musste ich diesen Schritt bereuen. Zu zahlreich und offenkundig, zu überzeugend, sind die inneren Heilungen, die Bekehrungen, die Vertiefungen und das Neuwerden im Glauben, die körperlichen Heilungen, die Intensivierung des Gebetslebens, die ich hier tagtäglich erlebe. Selbst für die 24-stündige eucharistische Anbetung finden sich genug Beter und Beterinnen, sodass sie seit 3 Jahren nie unterbrochen werden musste. Und durch diese Eucharistische Anbetung dürften uns auch die großen Gnaden, die Gebetserhörungen und die oft handgreifliche Führung und Leitung in Schwierigkeiten immer wieder neu geschenkt werden.

Wunderbar sind Gottes Wege.
Außer den Exerzitien im Haus Raphael und auswärts sind es vor allem die vierwöchentlichen Gebetstage die immer sonntags gehalten werden und von Beginn an viele Menschen zum Hören der Frohen Botschaft nach Bad Soden kommen ließen.
Weil das Haus Raphael dafür zu wenig Raum bot, stellte uns die Pfarrei ihr Pfarrheim, das Maximilian-Kolbe-Haus zur Verfügung, in dem wir im Höchstfall 500 Personen unterbringen konnten. Als das zu klein wurde, zogen wir für ein knappes Jahr in die Stadthalle in Salmünster um, in der 600 Gläubige an den Gebetstagen teilnehmen konnten.
Dann wurde auch dieser Raum zu klein.

Gottes Wege sind wunderbar.
Da bot sich durch den Kauf des ehemaligen Aldi-Marktes wieder eine neue Möglichkeit. Dank meiner örtlichen Beziehungen, konnten wir in kürzester Zeit die Halle umbauen, in der jetzt, nach einer kleinen Erweiterung, bis zu eintausend Personen das Wort Gottes hören, im Lob-

preis und in Anbetung Gott verherrlichen und in der Eucharistiefeier und sechs Beichträumen ungemessene Gnaden empfangen können.

Die mir noch verbleibende Lebenszeit ist eine große Danksagung dafür, dass Gott durch Sr. Margaritha meiner Widmung in meiner Doktorarbeit 1948

»OMNIA AD MAJOREM DEI GLORIAM«

eine so wunderbare Erfüllung gegeben hat.

Dr.med. Anna Christine Block

Kapitel 1: Gott liebt dich!

In 1 Joh 4,16 lesen wir: *»Gott ist die Liebe, und wer in der Liebe bleibt, der bleibt in Gott, und Gott bleibt in ihm.«*
Gott selbst ist die Liebe.

Solange es uns gut geht, fällt es uns leicht zu glauben, dass Gott uns liebt. Wenn aber ein Problem in unserem Leben auftaucht, wenn wir in Schwierigkeiten geraten oder einen geliebten Menschen verlieren, wenden wir uns an Gott und rufen: »Wo bist Du? Liebst Du mich wirklich?«

Als Gemeindekrankenschwester gab ich auch Kommunionunterricht. Einmal sprach ich über das Thema »Gott ist die Liebe«. Ein neunjähriges Mädchen meldete sich und fragte: »Wenn Gott die Liebe ist, warum ist dann in der letzten Nacht mein Opa gestorben?« Der Opa war völlig überraschend mit 55 Jahren einem Herzinfarkt erlegen. Als erstes sagte ich ihr: »Du hast Recht, so zu denken. Wir Erwachsenen stellen uns die gleiche Frage. Aber, schau mal: Gott gibt uns einen Berg voller Geschenke.« Ich zählte dem Kind auf, was es alles hatte: einen Vater, eine Mutter und sogar noch eine Urgroßmutter. »Und wenn Gott uns von den 100 unverdienten Geschenken, die Er uns gegeben hat eines wegnimmt, dann denken wir nicht mehr an die 99 anderen, die wir noch haben. Wir wissen nicht, warum Gott so handelt; aber ein Verlust ist kein Zeichen, dass Er uns nicht mehr oder weniger liebt!«

Viele Jahre später kam ich wieder einmal in diese Stadt und eine junge Frau hielt meinen Wagen an. »Schwester Margaritha, erkennen Sie mich nicht?« »Nein«, erwiderte ich, »wer sind Sie?« An Stelle einer Antwort sagte sie nur: »Gott ist die Liebe!« Da stand mir die Begegnung im Kommunionunterricht wieder vor Augen. Diese Zusage hatte das Mädchen nicht mehr vergessen. Sie erzählte mir dann, dass sie wirklich Gottes Liebe in ihrem Leben erfährt.

Wir lesen in Sir 17, 1-2:*»Der Herr hat die Menschen aus Erde erschaffen und lässt sie wieder zu ihr zurückkehren. Gezählte Tage und eine bestimmte Zeit wies Er ihnen zu und gab ihnen Macht über alles auf der Erde.«* So ist es auch mit unserem Leben: Gott führt einen Plan mit uns aus und legt unsere Lebenszeit fest.

Gott hat den Menschen erschaffen, damit Er ihm Seine Liebe schenken kann. Doch vorher hat Er die ganze Welt und das Universum für den Menschen erschaffen.
In der Bibel, Gen 1,1 steht geschrieben: *»Im Anfang schuf Gott Himmel und Erde.«*
Weiter lesen wir, was Gott alles aus Liebe zu uns erschaffen hat. Damit hat Gott alles für uns vorbereitet, was wir brauchen. Im Vers 26 steht: *»Dann sprach Gott: Lasst uns Menschen machen als unser Abbild, uns ähnlich.«* Wir sehen, wie groß Gottes Liebe zu uns ist, da Er uns nach Seinem Abbild erschaffen hat: *»Da formte Gott, der Herr, den Menschen aus Erde vom Ackerboden und blies in seine Nase den Lebensatem. So wurde der Mensch zu einem lebendigen Wesen.«* Gen 2, 7;

Wie gut ist unser Gott! Durch Seinen Atem hat Er uns das Leben geschenkt, weil Gottes Atem in mir und in dir ist, deshalb leben wir und atmen wir. Gott selbst ist in uns!

Seine Liebe ist so groß!
Gott kannte uns schon, bevor wir im Mutterleib entstanden sind! Bei Jer 1,5 lesen wir: *»Noch ehe ich dich im Mutterleib formte, habe ich dich ausersehen, noch ehe du aus dem Mutterschoß hervorkamst.«*
Der Psalmist sagt im Ps 139,13: *»Denn Du hast mein Inneres geschaffen, mich gewoben im Schoß meiner Mutter.«* Wollen wir uns nicht bewusst machen, dass der Herr selbst uns im Mutterleib gewoben hat? Wenn das so ist, warum gibt es dann Menschen, die dieses Leben im Mutterleib zerstören?

Bei meiner Geburt war unser Gott auch dabei. Im Ps 22,10 steht geschrieben: *»Du bist es, der mich aus dem Schoß meiner Mutter zog, mich barg an der Brust der Mutter.«* Gott vertraut den Eltern ein Kind an und überträgt ihnen die Verantwortung das Kind im Glauben zu erziehen.
Gott kennt auch unseren Geburtstag. Wissen Sie das? Ps 139,16 lesen wir: *»Deine Augen sahen, wie ich entstand, in deinem Buch war schon alles verzeichnet; meine Tage waren schon gebildet, als noch keiner von ihnen da war.«* Dazu möchte ich ihnen eine Erfahrung erzählen.

Einmal wurde ich von meinem Orden an ein anderes Haus versetzt. Nach nur kurzer Zeit wollte die dortige Oberin unbedingt mein Geburtsdatum in Erfahrung bringen. Ich wollte es ihr aber nicht sagen. Zehn Tage nach meiner Ankunft, es war ein Sonntag, hatte ich Geburtstag. Ich saß morgens allein in der Kapelle und sagte Jesus: »Heute habe ich Geburtstag, Du weißt es, sonst weiß es niemand hier im Haus.« Im Anschluss an die morgendliche Dienstübergabe fand ich 5 Rosen im Stationszimmer, die ich sofort ins Wasser stellte. Da kam eine Schwester und sagte, dass sie ihre Rosen vergessen hätte. Als sie sah, dass ich die Rosen bereits ins Wasser gestellt hatte, nahm sie eine heraus und schenkte sie mir. Ich habe mich bei Gott für diese Rose bedankt und fand das sehr passend für meinen Geburtstag. Es kam aber noch etwas mehr. Als ich mittags in den Speiseraum kam, war der Tisch weiß gedeckt, es standen Rosen darauf und Sektgläser. Ich habe das nicht mit mir in Verbindung gebracht – erst, als die Oberin nach dem Tischgebet zu mir kam, mich umarmte und mir alles Gute zum Geburtstag wünschte. Sie sagte: »Jesus liebt dich so sehr. Denn während des heutigen Gottesdienstes hat Er mir in Erinnerung gerufen, dass du vor 16 Jahren schon einmal für ein paar Monate in diesem Haus warst. Da habe ich in den Unterlagen nachgeschaut und dein Geburtsdatum gefunden.« Kennt Jesus unseren Geburtstag?!
Und heute ist die damalige Oberin meine Mitschwester bei unserem

Dienst der Neuevangelisierung.

In Hos 11,3-4 heißt es: *»Ich war es, der Efraim gehen lehrte, ich nahm ihn auf meine Arme. Sie aber haben nicht erkannt, dass ich sie heilen wollte. Mit menschlichen Fesseln zog ich sie an mich, mit den Ketten der Liebe. Ich war da für sie wie die (Eltern), die den Säugling an ihre Wangen heben. Ich neigte mich ihm zu und gab ihm zu essen.«*
Wir lesen hier, dass Gott nicht nur weiß, wann wir Geburtstag haben, Gott war sogar dabei, als wir das Laufen lernten. Er hat uns auf Seinen Armen getragen. Er ist Vater und Mutter für uns. In jedem Lebensabschnitt ist Er dabei und weiß alles von uns. Sogar unsere Haare sind gezählt: Bei Mt 10,30 lesen wir: *»Bei euch aber sind sogar die Haare auf dem Kopf gezählt.«*
In Jes 46,4; sagt Er: *»Ich bleibe derselbe, so alt ihr auch werdet, bis ihr grau werdet, will ich euch tragen. Ich habe es getan, und ich werde euch weiterhin tragen, ich werde euch schleppen und retten.«* Gott ist immer mit uns!
Seine Liebe geht über unseren Tod hinaus. Bei Joh 14,2-3 heißt es: *»Im Haus meines Vaters gibt es viele Wohnungen. Wenn es nicht so wäre, hätte ich euch dann gesagt: Ich gehe, um einen Platz für euch vorzubereiten? Wenn ich gegangen bin und einen Platz für euch vorbereitet habe, komme ich wieder und werde euch zu mir holen, damit auch ihr dort seid, wo ich bin.«*
Wir sehen, unser Gott ist schon vor Beginn unseres Lebens mit uns und bleibt mit uns über unser irdisches Leben hinaus.

In 1 Joh 3,1 lesen wir: *»Seht, wie groß die Liebe ist, die der Vater uns geschenkt hat: Wir heißen Kinder Gottes, und wir sind es.«* Weil wir Kinder Gottes sind, sind alle Menschen Geschwister: wir sind alle miteinander verwandt! Als Seine Kinder liebt Er uns so sehr, dass Sein Herz für uns schlägt! Und so lesen wir bei Jer 31,20b: *»Deshalb schlägt mein Herz für ihn, ich muss mich seiner erbarmen — Spruch des Herrn.«* Gott selbst sagt zu uns, dass Sein Herz für uns schlägt. Er hat

Erbarmen mit uns.

Und für wen schlägt dein Herz? Für die Welt oder für Gott?
Aber auch wenn du dich für die Welt entscheidest, wird Gott Seine Liebe zu dir nicht zurücknehmen.

Manche Menschen meinen, sie müssen einen Ersatz für die Liebe in Drogen, in Alkohol oder vielleicht in Sex suchen, weil sie nie Liebe in ihrem Leben erfahren haben. Viele Menschen können Gottes Liebe nicht spüren, weil es Hindernisse in ihrem Leben gibt. Diese Hindernisse können darin bestehen, dass sie fern sind von Gott und nichts von Ihm wissen wollen. Viele Menschen haben Angst, sich auf Gott einzulassen; sie spüren, dass sie dann ihr Leben ändern müssten.

Und doch schlägt Gottes Herz in besonderer Weise, gerade für diese Menschen. Gott verlässt sie nicht!
Gott verabscheut die Sünde, aber Er liebt die Sünder!

Pfarrer Müller aus Zella, der bereits gestorben ist, hatte mich eingeladen vor einer Gruppe Jugendlicher über Gottes Liebe zu sprechen. Der Vortragssaal war bereits voll, als ich dort ankam. Die Jugendlichen sangen mit großer Begeisterung Lobpreislieder. Ich kam von hinten in den Saal herein und wollte vor zum Altar gehen. Dabei fiel mir ein junger Mann mit langen Haaren und einem Ohrring auf, der ganz still in der hintersten Reihe saß. Er schaute mich teilnahmslos an. Während ich weiter zum Altar gehen wollte, hörte ich eine innere Stimme, die mir sagte: »Geh zu ihm und sage ihm, dass Ich ihn liebe!« Sofort sagte ich zu Jesus: »Ich möchte fast alles machen, was Du willst, aber das kann ich jetzt nicht.« Ich stand bereits am Mikrofon, da hörte ich die Stimme zum zweiten Mal: »Bevor du über Meine Liebe sprichst, geh zurück und sage dem jungen Mann, dass Ich ihn liebe.« Die Jugendlichen hatten inzwischen mit dem Lobpreis aufgehört und schauten mich an. Da bin ich durch den Mittelgang zurückgegangen und habe leise zu dem jungen

Mann gesagt: »Jesus liebt dich!« Ganz schnell bin ich dann wieder nach vorne gelaufen, ohne seine Reaktion abzuwarten.
Nachdem ich eineinhalb Stunden über Gottes Liebe gesprochen hatte und Jesus alle Seine Kinder stark berührt hatte, wollte ich durch den Mittelgang den Saal verlassen. Dabei musste ich an dem jungen Mann vorbei. Ich schaute ihn von der Seite aus an, um zu sehen, wie er reagierte und ich bemerkte, wie er mit dem Kopf nickte, so als sagte er , er habe verstanden, dass Jesus ihn wirklich liebt. Darauf ging ich schnell zu ihm hin, legte meine Hand auf seine Schulter und fragte ihn, wie es ihm gehe. Mit Tränen in den Augen sagte er zu mir: »Bis heute habe ich nie gehört, dass mich überhaupt jemand liebt!« Dann habe ich mir Zeit für ihn genommen und so hat er mir seine Geschichte erzählt:
»Ich habe meine Eltern nicht gekannt. In einem Kinderheim bin ich aufgewachsen. Nirgends habe ich Liebe bekommen. Die Liebe, die ich nie von meinen Eltern erfahren habe, habe ich überall gesucht, aber nirgends gefunden. In meiner Not habe ich angefangen, Drogen zu nehmen. Aber anstatt Liebe fand ich nur noch mehr Dunkelheit in meinem Leben. Gott sei Dank bin ich zurzeit in einem Heim für Drogensüchtige und der Leiter hat mich heute zu Ihnen geschickt.« Ich habe dann für ihn gebetet.
Vier Wochen später bekam ich einen Anruf von dem Leiter des Heimes. Er sagte mir, dass der junge Mann von seiner Drogensucht befreit ist und angefangen hat, unter dem Kreuz für die anderen Drogenabhängigen zu beten.

Ist es nicht wunderbar, dass der Herr uns als Sein Instrument benützt? Wenn ich aber nicht durchgeführt hätte, was Jesus mir eingegeben hat, was wäre aus dem jungen Mann geworden?

Gerade muss ich an König David denken, so wie es in 2 Sam 12 beschrieben steht. König David hatte schwer gesündigt und der Herr schickte ihm den Propheten Natan. Dieser sollte ihm seine Sünden bewusst machen, damit David sie bereuen konnte.

So schickt Jesus auch heute noch viele Natans zu den Menschen, die in Sünde leben, damit sie umkehren. Doch viele Menschen überhören den Ruf.

In 1 Joh 4, 9 lesen wir: *»Die Liebe Gottes wurde unter uns dadurch offenbart, dass Gott Seinen einzigen Sohn in die Welt gesandt hat, damit wir durch ihn leben.«* Weiter heißt es in Vers 10: *»Nicht darin besteht die Liebe, dass wir Gott geliebt haben, sondern, dass Er uns geliebt und Seinen Sohn als Sühne für unsere Sünden gesandt hat.«* Gott hat Seinen eigenen Sohn gesandt, damit durch Ihn die ganze Welt gerettet wird.

Als ich noch in Indien zur Schule ging, war es so, dass die Hindu- und Moslemmädchen während des Religionsunterrichts draußen warteten, bis der allgemeine Unterricht anfing. Damals dachte ich oft: »Arme Mädchen, sie kommen alle nicht in den Himmel!« Inzwischen habe ich verstanden, dass Jesus zur Welt gekommen ist, um die ganze Menschheit zu retten. Alle Menschen, die an Jesus Christus glauben, werden gerettet. Denn Petrus hat schon damals die Erfahrung gemacht, wie in der Apostelgeschichte zu lesen ist:
»Da begann Petrus zu reden und sagte: Wahrhaftig, jetzt begreife ich, dass Gott nicht auf die Person sieht, sondern dass Ihm in jedem Volk willkommen ist, wer Ihn fürchtet und tut, was recht ist.« Apg 10,34.35.

In Indien kommen viele, Christen, Moslems und Hindus zu den Exerzitienzentren der katholischen Kirche in Kerala. Dabei durfte ich erleben, dass alle gerettet wurden, denn sie haben Zeugnis gegeben und viele wurde in allen drei Bereichen (Geist, Seele und Leib) geheilt, auch die Nicht-Getauften, weil sie Jesus Christus in ihrem Herzen als Retter und Erlöser angenommen und mit großem Vertrauen nach Jesus gerufen hatten.

Wir haben darüber auch ein eindrucksvolles Zeugnis in Deutschland bekommen. Zu einem unserer Gebetstage kam eine junge Frau aus dem ehemaligen Jugoslawien. Eine Arbeitskollegin hatte sie mitgenommen. Die junge Frau war neugierig geworden, weil sie an ihrer Arbeitskollegin positive Veränderungen bemerkt hatte. Sie stammt aus einer kommunistisch-atheistischen Familie; die Großmutter hatte Vorträge vor der Staatspartei gehalten. Von Gott wusste diese junge Frau kaum etwas. Nur einmal hatte sie eine serbisch-orthodoxe Kirche betreten, heimlich allerdings, da Kirchenbesuche von der Staatsmacht unterbunden wurden. Vom ersten Moment des Gebetstages an war sie innerlich sehr berührt und musste viel weinen. Sie wollte alle Handlungen mitmachen und ging auch zum Einzelsegen nach vorn. Bei der Handauflegung bekam sie die Gnade, im Heiligen Geist zu ruhen. Man sah es ihrem Gesicht an, dass in ihrer Seele etwas Schönes passierte. Unser Gebetsteam war erstaunt, dass Gott Seinen Heiligen Geist auch über einen Menschen ausgießt, der nicht getauft ist.

In der Apg 10, 44-45 lesen wir: *»Noch während Petrus dies sagte, kam der Heilige Geist auf alle herab, die das Wort hörten. Die gläubig gewordenen Juden, die mit Petrus gekommen waren, konnten es nicht fassen, dass auch auf die Heiden die Gabe des Heiligen Geistes ausgegossen wurde.«*

Im April 2004 wurde die junge Frau getauft, empfing zum ersten Mal die Heilige Kommunion und wurde gefirmt.

Viele Menschen, die Gott nicht kennen, wissen auch nicht, dass Gott sie kennt und dass Er alles um sie weiß. Gott weiß, was wir brauchen, Er weiß, was uns fehlt.
Im Jahr 1999 habe ich, auf Einladung des inzwischen verstorbenen Pater Slavko Barbaric, Exerzitien in Medjugorje gehalten. Dabei kam einmal ein muslimischer Junge, nennen wir ihn Ali, zu mir und sagte: »Pater Slavko schickt mich zu dir. Eigentlich wollte ich nicht zur dir kommen, denn ich bin Moslem. Ich bete zu Allah und kenne deinen Gott nicht!« Ich antwortete ihm: »Aber mein Gott kennt dich!« Er wollte es

nicht wahrhaben. Daraufhin habe ich Jesus in der Stille gebeten: »Jesus, ich weiß, dass Du ihn kennst, denn Du bist ja in die Welt gekommen, um die ganze Menschheit zu retten. Jesus, zeig mir ein Bild aus seinem Leben für ihn, damit er glaubt, dass Du ihn kennst.« In diesem Moment musste ich daran denken, was uns der Herr durch den Propheten Jeremia versprochen hat, und zwar in Jer 33,3: *»Rufe zu mir so will ich dir antworten, und dir große unfassbare Dinge mitteilen, die du nicht kennst.«* Ich habe Jesus mit großem Vertrauen gerufen und Er hat mir geantwortet. Plötzlich hatte ich ein inneres Bild: Ich sah einen toten Vogel, der auf dem Boden lag. Dann habe ich zu dem Jungen gesagt: »Jesus zeigt mir einen toten Vogel, der auf dem Boden liegt. Was bedeutet das für dich?« Der Junge war ganz erstaunt und rief aus: »Nein, nein, das kannst du nicht wissen! Gestern hat meine Mutter aus Deutschland angerufen und mir erzählt, dass mein Lieblingsvogel tot ist.« Dann fing der Junge an zu weinen. Und auf einmal sagte er: »Ich glaube doch, dass dein Gott mich kennt. Woher solltest du sonst wissen, dass ich wegen des Vogels in der letzten Nacht sehr traurig war?« Nachdem ich Jesus um eine Botschaft für diesen Jungen gebeten hatte und ein Gebet für ihn gesprochen hatte, habe ich die Bibel aufgeschlagen und dort bei Jes 43,5 gelesen: *»Fürchte Dich nicht«* (ich habe dann den Namen Ali eingefügt, wo sonst Israel oder Jakob stand), also: »Fürchte Dich nicht, Ali, denn ich bin mit dir.«

In der Bibel lesen wir immer wieder, wie sehr Gott uns liebt. Allein 366 Mal lesen wir: *»Fürchte dich nicht, ich bin mit dir.«* 366 mal sagt Gott zu uns: *»Fürchte dich nicht, ich bin mit dir«* oder *»Fürchte dich nicht, ich bin bei dir.«* Wie viel Trost schenkt uns unser liebender Gott, indem Er jeden Tag zu uns sagt, dass Er mit uns ist! Sogar die Schaltjahre hat Er nicht vergessen!

An einer anderen Stelle, im Buch Jes 49,15 heißt es: *»Kann denn eine Frau ihr Kindlein vergessen, eine Mutter ihren leiblichen Sohn? Und selbst wenn sie ihn vergessen würde: ich vergesse dich nicht.«*

Dazu ein Zeugnis aus Exerzitien in Dänemark, Kopenhagen. Eine Teilnehmerin kam mit ihrem Bruder, der sie mit dem Auto gebracht hatte und danach wieder gehen wollte. Ich fragte ihn, ob er nicht an den Exerzitien teilnehmen möchte. Er sagte: »Ja, aber nur heute Abend.« Die Frau, die die Lieder auf der Gitarre begleiten sollte, war nicht gekommen. So fragte ich, ob jemand ein Instrument spielen könne. Der betreffende Mann sagte, er habe seine Gitarre im Auto dabei. Nach dem Lobpreis sagte ich zu ihm: »Sie haben so schön gespielt, wollen sie nicht die übrigen Tage bleiben?« Er sagte zu, weil er zurzeit arbeitslos sei. Im Schlussgottesdienst, nach der hl. Kommunion, als alles still war, sah ich ein ungeborenes Kind im Mutterleib, vielleicht im zweiten oder dritten Monat. Gleichzeitig hörte Ich in mir das Wort aus Ps 27,10: *»Wenn mich auch Vater und Mutter verlassen, der Herr nimmt mich auf. «*
Ich habe verstanden, dass dies eine Botschaft für eine Person dieser Gruppe war. Darum musste ich diese Botschaft laut aussprechen. Einige waren so betroffen davon, dass sie laut schluchzten.
Bei den anschließenden Zeugnissen kam zu meinem Erstaunen der Gitarrenspieler und sagte: »Durch diese Botschaft habe ich verstanden, dass ich gemeint bin. Ich war so berührt, dass Gott mich und meine Situation kennt und mein Kind retten will. Ich möchte Ihnen sagen, ich war es, der das Kind verlassen hat. Denn als ich merkte, dass meine russische Freundin schwanger ist, habe ich sie verlassen und sie hat sich daraufhin geäußert, dass sie das Kind abtreiben will. Jetzt will ich meine Freundin schnell anrufen, damit das Kind am Leben bleibt und alles in Ordnung kommt. Jetzt weiß ich auch, warum ich diese Exerzitien mit machen musste.«

Gott kann uns nicht vergessen. Unser Name ist sogar in Seine Hand geschrieben. Denn so steht es in Jes 49,16a: *»Sieh her, ich habe dich eingezeichnet in meine Hände!«*

Jetzt möchte ich noch eine weitere Erfahrung mitteilen. Ich durfte erleben, wie groß Gottes Liebe ist, auch wenn wir manches vergessen. Aber

Gott wird es nicht vergessen, denn Er kennt unsere Namen. Er kennt nicht nur unsere Namen, sondern auch unsere Situationen.
Einmal war ich in unserem Krankenhaus St. Elisabeth in Heidelberg zum Übernachten. Da ich Frühaufsteherin bin, war ich morgens die erste in der Hauskapelle. Ich habe nicht gewusst, in welche Bank ich mich hinknien soll, so habe ich mich in die zweitletzte Bank gekniet. In der Kapelle waren ungefähr 12 Bänke. In jeder Bank lagen mehrere Gebetbücher. Ich nahm ein Gebetbuch in die Hand und in diesem Buch fand ich ein Professbild. Staunend stellte ich fest, dass der Text in englischer Sprache geschrieben war und drehte das Bild um. Sie werden nicht glauben, was ich da gelesen habe! Es war das Professbild meiner leiblichen Schwester: Sr. Egidia Valappila! (Anmerkung: Ein Professbild ist ein kleines Heiligenbild mit einer Bibelstellt zum Andenken an die Profess, d.h. das Ablegen der Ordensgelübde.)
In diesem Moment kam mir, dass sie an dem Tag in Indien Ihre Abschlussexamen als Lehrerin macht und sie besorgt war, ob sie es schaffen würde. Eigentlich hatte Ich das schon längst vergessen! Ich war sprachlos, wie Jesus mich daran erinnert hat, für sie zu beten. So ist unser Gott!
So viele Bücher lagen dort. Und ausgerechnet das Buch, in dem das Professbild lag, nahm ich in die Hand. - Preiset den Herrn!
Später habe ich erfahren, dass sie ihr Examen sehr gut bestanden hatte. Ich habe meiner Schwester geschrieben: »Weißt du, der Herr hat dich nicht nur beim Namen gerufen und gesagt, du gehörst mir! Jesus hat auch deinen Namen in Seine Hände eingezeichnet! (Vgl. Jes. 49,16).«
Gott kennt uns! Er weiß alles über uns!

Gott ist für uns mehr als Vater und Mutter! Und wie wir schon erfahren haben, heißt es im Ps 27,10: *»Wenn mich auch Vater und Mutter verlassen, der Herr nimmt mich auf.«* Und bei Jes 66,13 steht geschrieben: *»Wie eine Mutter ihren Sohn tröstet, so tröste ich euch.«* Wie wichtig wir für unseren Gott sind, hören wir ebenfalls im Buch Jes 43,4: *»Weil du in meinen Augen teuer und wertvoll bist und weil ich dich liebe, gebe* *ich für dich ganze Länder und für dein Leben ganze Völker!«* Für Gott sind wir alle wertvoll und Jesus Christus ist zur Welt gekommen, um die Sünder zu retten! Preiset den Herrn!

In Joh 4,4 wird das Gespräch zwischen Jesus und einer samaritischen Frau beschrieben. Jesus hat sich mit ihr, einer Frau, die in Sünde lebte, viel Mühe gegeben. Er hat sich immer wieder Mühe mit ihr gemacht, bis sie verstanden hatte, dass es der Herr war, der Messias selbst, der vor ihr stand. In Vers 25 und 26 heißt es: *»Die Frau sagte zu Ihm (Jesus): Ich weiß, dass der Messias kommt, das ist: der Gesalbte, Christus. Wenn Er kommt, wird Er uns alles verkünden. Da sagte Jesus zu ihr: Ich bin es, Ich, der mit dir spricht.«*

Weil Jesus selbst sich um sie angenommen hat, wurde aus ihr eine Person, die für Jesus Christus Zeugnis gegeben hat! Nach diesem Gespräch ist die Samariterin ins Dorf gerannt und hat allen erzählt, dass Jesus alles von ihr wusste, dass Er ihr alle ihre Sünden bewusst gemacht und sie nicht abgewiesen hat! Das hat sie befreit. Halleluja!

Jesus erklärt uns an verschiedenen Stellen, wer Er für uns ist. Unser Gott ist nicht ein Gott, der uns strafen will. Wir wollen uns noch einmal vor Augen halten, dass unser Gott die Sünde hasst, aber den Sünder liebt! Wenn du deine Sünden wirklich bereust und umkehrst, macht Jesus dir keine Vorwürfe. Er wartet auf dich.

Meine Mutter hat in tiefer Verbindung mit Jesus gelebt. Sie hat gerne in der Bibel gelesen und viel gebetet. Sie hat auch uns Kindern diesen tiefen Glauben vermittelt und uns beigebracht, innig zu beten. Sie hatte einen großen Anteil an meinem Evangelisationsdienst, da sie immer sehr fleißig für mich und alle unsere Programme gebetet hat, ganz gleich ob ich in Amerika, Afrika, Russland, Weißrussland, Sibirien, Rumänien, Ungarn, in der Ukraine, Slowenien, Slowakei, Herzegowina, in Schweden, Frankreich, Österreich, Dänemark Österreich, in der Schweiz oder

in Deutschland war.
Bei ihrer Beerdigung, am 13. Januar 2002, war unsere Exerzitiengruppe mit 42 Personen aus 9 verschiedenen Ländern vertreten, unter ihnen sieben Priester. Menschlich gesehen war es ein unfassbarer Zufall, dass so viele Menschen aus unterschiedlichen Kontinenten bei der Beerdigung einer einfachen Frau in Kerala dabei waren! Doch Jesus wollte ihr damit eine große Gnade schenken. Auch dass ich an ihrem Beerdigungstag in Indien sein konnte, war ein unglaubliches Zusammentreffen. Jedes Jahr reisen wir mit einer Gruppe aus Deutschland nach Indien. Die Reisevorbereitungen beginnen bereits 6 Monate vor dem Abflug. In diesem Jahr kamen wir ausgerechnet an dem Beerdigungstag meiner Mutter in Indien an. So hatte Jesus alles organisiert, dass durch diese Gruppe ein so großes Lobpreisteam die Beerdigungsliturgie mitgestaltet hat. Auch darin sehe ich ein Zeichen dafür, wie sehr Jesus sie geliebt hat. Gott ist die Liebe selbst. Er meint es nur gut mit uns! Er will nicht, dass wir verloren gehen. Und deshalb wollen wir mit einer vollkommenen Hingabe antworten. Wir wollen wirklich Kinder bei Gott sein, nicht Erwachsene, die alles selber in die Hand nehmen und regeln müssen und meinen, dass sie alles besser wissen als Er. Nein, ich will Kind sein bei Ihm und Seine Hand festhalten, zusammen mit Ihm die Reise machen, welche ich schon begonnen habe. Dann werde ich Seine große Liebe spüren, und ich kann diese Liebe auch meinen Mitmenschen weitergeben!
Halleluja!

Kapitel 2: Das Wort Gottes

Wenn wir vom Wort Gottes sprechen, geht es nicht nur darum, das Wort zu lesen. Wir wollen es auch in uns wirken lassen. Jeder Christ soll an das Wort Gottes glauben. Wer nicht an das Wort Gottes glaubt, ist kein Christ.

So viele Menschen nennen sich Christen, leben aber das Wort nicht. Sie unterscheiden sich in keiner Weise von den Heiden. Wer also Christ sein will, muss auch das Wort Gottes leben. Wenn wir das Wort Gottes aufnehmen, dann werden in unserem Leben Wunder geschehen. In Jos 3,5 lesen wir: »*Heiligt euch, denn morgen wird der Herr mitten unter euch Wunder tun.*«

Es gibt Menschen, die viel beten, aber das Wort Gottes nicht lesen. Das Gebet ist zwar sehr wichtig und gut, aber es muss durch das Wort Gottes unterstützt werden. Das Wort Gottes reinigt unser Denken und unsere Herzen. Nur ein reines Herz kann das Wort Gottes verstehen.
Wenn wir ein Gerät kaufen, bekommen wir eine Gebrauchsanweisung dazu. Nur wenn wir diese genau lesen und danach handeln, wird es gut funktionieren. Gott hat uns für unser Leben auch eine Gebrauchsanweisung gegeben, das ist die Bibel. In 2 Petr 1,21 heißt es: »*... denn niemals wird eine Weissagung ausgesprochen, weil ein Mensch es wollte, sondern vom Heiligen Geist getrieben haben Menschen im Auftrag Gottes geredet.*« Weissagungen erfolgen also nur im Heiligen Geist.

Viele Menschen, die in Not sind, suchen Hilfe an allen möglichen Stellen, auch bei fremden Göttern, anstatt nach der Heiligen Schrift zu leben. Wenn sie täglich in der Bibel lesen, werden sie verstehen, wie sie ihr Leben meistern können. Sie werden verstehen, wer der wahre Gott ist, der ihnen helfen kann, der ihnen beisteht und ihnen das Heil schenken wird.

Wir lesen in Röm 10,8–10 über die rettende Botschaft für alle: *»Das Wort ist dir nahe, es ist in deinem Mund und in deinem Herzen. Gemeint ist das Wort des Glaubens, das wir verkündigen; denn wenn du mit deinem Mund bekennst: 'Jesus ist der Herr' und in deinem Herzen glaubst: 'Gott hat ihn von den Toten auferweckt', so wirst du gerettet werden. Wer mit dem Herzen glaubt und mit dem Mund bekennt, wird Gerechtigkeit und Heil erlangen.«*

Wir lesen in der Bibel, wie wichtig es ist, dass wir Jesus Christus als unseren einzigen Herrn, Retter und Erlöser annehmen, das heißt: Wir müssen Ihm in unserem Leben die erste Stelle geben, nicht nur mit dem Mund bekennen, dass Jesus der Herr ist. Wir müssen auch in unserem Herzen glauben, dass Gott Ihn von den Toten auferweckt hat. Nur dann werden wir gerettet und werden Gerechtigkeit und Heil in unserem Leben erfahren.

Weiter lesen wir im Röm 10,13: *»Denn jeder, der den Namen des Herrn anruft, wird gerettet werden.«*
Welchen Namen sollen wir also anrufen? Die genaue Antwort finden wir in der Apostelgeschichte 4,11: *»Er (Jesus) ist der Stein, der von euch Bauleuten verworfen wurde, der aber zum Eckstein geworden ist.«* Und weiter heißt es: *»Und in keinem anderen ist das Heil zu finden. Denn es ist uns Menschen kein anderer Name unter dem Himmel gegeben, durch den wir gerettet werden sollen«*. Es wird also ganz deutlich gesagt, dass wir nur durch Jesus Christus gerettet werden. Es ist für unser christliches Leben wichtig, dass wir dies alles genau wissen!

Was ist denn nun mit »Wort Gottes« gemeint? In Joh 1,1 lesen wir: *»Im Anfang war das Wort, und das Wort war bei Gott, und das Wort war Gott.«* Wir lesen hier eindeutig: das Wort ist Gott! In Offb 19,13 steht es so: *»Bekleidet war er mit einem blutgetränkten Gewand; und sein Name heißt 'Das Wort Gottes'«*. Und wer ist das Wort Gottes? Sie sehen: Jesus ist das Wort Gottes.

In Joh 1,14 lesen wir: *»Und das Wort ist Fleisch geworden und hat unter uns gewohnt«.* Jesus lebt und wohnt auch heute noch unter uns, so, wie Er es versprochen hat. Denn bei Mt 28, 20 sagt Jesus uns: *»Seid gewiss: Ich bin bei euch alle Tage bis zum Ende der Welt«.* Das ist Sein Versprechen und Jesus ist Seinem Versprechen treu. Diese Erfahrung dürfen wir immer wieder in unserem Leben machen. Nun möchte ich Ihnen von einer dieser Erfahrungen berichten:

Während wir eines Abends in unserem Gebetskreis Lobpreis hielten, sah ich plötzlich in einer Vision, wie Jesus in unserer Mitte stand. In meiner Begeisterung sagte ich laut: Jesus steht hier! Alle waren sehr berührt und der Lobpreis wurde noch freudiger und stärker. In diesem Moment begann ich zu zweifeln: vielleicht war es doch nicht Jesus – vielleicht hatte ich mir das nur eingebildet?! In meiner Unsicherheit habe ich meine Mitschwester gebeten, die Bibel aufzuschlagen und vorzulesen. Ich habe gehofft, dass das Wort Gottes mir eine Bestätigung dafür gibt, dass Jesus wirklich da ist. Meine Mitschwester schlug die Bibel auf und las Ez 48 den letzten Abschnitt. Dort wird ausführlich beschrieben, wie der Tempel ausgemessen wird und wie viele Ellen er groß ist. Ich war sehr enttäuscht über diese Sätze und wollte schon nicht mehr weiter zuhören. Da kam sie zum letzten Satz: *»Und der Name der Stadt soll von heute an sein: Hier ist der Herr.«*

Hier kann man erkennen, wie Jesus mir durch das Wort Gottes bestätigt hat, was ich gesehen habe. Ich war sehr berührt, dass Jesus mir eine so klare Antwort gegeben hat. Haben Sie schon einmal Ez 48,35 gelesen?

Wer das Wort Gottes hört, hört Jesus Christus. Wer Jesus Christus gehorsam sein will, wird auch die Gebote Gottes halten. Was die Gebote Gottes sind wissen wir allerdings nur, wenn wir die Bibel lesen.

Es gibt viele Christen, die nie von den Geboten Gottes gehört haben, die sie nicht richtig kennen oder die sie nicht ernst nehmen. Wenn der Dreifaltige Gott in uns wirken soll, müssen wir das Wort Gottes lesen und danach leben. Bei Jak 1, 22 steht: *»Hört das Wort nicht nur an, sondern handelt danach; sonst betrügt ihr euch selbst«.* Weiter heißt es: *»Wer das Wort nur hört, aber nicht danach handelt, ist wie ein Mensch, der sein eigenes Gesicht im Spiegel betrachtet: Er betrachtet sich, geht weg, und schon hat er vergessen, wie er aussah.«*

Bei Jer 15, 16 lesen wir, was der Prophet Jeremia über das Wort Gottes sagt: *»Kamen Worte von dir, so verschlang ich sie; dein Wort war mir Glück und Herzensfreude«.* Für Jeremia bedeutete das Wort Gottes so viel Glück und Freude, dass er gar nicht genug davon bekommen konnte.

Im zweiten Brief des Apostels Paulus an Timotheus lesen wir in 3, 15-17: *»...denn du kennst von Kindheit an die heiligen Schriften, die dir Weisheit verleihen können, damit du durch den Glauben an Christus Jesus gerettet wirst. Jede von Gott eingegebene Schrift ist auch nützlich zur Belehrung, zur Widerlegung, zur Besserung, zur Erziehung in der Gerechtigkeit; so wird der Mensch Gottes zu jedem guten Werk bereit und gerüstet sein.«* So sehen wir hier, dass das Wort Gottes fünf Dinge in unserem Leben bewirkt:

1. Durch das Wort Gottes wird uns göttliche Weisheit geschenkt.
2. Nur durch den Glauben an Christus werden wir gerettet.
3. Unsere Fehler werden schonungslos aufgedeckt.
4. Unsere falschen Lebenswege werden berichtigt.
5. Es wird uns Gerechtigkeit gelehrt.

Diese fünf Dinge sind nicht möglich, solange wir nicht auf das Wort Gottes hören, nicht an das Wort Gottes glauben und nicht danach leben. In meiner langjährigen Evangelisationstätigkeit konnte ich diese Erfah-

rung nicht nur an mir selber machen; auch die Menschen, die vier bis fünf Tage in unseren Kursen das Wort Gottes hören, machen dieselbe Erfahrung.
Jesus Christus, der Sohn Gottes gibt uns das ewige Leben, wenn wir an Sein Wort glauben. Wir lesen in Hebr 4,12: *»Denn lebendig ist das Wort Gottes, kraftvoll und schärfer als jedes zweischneidige Schwert; es dringt durch bis zur Scheidung von Seele und Geist, von Gelenk und Mark; es richtet über die Regungen und Gedanken des Herzens«.*

Nun möchte ich Ihnen eine Erfahrung mitteilen, die ich zu Anfang meiner persönlichen Erneuerung gemacht habe:
Ich musste mich einer Knochenoperation unterziehen, bei der mir Schrauben im Fußgelenk befestigt wurden. Kurz danach reiste ich nach Indien, um meine erkrankte Mutter zu besuchen. In dieser Zeit habe ich, auf ihre Bitte hin, zum ersten Mal an einem charismatischen Gebetstreffen teilgenommen; es waren ungefähr 5.000 Menschen anwesend. Während ich das Wort Gottes gehört habe, hatte ich den Eindruck, als würde elektrischer Strom durch meinen Körper fließen. Das Wort Gottes ist so gewaltig in mich eingedrungen, dass ich meinte, die Schrauben würden aus meinem Fuß springen. So kraftvoll ist das Wort Gottes! Das Wort Gottes ist lebendig, es kommt vom lebendigen Vater; es kommt vom göttlichen Sohn, der auch heute unter uns lebt. Bereits bei Jeremia heißt es: *»Ist nicht mein Wort wie Feuer - Spruch des Herrn - und wie ein Hammer, der Felsen zerschmettert?« (Jer 23,29)*

Das Wort Gottes ist wie ein Hammer, der alles zerschmettert, was in unserem Herzen Steiniges ist.
Als ich einmal in Dänemark Exerzitien hielt, kam ein promovierter Naturwissenschaftler und hat Zeugnis gegeben: »Ja«, sagte er, »das Wort Gottes ist wirklich wie ein Hammer; das kann ich bezeugen. Ich habe selber in mir gespürt, dass der Herr mit einem Hammer mein steiniges Herz zerschmettert und mir ein neues Herz geschenkt hat.« Weiter fuhr er fort: »Als Naturwissenschaftler wollte ich immer Beweise in der

Hand haben und alles genau berechnen und nachvollziehen können. Aber jetzt hat Jesus selber mir bewiesen, dass Er auch heute unter uns lebt und zu uns spricht.«

Bei Jos 1,8 heißt es: »*Über dieses Gesetzbuch sollst du immer reden und Tag und Nacht darüber nachsinnen, damit du darauf achtest, genau so zu handeln, wie darin geschrieben steht. Dann wirst du auf deinem Weg Glück und Erfolg haben.«* Wir sollen immer über das Wort Gottes sprechen und sogar Tag und Nacht darüber nachdenken. Nur dann wissen wir, wie wir selber richtig leben sollen und können es auch an andere weitergeben.

Weiter lesen wir bei Josua: *»Habe ich dir nicht befohlen: Sei mutig und stark? Fürchte dich also nicht, und hab keine Angst; denn der Herr, dein Gott, ist mit dir bei allem, was du unternimmst«.* Wenn wir das Wort Gottes nicht nur hören, sondern auch danach handeln, sagt uns Gott zu, dass wir in all unserem Tun gesegnet sein werden. Wir müssen seinen Verheißungen vertrauen und sie in Anspruch nehmen!

Warum verzweifeln so viele Menschen und haben Angst in ihrem Leben, wenn es doch Jos 1,9 heißt: *»[9]Habe ich dir nicht befohlen: Sei mutig und stark? Fürchte dich also nicht, und hab keine Angst; denn der Herr, dein Gott, ist mit dir bei allem, was du unternimmst.«*

Die Bibel ist nicht irgendein Buch und nicht mit anderen Büchern vergleichbar. In anderen Büchern bekommen wir Erkenntnisse über diese Welt mitgeteilt. Die Heilige Schrift aber lehrt uns, wie wir ein heiligmäßiges Leben mit Gott führen sollen. Nur Gott kann uns darin unterrichten, kein Mensch. Deshalb spricht Gott selber durch die Heilige Schrift zu uns. Der Heilige Geist ist der Autor der Heiligen Schrift und Gott hat verschiedene Menschen als Schriftführer gebraucht.

Bei Jes 55,10-11 lesen wir: *»Denn wie der Regen und der Schnee vom Himmel fällt und nicht dorthin zurückkehrt, sondern die Erde tränkt und sie zum Keimen und Sprossen bringt, wie er dem Sämann Samen gibt* *und Brot zum Essen, so ist es auch mit dem Wort, das meinen Mund verlässt: Es kehrt nicht leer zu mir zurück, sondern bewirkt, was ich will, und erreicht all das, wozu ich es ausgesandt habe.«* Also wird das Wort Gottes immer Früchte bringen!

Oft kommen Menschen Hilfe suchend zu Exerzitien ins Haus Raphael. Im Laufe der Exerzitien machen wir immer wieder die Erfahrung, wie sie berührt und geheilt werden, wenn und während sie das Wort Gottes hören. Auch die Beziehung zwischen Eheleuten wird dadurch geheilt. Diese Personen bringen dann selber wieder viele Früchte, wenn sie anfangen, für Jesus zu arbeiten und zu evangelisieren. Inzwischen haben wir in allen Bereichen des Hauses ehrenamtliche Mitarbeiter.

In unserem Haus halten wir Tag und Nacht, 24 Stunden lang, eucharistische Anbetung. Dabei beten wir für alle unsere Dienstbereiche, wie z.B. Gebetstage, geistliche Beratung (Counseling), um Schutz für alle Mitarbeiter, für die Exerzitien, für alle unsere Evangelisationsdienste, für unsere Diözese und den Bischof, für die Anliegen und Nöte der ganzen Welt. Seitdem wir diese ununterbrochene eucharistische Anbetung halten, dürfen wir das Wirken von Jesus in unserer Arbeit noch mehr spüren; es gibt auffallend viele Bekehrungen. Wir beten darum, dass auch in den Pfarreien möglichst viele Menschen bei der eucharistischen Anbetung die gleiche Erfahrung machen dürfen.
Gott spricht durch den Propheten Amos 8,11: *»Seht, es kommen Tage - Spruch Gottes, des Herrn -, da schicke ich den Hunger ins Land, nicht den Hunger nach Brot, nicht Durst nach Wasser, sondern nach einem Wort des Herrn.«* Die Menschen haben wirklich Hunger nach dem Wort Gottes und nach Seiner Wahrheit. Zu unseren monatlichen Gebetstagen kommen mittlerweile 800 – 1.000 Menschen und es werden immer mehr. Sie sehen, wie hungrig die Menschen danach sind, das Wort Gottes zu hören! Ich bin selber berührt, wenn ich sehe, wie die Menschen in die Gebetshalle strömen.

Bei Jes 55,3 heißt es: *»Neigt euer Ohr mir zu, und kommt zu mir, hört, dann werdet ihr leben.«* Das ist eine Einladung an alle: Wir sollen zu Ihm kommen und hören, was Er uns zu sagen hat. Dazu müssen wir uns auch Zeit nehmen. Zeit, um bei Ihm zu sein. Gott sagt, wir werden leben, wenn wir Sein Wort hören. Wir müssen durch das Wort Gottes neu geboren werden. Jesus sagt zu Nikodemus: *»Wenn jemand nicht von neuem geboren wird, kann er das Reich Gottes nicht sehen.«* (Joh 3,3). In 1 Petr 1,23 heißt es: *»Ihr seid neu geboren worden, nicht aus vergänglichem, sondern aus unvergänglichem Samen: aus Gottes Wort, das lebt und das bleibt.«* Jesus stellt selber in dem Gleichnis vom Sämann klar, dass dieser Same das Wort Gottes ist.

Im Jahr 1962 habe ich meine Gelübde als Ordensfrau abgelegt. Unter den Gästen waren auch mein Cousin und eine Mitstudentin, die beide in Deutschland Medizin studierten. Später habe ich von meinem Cousin erfahren, dass diese Mitstudentin mittlerweile Ärztin ist, verheiratet, und in Amerika lebt. Im Jahr 1995 war ich mit einem Team in Amerika, um Exerzitien zu halten und ich wollte diese Ärztin unbedingt zu unserem Programm einladen. Ich konnte sie telefonisch erreichen. Sie war ziemlich erstaunt, dass ich jetzt im Evangelisationsdienst arbeitete. Ich habe ihr am Telefon lange erzählt, wie glücklich ich bin, seit ich eine Glaubenserneuerung erfahren habe und dass ich für Jesus Christus Zeugnis geben darf. Ich habe mit allen Mitteln versucht, sie zu überzeugen, an unserem Programm teilzunehmen. Ich weiß gar nicht mehr genau, was ich ihr in meiner Begeisterung über das Wort Gottes alles erzählt habe. Jedenfalls hat sie sich herausgeredet: Sie hätte zu viel in ihrer Arztpraxis zu tun und keine Zeit. Sie ist nicht gekommen. Knapp zwei Jahre später bekam ich eines Nachts einen Anruf vom Schwager dieser Ärztin. Er hatte unter großen Schwierigkeiten meine Telefonnummer ausfindig gemacht und sagte zu mir: »Gott sei Dank, dass ich Sie erreiche. Meine Schwägerin ist vor vier Wochen schwer erkrankt und liegt im Sterben. Sie will niemanden mehr sehen. Aber sie hat mich gebeten, dass ich Sie anrufen und Ihnen ausrichten soll, dass sie das Te-

lefongespräch von damals nie vergessen hat. Es hat ihr viel bedeutet und es tat ihr Leid, dass sie damals nicht gekommen ist. Jetzt bittet sie um Ihr Gebet; sie weiß, dass sie bald sterben muss.« Ich war so betroffen, dass ich am liebsten sofort nach Amerika geflogen wäre, um dieser Frau beizustehen. Während ich betete, erfuhr ich, dass ein mir bekannter indischer Priester bald nach Amerika gehen würde, um dort das Wort Gottes zu verkünden. So konnte ich ihn bitten, dass er die Ärztin besucht. Von diesem Priester habe ich später erfahren, dass die Frau sich mit großer Reue auf eine gute Sterbestunde vorbereiten konnte und in Frieden gestorben ist.
Sie sehen, 1995 wurde der Samen gesät, der am Ende doch noch gute Früchte gebracht hat.

In 2 Tim 3,15 lesen wir, wie Paulus zu Timotheus sagt: » . . . *denn du kennst von Kindheit an die heiligen Schriften, die dir Weisheit verleihen können, damit du durch den Glauben an Christus Jesus gerettet wirst.«* Sicherlich ist Timotheus schon von seiner Mutter und seinem Vater, gewiss auch von seiner Großmutter im Wort Gottes unterrichtet worden; wie wir aus einer anderen Stelle wissen: »*...denn ich denke an deinen aufrichtigen Glauben, der schon in deiner Großmutter Loïs und in deiner Mutter Eunike lebendig war und der nun, wie ich weiß, auch in dir lebt.«* 2 Tim 1,2; deshalb ist er auch in der Erkenntnis Gottes gewachsen. Timotheus wurde vor Gott ein großer Apostel, weil seine Eltern ihre Aufgabe ordentlich ausgeführt haben.
Wie gut wäre es, wenn auch heute die Eltern und Großeltern ihre Kinder und Enkel wieder im Glauben unterweisen würden.
Haben wir unsere Verantwortung unseren Kindern gegenüber wahrgenommen? Wenn wir selbst in unsere Familie mit unseren Kindern nicht über Gott sprechen, wo sollen sie dann etwas von Gott erfahren? In der Welt hören sie das Wort der Welt – das Wort des Teufels – und gehen Irrwege: dafür sind die Eltern auch verantwortlich!
Das Wort Gottes ist Licht! Im Ps 119,105 lesen wir: *»Dein Wort ist meinem Fuß eine Leuchte, ein Licht für meine Pfade.«* Dieses Licht ist Je-

sus selber, denn Jesus sagt von sich: *»Ich bin das Licht der Welt.«* Wenn Jesus kommt, muss die Finsternis weichen. Ich persönlich kann in meinem Leben nicht mehr ohne das Wort Gottes sein. Gott spricht durch die Heilige Schrift zu uns. Wenn ich eine Frage an Ihn habe, schlage ich die Bibel auf und bekomme auch eine passende Antwort.

So wurde ich einmal von einem Priester in Österreich eingeladen, kurzfristig einen Vortrag zu übernehmen. Ich hatte aber schon so viele Exerzitien und Reisen im Terminkalender, dass ich mir nicht vorstellen konnte, wie ich diesen Tag noch einschieben sollte.

Denn menschlich gesehen war es unmöglich »Ja« zu sagen, weil die Jugenderxerzitien gerade zu Ende waren und der Indienflug mit 64 Teilnehmern bevor stand. Dazwischen waren nur einige Tage frei, um zu packen und alles vorzubereiten. Die Anfrage aus Österreich erreichte uns telefonisch, als wir gerade in der Kapelle vor dem Allerheiligsten im Gebet waren.

So habe ich zuerst gefragt, was Gott will, und die Bibel aufgeschlagen und folgende Stelle gelesen: *»Dann sagte er zu ihnen: Geht hinaus in die ganze Welt, und verkündet das Evangelium allen Geschöpfen!«* (Mk 16,15). Das war für mich eine deutliche Antwort und ich habe dem Priester, der noch am Telefon war, gesagt, dass ich den Vortrag annehme.

Eph 6,17 lesen wir: *»Nehmt den Helm des Heils und das Schwert des Geistes, das ist das Wort Gottes.«* Das Wort Gottes ist auch ein Schwert, das alles Negative in uns vernichten kann.

Als ich während eines Gebetstages das Wort Gottes verkündete, fing plötzlich ein Mann laut an zu weinen. Später erfuhr ich, dass er über 30 Jahre lang Drogen genommen hatte und viele Jahre fern von Gott gelebt hatte. Gott hat ihn so sehr durch Sein Wort berührt, dass alles Negative in ihm zu heilen begann.

Was macht das Wort Gottes? Durch das Wort Gottes wurde die Welt erschaffen und alles, was darin ist. Im Ps 33,6 lesen wir: *»Durch das Wort*

des Herrn wurden die Himmel geschaffen, ihr ganzes Heer durch den Hauch seines Mundes.«
Das Wort Gottes gibt neues Leben. Bei Ez 37,4 heißt es: *»Da sagte er zu mir: Sprich als Prophet über diese Gebeine, und sag zu ihnen: Ihr ausgetrockneten Gebeine, hört das Wort des Herrn!«* Im Vers 7 heißt es weiter: *»Da sprach ich als Prophet, wie mir befohlen war; und noch während ich redete, hörte ich auf einmal ein Geräusch: Die Gebeine rückten zusammen, Bein an Bein.«* Machen wir uns bewusst: während der Prophet das Wort Gottes ausgesprochen hat, wurden die Knochen wieder lebendig.

In Röm 9,6 lesen wir: *»Es ist aber keineswegs so, dass Gottes Wort hinfällig geworden ist.«* Das Wort Gottes wird immer lebendig sein. Wir lesen 1 Petr.1,24.25: *»Denn alles Sterbliche ist wie Gras, und all seine Schönheit ist wie die Blume im Gras. Das Gras verdorrt, und die Blume verwelkt; doch das Wort des Herrn bleibt in Ewigkeit. Dieses Wort ist das Evangelium, das euch verkündet worden ist.«*
Wenn wir das Wort Gottes befolgen, werden wir immer Frieden in unserem Leben haben.

In Joh 21,6 heißt es: *»Er aber sagte zu ihnen: Werft das Netz auf der rechten Seite des Bootes aus, und ihr werdet etwas fangen.«* Petrus ist ein erfahrener Fischer. Obwohl er Fachmann ist auf diesem Gebiet und die ganze Nacht keinen Erfolg gehabt hat, gibt er Jesus kein Widerwort, sondern führt aus, was Jesus ihm geraten hat. Er macht einen großen Fang und hat jetzt das Netz voller Fische. Er hat dem Wort Jesu vertraut, danach gehandelt, und hatte damit Erfolg. Ebenfalls bei Joh 15,7 lesen wir: *»Wenn ihr in mir bleibt und wenn meine Worte in euch bleiben, dann bittet um alles, was ihr wollt: Ihr werdet es erhalten.«*

Dazu noch eine Erfahrung, die uns zeigt wie treu Gotte ist und wie fürsorglich Seine Liebe:

Mein Bruder Joy war zu beginn des Krieges am 20. März 1990 im Irak auf der Golfinsel Bahrain. Er leitete eine zivile Arbeitsgruppe im Dienst der US Truppen. Dort war das Flottenhauptquartier der 5. US-Flotte mit 4.200 Soldaten. Die ausländischen Zivilisten mussten ihre Pässe abgeben und durften wegen der akuten Bedrohung durch Raketen aus dem Irak nur noch in Schutzkleidung und mit Gasmaske arbeiten. Ein Raketenangriff aus dem Irak wurde unmittelbar erwartet. Durch einen Anruf von meinem Bruder hatten wir davon erfahren. Diese Nachricht hat mir und der ganzen Familie große Sorgen gemacht, besonders meiner 87 jährigen alten Mutter.
Ich bin gleich zu Jesus in die Kapelle gegangen und habe viel gebetet mit großen Vertrauen und auf einmal habe ich vom Tabernakel her gegen 1:00 Uhr eine Stimme gehört: »Fürchte dich nicht, Ich bin mit ihm!« Da habe ich gewusst: Jetzt passiert ihm nichts und bin im Frieden ins Bett gegangen.
Kurz vor 5:00 Uhr kam eine Nachricht im Radio; die Meldung vom Abschuss einer Rakete in Bahrein. Es ging um Sekunden.
Eine Patriot-Abwehrrakete hatte die auf Bahrein anfliegende Rakete kurz vor ihrem Einschlag auf der Flottenbasis abgefangen.
Gottes Wort ist wahr, Er erhört unsere Gebete, Er ist und bleibt bei uns, wie Er gesagt hat.

Wenn wir mit Jesus leben und Ihm nachfolgen wollen, müssen wir das Wort Gottes kennen. Im Wort Gottes steckt göttliche Kraft. In unserer katholischen Kirche haben wir, Gott sei Dank, noch mehr Gnadenquellen: die sieben Sakramente. Weil wir aber das Wort Gottes nicht kennen, kennen wir auch die Tiefe der Sakramente nicht. Als Folge davon sind die Sakramente zu bloßen Ritualen geworden und unser Denken ist immer mehr verweltlicht.
Im sechsten Kapitel des Johannesevangeliums lesen wir zum Beispiel über die Eucharistie, wie Jesus selber das Sakrament der Eucharistie eingesetzt hat. Wir lesen, wie Er selber uns zu diesem Festmahl einlädt und uns Seinen Leib und Sein Blut als Nahrung für uns und unsere See-

le schenkt. In demselben Kapitel lesen wir in den Versen 55 – 56: *»Denn mein Fleisch ist wirklich eine Speise, und mein Blut ist wirklich ein Trank. Wer mein Fleisch isst und mein Blut trinkt, der bleibt in mir, und ich bleibe in ihm.«* Jesus spricht im Johannes Evangelium immer wieder von dieser Tatsache, damit wir verstehen können, was Er sagt.

Wenn wir die Bibel nicht lesen und das Wort Gottes nicht ernst nehmen, dann werden wir unser Christ-Sein verlieren. Wollen sie heute anfangen, täglich die Bibel zu lesen und nach dem Wort Gottes zu leben?

Nach dem Wort Gottes leben heißt, mit Jesus Christus leben; bei Ihm bleiben, nicht von Ihm weggehen. Bei Joh 15,5 steht geschrieben: *»Ich bin der Weinstock, ihr seid die Reben. Wer in mir bleibt und in wem ich bleibe, der bringt reiche Frucht; denn getrennt von mir könnt ihr nichts vollbringen.«*
Also sehen wir: Getrennt von Jesus sind wir wie innerlich tot, so können wir auch keine Früchte bringen. Ebenfalls bei Joh 6 lesen wir in den Versen 67 und 68, wie Jesus die Jünger fragt: *»Wollt auch ihr weggehen? Simon Petrus antwortete ihm: Herr, zu wem sollen wir gehen? Du hast Worte des ewigen Lebens«.«*
Wie Simon Petrus wollen auch wir bei Jesus bleiben und mit Ihm leben. Denn auch für uns gilt: *»Wir sind zum Glauben gekommen und haben erkannt: Du bist der Heilige Gottes.«(Joh 6,69).*
Halleluja!

Kapitel 3: Jesus, einziger Retter und Erlöser

Wer ist Jesus für mich?
Im Lukasevangelium lesen wir, als die Hirten ihre Schafe hüteten, erschien ihnen ein Engel: »... *der Engel aber sagte zu ihnen: Fürchtet euch nicht, denn ich verkünde euch eine große Freude, die dem ganzen Volk zuteil werden soll: Heute ist euch in der Stadt Davids der Retter geboren«* (Lk 2,10-11). War diese Botschaft nur für die Hirten von damals? Wir haben eben gelesen: Denn ich verkünde euch eine große Freude, die dem ganzen Volk zuteil werden soll. Jesus ist zur Welt gekommen, um die ganze Menschheit zu retten. Und Er ist der Retter und einzige Erlöser für alle Menschen. Diese freudige Nachricht gilt für die ganze Welt, nicht nur für die Christen.

Als ich wieder einmal auf dem Weg zu einem Gebetstag in Frankfurt war, fragte ich Jesus, worüber ich denn sprechen sollte. Ich hatte die deutliche Eingebung, dass Er es mir erst später, vor Ort, zeigen werde. Der Gebetstag wurde von etwa 300 Personen besucht. Wie üblich stellte ich am Anfang die Frage, wer denn zum ersten Mal teilnähme. Es meldeten sich ungefähr 22 Personen. Eine elegant gekleidete Frau stand auf und sagte, sie sei Protestantin. »Aber«, fügte sie hinzu, »alle Menschen glauben ja sowieso an den gleichen Gott.« In diesem Moment war mir klar, über welches Thema ich sprechen würde: Jesus Christus, einziger Retter und Erlöser. Nachdem ich ungefähr eineinhalb Stunden über dieses Thema gesprochen hatte, gingen wir zur Anbetung des Allerheiligsten über.

Dazu habe ich die Custodia[1] auf den Altar gestellt.

---

[1] Die Custodia ist ein kleiner Behälter, in dem eine konsekrierte Hostie aufbewahrt wird. Ein(e) Kommunionhelfer(in) darf diesen Behälter aus dem Tabernakel nehmen und auf den Altar stellen. Es ist allerdings nur einem Priester erlaubt, die konsekrierte Hostie aus der Custodia herauszunehmen und in eine Monstranz einzusetzen.

Dann habe ich mich vor das Allerheiligste gekniet und laut in das Mikrophon gebetet: »Jesus, Du bist mitten unter uns. Du bist der wahre Gott.« Wie zur Bestätigung dieser Aussage hat Er ein Zeichen gegeben. Kaum hatte ich den Satz ausgesprochen, begannen einige Personen laut zu schreien, rollten sich auf dem Boden und schlugen mit den Armen um sich. Laut habe ich in das Mikrophon gerufen: »Ja, Jesus, Du bist der wahre Gott. Wenn Du kommst, müssen die fremden Götter weichen.« Sofort habe ich mit Lobpreis begonnen und die anderen Teilnehmer stimmten mit ein. Meine Helfer kümmerten sich um die Menschen und beruhigten sie. Ich selber war über dieses Phänomen sprachlos.

Nach der eucharistischen Anbetung habe ich mit jeder einzelnen Person, die diese auffälligen Störungen gezeigt hatte, gesprochen. Mir war bereits klar, dass sie alle bei fremden Göttern gewesen sein mussten oder fremden Glauben angenommen hatten, obwohl sie getaufte Christen waren. Eine Frau hatte besonders lange mit Zuckungen am Boden gelegen. Sie trug Holzperlen am Hals und den Armgelenken und erklärte mir: »Das sind Ketten von buddhistischen Mönchen; ich bin inzwischen Buddhistin geworden.« Ich habe sie auf Folgendes aufmerksam gemacht: Als getaufte Christin hat sie bei der Taufe das unauslöschliche Siegel von Jesus Christus bekommen, das sie nie verlieren wird. Denn sie ist Sein Eigentum, das Er durch Sein kostbares Blut am Kreuz erworben hat. Darum ist der Kampf der bösen Mächte jetzt besonders heftig, nachdem sie sich freiwillig den falschen Göttern geöffnet hat.

Ein Mensch, der in einer anderen Religion groß wird und nicht getauft ist erlebt diesen Zwiespalt, wie er jetzt bei ihr deutlich wurde, nicht. Ich musste an die Aussage von Jesus in Joh 8, 12 denken: *»Ich bin das Licht der Welt. Wer mir nachfolgt, wird nicht in der Finsternis umhergehen, sondern wird das Licht des Lebens haben.«*

Vor Ihm muss die Finsternis weichen. Nachdem ich mich längere Zeit mit ihr unterhalten hatte, sagte sie, dass sie zu ihrem Glauben zurückkommen wird.

Im Matthäusevangelium lesen wir, wie der Engel zu Josef sagt: *»Maria wird einen Sohn gebären; ihm sollst du den Namen Jesus geben; denn er wird sein Volk von seinen Sünden erlösen.«* Mt 1,21. So erfahren wir, dass Jesus der Erlöser der Welt ist. Schon 700 Jahren vor der Geburt Christi hat Gott durch den Propheten Jesaja gesprochen: *»Seht, die Jungfrau wird ein Kind empfangen, sie wird einen Sohn gebären und sie wird ihm den Namen Immanuel (Gott mit uns) geben.«* Jes. 7, 14. Das heißt doch auch für uns, dass dieser Gott immer mit uns ist.
Später bestätigt Jesus selbst diese Aussage bei Matthäus: *»Ich bin bei euch alle Tage bis zum Ende der Welt.«* Mt. 28,20. Jesus ist mit uns, ob wir es spüren oder nicht. Er lebt auch heute unter uns, so wie Er es uns versprochen hat. Er gibt Zeichen, dass Er unter uns wirkt. Diese Erfahrung kann jeder machen, der an das Wort Gottes glaubt und danach lebt.
Eine ehemalige Dialysepatientin schrieb mir:
»Im Juni 2004 wurde eine meiner Töchter während eines Gebetstages in Frankfurt von ihrer Bulimie geheilt, an der sie fünf Jahre lang gelitten hatte. Die ganze Familie war sehr glücklich darüber und kam wenige Wochen später erneut zu einem Gebetstag, um Gott von Herzen dafür zu danken. Nach dem Lobpreis, der für mich neu, aber doch so schön war, hielt Sr. Margaritha ihren Vortrag. Anschließend betete sie und sagte nach einiger Zeit: ‚Jesus möchte, dass wir heute für die Nierenkranken beten; wer nierenkrank ist kann sich melden und nach vorne kommen.' Ich war zehn Jahren an der Dialyse gewesen und hatte dann eine neue Niere bekommen. Das ist fünf Jahre her. Seit der Transplantation litt ich jedoch an starken Knochenschmerzen und hatte Herzprobleme. Trotzdem wollte ich auf den Aufruf von Sr. Margaritha nicht reagieren, denn ich war ja schon durch die Heilung meiner Tochter beschenkt worden und dachte: Jetzt sollen erst einmal andere eine Chance bekommen. Es meldeten sich aber nicht sehr viele Menschen; da wandten sich meine drei Töchter an mich und fragten: ‚Mama, warum gehst du nicht nach vorne? Du bist doch auch nierenkrank!' Das habe ich als einen Anruf Gottes gedeutet: Ich wusste, dass Gott mir eine Gnade schenken wollte; ich musste sie nur annehmen und von Herzen daran

glauben. Also kam ich vor, erzählte Sr. Margaritha und Ihrem Mitbeter Sunny, wie es um mich stand. Sie und die anderen Teilnehmer beteten laut für mich. Währenddessen überließ ich mich ganz der Liebe Gottes und rief immer den Namen Jesu aus. Nach dem Gebet sagte Sr. Margaritha zu mir: ‚Jesus hat sie jetzt ganz tief berührt'. Ich spürte, wie mein ganzer Körper brannte. Das war das Feuer der Liebe Gottes! Das Feuer des Heiligen Geistes! Ich musste vor Glück weinen und zitterte am ganzen Körper.
Erst später im Laufe des Tages nahm dieses Feuer allmählich ab. Während des Rosenkranzgebetes wurde mir plötzlich bewusst, dass ich keine Schmerzen mehr hatte. Ich wollte die Beine bewegen und nahm meine Hände dabei zu Hilfe, wie ich es gewohnt war, als ich Schmerzen hatte – aber die Schmerzen waren verschwunden! Können sie sich vorstellen, wie glücklich ich war? Ich hätte tanzen und alle Menschen umarmen können! Seitdem habe ich keine Schmerzen mehr und musste auch nicht mehr zum Herzspezialisten, bis heute nicht. Mein Herz ist gesund! Halleluja! Jesus hat mich geheilt. Er liebt mich und ich liebe Ihn. Er liebt alle Menschen. Wir alle sind Seine Kinder. Danke Jesus! Preiset den Herrn!«
Soweit das Zeugnis.
Im Buch Jeremia 23,29 steht geschrieben: *»Ist nicht mein Wort wie Feuer - Spruch des Herrn - und wie ein Hammer, der Felsen zerschmettert?«*

Wir dürfen häufig die Erfahrung machen, dass das, was nicht gut ist, sei es Krankheit oder negatives Denken, vom Wort Gottes regelrecht weggebrannt wird. Beide, Tochter und Mutter haben fest an Jesus und Seine Gegenwart geglaubt; sie haben Ihn mit Seinem Namen gerufen und festes Vertrauen gehabt, dass Er sie heilen kann, wenn Er es will.

Jesus sagte selber zu der Samariterin: *»Ich bin es,...«*. Damit offenbart Er sich als der, der zum Prophet Jesaja gesagt hat: *»Es gibt keinen Gott*

außer mir; außer mir gibt es keinen gerechten und rettenden Gott.« Jes 45,21.
Wir lesen Joh 4, 25.26: *»Die Samariterin sagte zu Jesus: Ich weiß, dass der Messias kommt, das ist: der Gesalbte (Christus). Wenn er kommt, wird er uns alles verkünden. Da sagte Jesus zu ihr: Ich bin es, Ich, der mit dir spricht.«*
Wir sehen hier, wie Jesus selbst zu uns sagt, dass Er der Retter ist.
Apg 4,11 lesen wir: *»Er (Jesus) ist der Stein, der von euch Bauleuten verworfen wurde, der aber zum Eckstein geworden ist.«* In 4,12: *»Und in keinem anderen ist das Heil zu finden. Denn es ist uns Menschen kein anderer Name unter dem Himmel gegeben, durch den wir gerettet werden sollen.«* Es gibt keine Rettung, außer im Namen Jesu. Und nur Jesus allein hat für die Sünde der Welt sein Leben hingegeben und uns gerettet.
Der einzige Retter und Erlöser ist Jesus Christus. Unter dem Himmel gibt es niemanden, der die Welt retten kann. Moderne Menschen suchen das Heil überall, nur nicht bei Jesus Christus; sie lesen nicht die Bibel und wissen deshalb auch nicht, wer der wahre Gott ist. So haben sie keine oder eine falsche Vorstellung von Gott.
Wir lesen in Joh 3,17: *»Denn Gott hat seinen Sohn nicht in die Welt gesandt, damit er die Welt richtet, sondern damit die Welt durch ihn gerettet wird.«* Also ist Jesus in die Welt gekommen, um alle Menschen zu retten.
In Hebr 7,25 lesen wir: *»Darum kann Jesus auch die, die durch Ihn vor Gott hintreten, für immer retten; denn Er lebt alle Zeit, um für sie einzutreten.«*
Wir lesen in Röm 10,9: *»Denn wenn du mit deinem Mund bekennst: 'Jesus ist der Herr' und in deinem Herzen glaubst: 'Gott hat ihn von den Toten auferweckt', so wirst du gerettet werden.«* Das heißt, wir sollen nicht nur mit den Lippen sagen, sondern auch im Herzen glauben, dass Jesus von Gott auferweckt ist und dass Er unter uns lebt.
In unserer Familie hatte unsere Mutter uns Kindern immer wieder gesagt, dass wir jederzeit Jesu Namen anrufen dürfen, besonders wenn

wir Probleme haben, denn Er lebt ja immer mit uns. Das hat sich uns von klein auf in unser Herz geprägt. Diesen Rat nehme ich heute noch ernst und mache immer wieder Gebrauch davon; auf diese Weise kann ich auch viele Glaubenserfahrungen damit machen.

In den siebziger Jahren war ich als Gemeindekrankenschwester tätig und wurde auch nachts zu den Kranken gerufen. Einmal hat mich einer von meinen Patienten angerufen, weil es ihm schlecht ging. Als ich zu ihm unterwegs war, standen plötzlich drei Männer mit langen Haaren und Bart vor meinem Auto und ich konnte nicht weiter fahren. Ich habe gleich gemerkt, dass es Drogenabhängige waren. Ich habe ganz laut »Jesus« gerufen. Auf einmal schaute einer mich an und sagte: »Das ist nur eine Nonne, die lassen wir gehen.« Ich bin sicher, dass Jesus meinen Ruf gehört hat und dass Er sofort zur Stelle war. So bin ich vor Schaden bewahrt worden. Sie sehen, welch mächtige Wirkung die Anrufung Seines Namens hat. Viele Jahre später war ich einmal bei einem Priester, der die Gabe der Erkenntnis hatte. Ohne dass er von dieser Geschichte wusste, hat er mir diese Situation geschildert und bestätigt, dass Jesus in demselben Moment, als ich Ihn rief, wie ein Blitz zur Stelle war.

Eine andere von vielen Erfahrungen will ich erzählen. Es ist ein Vorfall, der mir in einem Pflegeheim passiert ist. Eines Nachts wollte ich nach einem Schwerkranken schauen und habe dazu den Aufzug benutzt. Plötzlich blieb der Aufzug zwischen zwei Stockwerken stecken und das Licht ging aus. Ich habe so große Angst bekommen, und dann laut mit großem Vertrauen »Jesus« gerufen. Alle anderen im Haus schliefen ja und keiner konnte mich hören. Plötzlich hat sich der Aufzug in Bewegung gesetzt und die Tür ist aufgegangen. Gott sei Dank konnte ich aus dem Aufzug herauskommen. Haben Sie Mut! Wenn Sie in Not sind, rufen sie Jesus. Er wird Ihnen genauso Antwort geben wie mir!
Bei Phil 2,9 lesen wir: *»Darum hat Gott Jesus über alle erhöht und Ihm den Namen verliehen, der größer ist als alle Namen.«* Und weiter: *»...damit alle im Himmel, auf der Erde und unter der Erde ihre Knie*

beugen vor dem Namen Jesu und jeder Mund bekennt: Jesus Christus ist der Herr.«
Leider gibt es viele Menschen, die sagen, ich brauche Jesus nicht; ich habe einen Gott, das reicht mir. Wer nicht den Heiligen Geist hat, kann nicht Jesu Namen im Glauben und Vertrauen aussprechen.
In 1 Joh 4,2 heißt es: *»Daran erkennt ihr den Geist Gottes: Jeder Geist, der bekennt, Jesus Christus sei im Fleisch gekommen, ist aus Gott.«* Und in 4,3: *»Und jeder Geist, der Jesus nicht bekennt, ist nicht aus Gott. Das ist der Geist des Antichrist.«*

Einmal wurde ich von meiner Schwester nach Mainz in die Universitätsklinik gerufen. Ihre Arbeitskollegin, eine junge Frau, die selbst Krankenschwester war, hatte multiple Sklerose und dadurch Lähmungserscheinungen. Als ich zu ihr kam, habe ich sie vorsichtig gefragt, ob sie an Jesus Christus glaubt und dass Er sie heilen kann. Darauf hat sie mich angeschrien, sie habe einen Gott, der reiche ihr, ich solle wieder gehen. Ich habe dann noch einmal gefragt: »Können Sie den Namen ‚Jesus' rufen?« Daraufhin wurde sie noch aggressiver. Ihre Mutter, die dabeistand, hat viel geweint. Draußen sagte mir die Mutter, sie stamme aus Slowenien, aus einer katholischen Familie. Doch seit ihre Tochter in Deutschland sei, sei sie mit dem buddhistischen Glauben in Berührung gekommen. Anfangs habe sie mehrere Yogakurse in Frankfurt mitgemacht und war anschließend noch zweimal in Indien in buddhistischen Klöstern. Seitdem könne sie nicht mehr zu Jesus Christus beten, erklärte mir die Mutter. Selbst wenn sie den Wunsch hätte, wäre sie trotzdem nicht mehr in der Lage, das Vaterunser zu sprechen. Es käme nicht mehr über ihre Lippen. Und nun sei sie so krank, dass sie damit nicht mehr fertig geworden sei. Den Namen Jesu könne sie überhaupt nicht mehr anrufen. Das geschah, wie wir schon gelesen haben, weil sie einen Geist in sich hat, der Jesus nicht bekennt.
Leider hat sich ihr Zustand verschlechtert und sie musste erneut ins Krankenhaus. Meine Schwester hat mich gebeten, dass ich noch einmal zu ihr komme und für sie bete. Ich sagte, sie solle mir ihre Telefon-

nummer geben, denn ich rufe sie lieber an, bevor sie mich wieder rausschmeißt. So habe ich sie angerufen und als Erstes gefragt: »Matthäa, glaubst du an Jesus Christus?« und ich hörte ganz laut: »Ja, ich glaube an Jesus Christus!«

Gott sei Dank haben viele Menschen für sie gebetet und schließlich wurde sie geheilt.

Später beim Zeugnis Geben hat sie gesagt: »Eines Tages habe ich meiner Zimmerkollegin im Krankenhaus erzählt, dass es eine indische Schwester gibt, die für die Kranken betet. Sie war auch bei mir und fragte wie immer: ‚Glaubst du an Jesus Christus?' Dabei haben wir beiden gelacht und uns lustig gemacht. In diesem Moment kam der Telefonanruf und Schwester Margaritha fragte: Matthäa, glaubst du an Jesus Christus? Ich war erschrocken und laut habe ich durch das Telefon geschrieen: ‚Ja, ich glaube an Jesus Christus' und ich habe verstanden, dass Jesus alles weiß, auch dass ich gespottet habe.«

Heute, nachdem sie ganz neu mit dem Heiligen Geist erfüllt wurde, kann sie wieder den Namen »Jesus« rufen; denn so lesen wir in 1 Kor 12,3: *»Darum erkläre ich euch: Keiner, der aus dem Geist Gottes redet, sagt: Jesus sei verflucht!«* So wie wir bei Matthäa gespürt haben, dass sie an fremde Götter geglaubt hat und sie den Namen ‚Jesus' nicht rufen konnte.

Und wir lesen weiter: *»Und keiner kann sagen: Jesus ist der Herr!, wenn er nicht aus dem Heiligen Geist redet.«*

Ohne den Heiligen Geist können wir Jesus nicht rufen und auch nicht an Ihn glauben. Das sagt die Schrift ganz deutlich.

In Joh 4,42 lesen wir: *»Er ist wirklich der Retter der Welt.«*

Nur durch Ihn können wir gerettet werden.

So ist Matthäa durch Jesus Christus nicht nur gerettet, sondern auch körperlich geheilt worden. Sie arbeitet und opfert auch ihre Freizeit für Jesus Christus und gibt Zeugnis vor anderen. Leider suchen sehr viele Menschen das Heil bei fremden Göttern. Heute ist Matthäa sehr aktiv in Slowenien und bereitet für mich dort Exerzitientage vor. Im Jahr

2006 kamen über 2000 Menschen zu einem Gebetstag. Da sehen wir, wie Jesus jetzt durch sie wirken kann!
Es ist immer sehr wichtig, dass wir nicht nur Jesus in unserem Leben erfahren, sondern auch das Zeugnis davon weitergeben. Wichtig ist auch, dass wir Jesus Christus die erste Stelle in unserem Leben geben. Es gibt nur eine einzige Person, die für die Menschheit am Kreuz gestorben ist, und das ist Jesus.

Wer ist Jesus Christus für uns? Wir wollen gemeinsam einige Bibelstellen betrachten, in denen der Herr über sich spricht und uns sagt, wer Er ist.

Jesus ist Gott. In 1 Joh 5,20 lesen wir: *»ER ist der wahre Gott und das ewige Leben.«*
Im Joh 1,17.18 heißt es: *»Die Gnade und die Wahrheit kamen durch Jesus Christus. Niemand hat Gott je gesehen. Der Einzige, der Gott ist und am Herzen des Vaters ruht, Er hat Kunde gebracht.«* In Joh 17,11 lesen wir, wie Jesus für seine Jünger Fürbitte gehalten hat, da heißt es: *„Heiliger Vater bewahre sie in deinem Namen, den Du Mir gegeben hast, damit sie eins sind wie Wir.“* Jesus bittet seinen Vater, Gott möge seine Jünger eins machen, wie Er und Sein Vater eins sind. Jesus sagt selbst Joh 10,30: »Ich und der Vater sind eins.« Phil 2,6: *»Jesus war Gott gleich, hielt aber nicht daran fest, wie Gott zu sein.«*

Jetzt lesen wir bei Joh 14, 7: »*Wenn ihr mich erkannt habt, werdet ihr auch meinen Vater erkennen. Schon jetzt kennt ihr ihn und habt ihn gesehen. Philippus sagte zu ihm: Herr, zeig uns den Vater; das genügt uns. JESUS antwortete ihm: Schon so lange bin ich bei euch, und du hast mich nicht erkannt, Philippus? Wer mich gesehen hat, hat den Vater gesehen. Wie kannst du sagen: Zeig uns den Vater? Glaubst du nicht, dass ich im Vater bin und dass der Vater in mir ist?«*

In Joh 10,9 lesen wir: *»Ich bin die Tür; wer durch mich hineingeht, wird gerettet werden.«* Ohne Jesus können wir nicht zum Vater kommen. Die einzige »Tür« ist Jesus Christus.

In Joh 8,12 sagt Jesus zu den Jüngern: *»Ich bin das Licht der Welt. Wer mir nachfolgt, wird nicht in der Finsternis umhergehen, sondern das Licht des Lebens haben.«* Ohne Jesus leben wir in Dunkelheit.
Jesus sagt in Joh 10,11:*»Ich bin der gute Hirt. Der gute Hirt gibt sein Leben hin für die Schafe.«* Wir sollen nur auf die Stimme von unserem Hirten hören, nicht falschen Hirten folgen, dann werden wir nicht verloren gehen. Jesus sagt in Joh 14,6: *»Ich bin der Weg und die Wahrheit und das Leben, niemand kommt zum Vater außer durch mich.«* Es ist wichtig, dass wir den Weg mit Ihm gehen, in Seiner Spur laufen, Seiner Richtung folgen. Und Er ist Selbst die Wahrheit und das Leben: wenn wir nicht mit Ihm leben, sind wir innerlich tot. Ohne den Glauben an Jesus können wir nicht gerettet werden.
Weiter in Joh 11, 25 sagt Jesus: *»Ich bin die Auferstehung und das Leben. Wer an mich glaubt, wird leben, auch wenn er stirbt.«* Vers 26: *»Und jeder, der lebt und an mich glaubt, wird auf ewig nicht sterben.«* Wir sehen, dass es Jesus wichtig ist, uns zu sagen, was das Leben ist; Er sagt uns, dass Er Selbst das Leben ist.

Bei Joh 6, 35 sagt Jesus seinen Zuhörern: *»Ich bin das Brot des Lebens; wer zu mir kommt, wird nie mehr hungern und wer an mich glaubt, wird nie mehr Durst haben.«* Jesus ist Selbst das Brot, Er gibt sich Selbst zur Speise.

Bei Joh 15, 5 sagt er: *»Ich bin der Weinstock, ihr seid die Reben. Wer in mir bleibt und in wem ich bleibe, der bringt reiche Frucht; denn getrennt von mir könnt ihr nichts vollbringen.«* Immer, wenn ich diese Stelle lese, denke ich an mein Hobby, das Blumenstecken. Ich denke oft beim Blumenstecken, wenn ich einen Zweig abschneide, dass dieser Zweig nicht mehr lange leben kann, getrennt von der Pflanze.

Wenn ich selber getrennt von Jesus lebe, stirbt etwas in mir ab. Jesus sagt auch ganz deutlich, dass man ohne Ihn nichts vollbringen kann. Wir lesen in Joh 15,1 und 2: *»Ich bin der wahre Weinstock, und mein Vater ist der Winzer. Jede Rebe an mir, die keine Frucht bringt, schneidet er ab, und jede Rebe, die Frucht bringt, reinigt er, damit sie mehr Frucht bringt.«* Jesus sagt Selbst, dass Er der Weinstock ist und an Ihm schneidet der Vater als Winzer die Rebe ab, die unfruchtbar bleibt und Er reinigt jede, die schon Frucht bringt.
Ich war häufig krank, vor allem zu Beginn meines Ordenslebens. Als ich dreißig Jahre alt war, war ich einmal so krank, dass ich dem Priester sagte, jetzt sei es wohl meine letzte Beichte. Aber der Priester hat mich getröstet: »Nein, mein Kind, Du stirbst noch nicht. Jesus braucht dich.« Wenn ich heute zurückdenke weiß ich, dass ich in jener Zeit gereinigt wurde. Gleichzeitig wurde ich gestärkt. Ich habe damals intensiver beten gelernt; meine Gottesbeziehung ist inniger und tiefer geworden. Deshalb danke ich Gott heute für diese Erfahrung.

Der Herr sagt in Offb 1,8: *»Ich bin das Alpha und das Omega, spricht Gott, der Herr, der ist und der war und der kommt, der Herrscher über die ganze Schöpfung.«* Jesus sagt Selbst, dass Er der Anfang und das Ende ist.
Der Apostel Paulus sagt im Hebr 13,8: *»Jesus Christus, ist derselbe gestern, heute und in Ewigkeit.«* Jesus lebt heute unter uns.
Im Juli 2006 war ich in Novosibirsk in Sibirien. Kurz vor dem Heilungsgebet konnte ich eine Mutter beobachten, die mit ihrem Kind in der ersten Reihe saß. Sie wollte, dass ich für ihr Kind bete. Das Kind war ungefähr vier Jahre alt. Bei der Handauflegung hat es sofort im Heiligen Geist geruht, d.h. es lag wie schlafend da. Die Mutter erschrak darüber, weil sie dieses Phänomen noch nicht kannte. Ich bin bei der Mutter und dem Kind stehen geblieben. Plötzlich wurde das Kind wach und sagte laut zu seiner Mutter: Ich habe Jesus gesehen! Die Mutter fragte gleich: »Woher weißt du, dass es Jesus war?« Das Mädchen hat auf seine Handfläche gezeigt und gesagt: »Ich habe in seiner Hand die

Wunde gesehen!« Durch dieses Zeugnis sind dort viele Menschen zum Glauben gekommen. Leider gibt es immer noch viele Christen, die dem Wort Gottes nicht glauben und es nicht ernst nehmen, sondern behaupten, es gäbe keinen Gott!

Jesus sagt in Mat 11,28: *»Kommt alle zu mir, die ihr euch plagt und schwere Lasten zu tragen habt. Ich werde euch Ruhe verschaffen.«*

ER WILL ALLE UNSERE LAST ABNEHMEN
UND UNS TRÖSTEN.

Er wartet immer auf uns. Wir lesen in Mt 8,17: *»Jesus hat unsere Leiden auf sich genommen und unsere Krankheiten getragen.«* Er hat nicht nur unsere Krankheiten getragen; Er ist auch jetzt bereit, uns zu heilen. Weiter steht in Mt 9,12: *»Nicht die Gesunden brauchen den Arzt, sondern die Kranken.«*

Wir lesen so oft in der Heiligen Schrift, wie Jesus Kranke geheilt hat. Bei jeder Heilung hat Jesus immer die Frage nach dem Glauben gestellt. Zum Beispiel sagt Jesus dem blinden Bartimäus: *»Geh! Dein Glaube hat dir geholfen. Im gleichen Augenblick konnte er wieder sehen.«* Mk 10,52.

An einer anderen Stelle sagt Jesus: *»Amen, das sage ich euch: Einen solchen Glauben habe ich in Israel noch bei keinem gefunden.«* Mt 8,10.

Jesus vergibt unsere Sünden. Weil die Menschenmenge so groß war, hat man einen Gelähmten durch das Dach heruntergelassen. Und da lesen wir in Lk 5,20: *»Als Er ihren Glauben sah, sagte Er zu dem Mann: Deine Sünden sind dir vergeben.«*

Jesus sagt in Mk 2,17: *»Ich bin gekommen, um die Sünder zu rufen, nicht die Gerechten.«* Wir sehen, Jesus will uns befreien von unseren Sünden.

Jesus ist selbst der Friede.

Und Jesus gibt uns Freude.

Wir lesen in Lk 4,18: *»Er hat mich gesandt, damit ich den Armen eine gute Nachricht bringe; damit ich den Gefangenen die Entlassung ver-*

künde und den Blinden das Augenlicht; damit ich die Zerschlagenen in Freiheit setze.«

Ich will jetzt eine weitere Erfahrung mitteilen. Ein kommunistischer Inder, John, der nicht an JESUS geglaubt hat, wollte auch seine Frau vom Glauben abhalten. Er hat versucht, alles zu zerstören. Er war auch kriminell und deswegen einige Male im Gefängnis. Seine Frau war sehr gläubig und hat immer auch für ihren Mann gebetet. Weil sie gerne die Bibel gelesen hat, hat er sogar ihre Bibel verbrannt. Einmal hat in der Nacht im Dorf das Polizeipräsidium gebrannt. Man hat gleich John verdächtigt, obwohl er dieses Mal nichts damit zutun hatte. Er wurde ins Gefängnis mitgenommen. Der magere Mann hat viele Schläge bekommen, damit er zugibt, dass er es war. Abends kam der Polizeichef und hat ihm mitgeteilt: Morgen früh werden wir dich solange foltern, bis du geständig bist. Damals hat man eine bestimmte Art von Folter durchgeführt: Man legte den Verbrecher auf eine schmale Bank und zwei starke Männer drückten mit Holzknüppeln seinen Körper solange durch, bis der Gefolterte geständig war. John konnte die ganze Nacht nicht schlafen. Am nächsten Morgen kamen die zwei Männer, holten ihn zu der Folter ab und legten ihn auf die Bank. Als Vorbereitung hat man seinen Mund zugestopft, damit niemand seine Schreie hört. In diesem Moment dachte er an seine Frau Mary. Er erinnerte sich wie sie immer zu Jesus gebetet hat. Da wurde ihm bewusst, dass nur noch Jesus ihn retten kann. In seiner Verzweiflung hat er mit ganzer Kraft Jesus gerufen. Eigentlich konnte ihn niemand hören außer Jesus.

Und Er hat ihm Antwort gegeben: Plötzlich kam der Polizeichef und sagte, wir wollen diese Strafe auf morgen verlegen, er müsse dringend fort. Gott sei Dank wurde in der Nacht der richtige Verbrecher gefunden. Und so wurde John für immer frei, frei für Jesus Christus und gibt seitdem Zeugnis. Er ist jetzt ein sehr guter Prediger, er war auch 1997 mit einem Team in Deutschland und ich durfte sein Zeugnis übersetzen. Das war sehr ergreifend. Niemand konnte seine Schreie hören, aber sein Schrei ist bis zum Himmel hinauf gedrungen. Jesus hat ihm eine Antwort gegeben. Er hat es bestätigt, so wie wir schon in Lk 4,18 gelesen haben: *»Er hat mich gesandt, damit ich den Armen eine gute Nachricht bringe; damit ich den Gefangenen die Entlassung verkünde und den Blinden das Augenlicht; damit ich die Zerschlagenen in Freiheit setze.«*

Wie kann ich ständig mit Jesus leben?
Jesus sagt in Joh 15,6: *»Wer nicht in mir bleibt, wird wie die Rebe weggeworfen und er verdorrt. Man sammelt die Reben, wirft sie ins Feuer und sie verbrennen.«*
Wir wollen immer mit Jesus sein. Wir wollen nicht getrennt von Ihm leben. Denn wir lesen, dass Er zu uns kommen will, Offb 3,20*: »Ich stehe vor der Tür und klopfe an. Wer meine Stimme hört und die Tür öffnet, bei dem werde ich eintreten und wir werden Mahl halten, ich mit ihm und er mit mir.«* Jesus will zu uns kommen. Es ist wichtig, dass wir unser Herz für Ihn öffnen und Platz für Ihn frei machen. In jedem Augenblick unseres Lebens. Auch in unserem Urlaub. Wir wollen täglich mit Jesus Mahl halten.
Die erste Stelle in unserem Leben sollen wir JESUS CHRISTUS geben
Wir lesen in Röm 10,17: *»So gründet der Glaube in der Botschaft, die Botschaft im Wort Christi.«*
Wenn wir das Wort Gottes lesen und hören, können wir Jesus Christus kennen lernen und unseren Glauben an Ihn vertiefen. Durch den Glauben können wir Jesus als Retter und Erlöser annehmen.
Wir lesen in der Apg 16, 30.31: *»Der Gefängniswärter führte die Apostel hinaus und sagte: Ihr Herren, was muss ich tun, um gerettet zu werden? Sie antworteten: Glaube an Jesus, den Herrn und du wirst gerettet werden, du und dein Haus.«*
Das heißt: »Du und Deine Ehefrau, Du und Deine Kinder und Deine Familie, Du und Deine Mitarbeiter. Wo ist Dein Glaube?«
In der Apg 2,38 steht: *»Kehrt um und jeder von euch lasse sich auf den Namen Jesu Christi taufen zur Vergebung seiner Sünden; dann werdet ihr die Gabe des Heiligen Geistes empfangen.«*

Nur durch das Wirken des Heiligen Geistes können Menschen einen tieferen Glauben an JESUS CHRISTUS bekommen.
Röm 10,13; lesen wir: *»Denn jeder, der den Namen des Herrn anruft, wird gerettet werden.«*

Preiset den Herrn!

Kapitel 4: Jesus – das Licht der Welt

»Ich bin das Licht der Welt. Wer mir nachfolgt, wird nicht in der Finsternis umhergehen, sondern wird das Licht des Lebens haben.» So lesen wir im Johannesevangelium 8, 12. Jesus will uns damit sagen, dass ER selbst das Licht ist. Ohne Ihn leben wir in Dunkelheit. In Joh 1, 4; lesen wir: *»In ihm war das Leben, und das Leben war das Licht der Menschen. Und das Licht leuchtet in der Finsternis.«*
Fragen wir uns, was in unserer heutigen Welt Licht und Finsternis bedeuten. Wer in einer Ausweglosigkeit ist und nicht mehr weiter weiß, freut sich über jedes Lichtzeichen, das ihm weiter hilft. Jesus will für uns Licht sein mit Seiner Gegenwart, mit Seiner Frohen Botschaft.
Jesus ist selbst das Licht, wie wir in Vers 9 und 10 lesen: *»Das wahre Licht, das jeden Menschen erleuchtet, kam in die Welt. ER war in der Welt und die Welt ist durch ihn geworden, aber die Welt erkannte ihn nicht.«* Auch heute gibt es Menschen, die Ihn nicht erkennen, Ihn nicht als das wahre Licht anerkennen.

Wir lesen in Lk 1, 78 wie Zacharias vom heiligen Geist erfüllt prophetisch gesprochen hat: *»Durch die barmherzige Liebe unseres Gottes wird uns besuchen das aufstrahlende Licht aus der Höhe um allen zu leuchten, die in Finsternis sitzen und im Schatten des Todes und unsere Schritte zu lenken auf den Weg des Friedens.«*
Gott ist barmherzig, ER ist gütig und deshalb hat ER seinen eigenen Sohn in die Welt gesandt, um die ganze Menschheit zu retten. ER kam als Licht zu uns, damit die Menschen nicht in Dunkelheit leben müssen, denn wenn das Licht kommt, Jesus Christus, dann müssen die finsteren Mächte weichen. Wenn wir zulassen, dass ER in unser Leben kommt, verstehen wir auch, was wir in unserem Leben falsch machen.
In Lk 19,1;ff lesen wir über einen Zöllner, der Zachäus hieß. Er wollte gerne sehen, wer dieser Jesus ist, der viele Wunder wirkt. Aber er war klein, so dass er ihn nicht sehen konnte. *»Darum lief er voraus und stieg auf einen Maulbeerfeigenbaum, um Jesus zu sehen, der dort vorbeikommen musste.«* Ich denke, dass Zachäus nicht wollte, dass Jesus ihn

sieht, weil er in Sünde gelebt hat. Ich denke, dass er seine Position als Zöllner ausgenutzt hat, um sich zu bereichern. So fügte er anderen Unrecht zu. *»Als Jesus an die Stelle kam, schaute ER hinauf und sagte zu ihm: Zachäus, komm schnell herunter, denn ich muss heute in deinem Haus zu Gast sein. Da stieg er schnell herunter und nahm Jesus freudig bei sich auf.«*
Ja, Zachäus ist schnell herunter gekommen. Jesus sagt das auch heute zu Menschen, ganz gleich auf welche Art von Baum sie geflüchtet sind – Baum des Stolzes oder Baum des Reichtums. Sie wollen Jesus sehen, aber nicht von Ihm gesehen werden. Wenn Jesus heute zu Ihnen sagen würde „Komm schnell herunter“, würden Sie schnell herunter kommen oder würden Sie oben sitzen bleiben? Und Jesus sagt noch dazu: *»Ich will heute in deinem Haus Gast sein.«* Jesus sagt heute zu Ihnen, dass Er bei Ihnen zu Gast sein will. Was würden sie sagen? Sie würden erst ihr Handy aus der Tasche holen, und vielleicht müssten Sie schnell daheim anrufen, ob ihre Frau einverstanden ist. Auf jeden Fall hat Zachäus Ihn mit Freude bei sich aufgenommen.

Mehr noch: ohne dass ihn Jesus aufgefordert hat, alles in seinem Leben wieder gut zu machen, sagte Zachäus von sich aus zu Ihm: *»Herr, die Hälfte meines Vermögens will ich den Armen geben, und wenn ich von jemand zuviel gefordert habe, gebe ich ihm das Vierfache zurück.«* Hier sehen wir: Jesus kam als das Licht zu ihm und in Seinem Licht hat Zachäus verstanden, was er bisher in seinem Leben falsch gemacht hat und er hat ihm versprochen, dass er alles wieder gut machen will. Nachdem Zachäus das gesagt hat, sagte Jesus zu ihm: »Heute ist diesem Haus das Heil geschenkt worden.« Wenn wir Jesus in unser Haus, in unser Leben und in unser Herz aufnehmen, werden wir alles, was nicht richtig ist, in Seinem Licht erkennen und die Gnade bekommen, alles in Ordnung zu bringen. Alles, was wir an Gnade brauchen, ist ja bereits in JESUS. Wir sehen hier, dass Zachäus JESUS gerne in sein Haus aufgenommen; so hat nicht nur Zachäus das Heil bekommen, sondern die ganze Familie,

alle, die zum Haus gehören. Wenn die Eltern mit Gott leben, kommt das Heil auch zu den Kindern.
Im Februar 2004 war eine Frau bei unseren Exerzitien. Sie hat Zeugnis gegeben: »Nachdem ich Jesus in meinem Leben die erste Stelle gegeben habe, war ich erfüllt mit großer Freude und alles Negative, was in mir war, zum Beispiel meine Depression, Minderwertigkeitskomplexe, die Ängste, meine Empfindlichkeit – alles war verschwunden. Durch Sein Licht habe ich auch gesehen, was ich alles aufgehoben hatte, was nicht zu unserem Gott gehört, zum Beispiel Bücher, die nicht unserem Glauben entsprechen, Amulette und viele Dinge, die zum Aberglauben gehören. Seit 1987 hatte ich Depressionen und Erschöpfungszustände, Jesus ist als Licht in mein Leben gekommen und die Dunkelheit musste weichen.« Wir sehen, welche Erfahrung wir machen können, wenn wir ganz mit Jesus leben.

In Joh 3, 19-20 lesen wir: »*Denn mit dem Gericht verhält es sich so: Das Licht kam in die Welt, und die Menschen liebten die Finsternis mehr als das Licht; denn ihre Taten waren böse. Jeder, der Böses tut, hasst das Licht und kommt nicht zum Licht, damit seine Taten nicht aufgedeckt werden.«*
Ich kenne viele Menschen, die mit Gott und der Kirche nichts mehr zu tun haben möchten, die das Licht hassen und nicht zum Licht kommen, weil sie Angst haben, dass ihre Taten aufgedeckt werden. Eine Frau, die eine gute Verbindung zu mir hat, wollte nicht zu Exerzitien oder zum Gespräch kommen, obwohl ich sie dazu eingeladen habe. Damals konnte ich nicht ahnen, warum sie nicht kommen wollte. Später habe ich erfahren, dass sie eine Beziehung zu einem verheirateten Mann hatte. Sie wusste, dass das nicht in Ordnung ist und wollte es von Jesus nicht aufdecken lassen. Sie ist nicht glücklich, weil sie sich auf eine ungute Beziehung eingelassen hat, aus der sie sich nicht mehr lösen möchte. Sie ist unglücklich, weil sie in ständigem Zwiespalt lebt.
Im Buch Deut 30,19 sagt uns Gott: *»Leben und Tod lege ich dir vor, Segen und Fluch. Wähle also das Leben, damit du lebst, du und deine*

Nachkommen.« Wir sehen: Gott gibt uns die Freiheit, wir dürfen selbst wählen, wir entscheiden über unser Leben, ob es uns gut oder schlecht geht.
Einmal habe ich eine wohlhabende Frau getroffen, die mich etwas streng fragte, warum Gott es zulasse, dass es in Indien so viele arme, aber auch viele reiche Menschen gäbe? »Ja«, sie haben Recht, sagte ich, »es gibt sicher viele arme und reiche Menschen. Aber das hat mit dem lieben Gott nichts zu tun. Der Mensch selbst trägt viel dazu bei, dass es so ist. Angenommen, wenn Gott morgen zu Ihnen käme und Ihnen sagt, sie möchten doch zwei Prozent Ihres Vermögens den Bedürftigen geben, würden Sie es tun?« »Ja«, erwiderte sie sofort, »warum nicht?« »Wenn Gott nun aber immer wieder käme, jeden Tag, würden sie auch jeden Tag zwei Prozent abgeben?« »Nein«, sagte sie energisch, »ich bin nicht bereit, jeden Tag etwas abzugeben.« »Sehen Sie«, antwortete ich ihr, »unser Gott gibt uns Freiheit; wir dürfen selbst entscheiden, ob wir Gutes tun wollen oder ob wir es lassen. Gott ist kein Diktator, ER ist ein liebender Gott.«
Deshalb sagt unser Gott: *»Leben und Tod lege ich Dir vor, Segen und Fluch;«* und du darfst selbst wählen. So haben wir es bereits im Buch Deuteronomium gelesen.
Einen Tag nach dieser Begegnung sah ich die Frau wieder. Sie sprach mich an: »In der Nacht konnte ich nicht schlafen und habe über das, was Sie mir gesagt haben, nachgedacht. Eigentlich haben Sie ja Recht. Ich habe viel geerbt; jetzt weiß ich, was ich in Zukunft tun werde.«

Jesus sagt selbst in Joh 12, 35-36: *»Geht euren Weg, solange ihr das Licht habt, damit euch nicht die Finsternis überrascht. wer in der Finsternis geht, weiß nicht, wohin ER gerät. Solange ihr das Licht bei euch habt, glaubt an das Licht, damit ihr Söhne des Lichtes werdet.«*
Wir sehen wie wichtig es ist, dass wir an Jesus Christus und Seine Worte glauben, denn ohne ihn können wir nicht im Licht leben. Zum Beispiel die Menschen, die von Alkohol oder Drogen abhängig sind. Sie verstecken sich vor der Wahrheit, sie leben in Dunkelheit und wissen

nicht wohin ihr Weg führt. Sie leben ohne Ziel. Aber unser Ziel soll immer Jesus Christus sein, denn in Ihm ist das Licht.

In 1 Joh 1, 5-6 lesen wir: »*Das ist die Botschaft, die wir von ihm gehört haben und euch verkünden: Gott ist Licht, und keine Finsternis ist in ihm. Wenn wir sagen, dass wir Gemeinschaft mit ihm haben, und doch in der Finsternis leben, lügen wir und tun nicht die Wahrheit.*«

Einige Menschen behaupten, sie leben mit Gott und sind gute Christen, nur weil sie sonntags in die Kirche gehen. Diese Menschen können aber keine Gemeinschaft mit Ihm haben, wenn sie sonst die ganze Woche ohne Gott leben, das heißt ohne Familiengebet, ohne persönliches Gebet und ohne das Wort Gottes zu lesen.

In 1 Joh 2, 9 lesen wir: »*Wer sagt, er sei im Licht, aber seinen Bruder hasst, ist noch in der Finsternis.*« Denn wo Hass ist, kann kein Licht sein.
In 1 Joh 3, 15 heißt es: »*Jeder, der seinen Bruder hasst, ist ein Mörder und ihr wisst: Kein Mörder hat ewiges Leben, das in ihm bleibt.*« In einem hasserfüllten Herzen kann Jesus nicht wohnen, somit kann auch das Licht nicht in ihm sein.
In 1 Joh 1,7 lesen wir: »*Wenn wir aber im Licht leben, wie Er im Licht ist, haben wir Gemeinschaft miteinander, und das Blut seines Sohnes Jesus reinigt uns von aller Sünde.*«
Wir lesen in Lk 12, 35-37: »*Legt euren Gürtel nicht ab und lasst eure Lampen brennen! Seid wie Menschen, die auf die Rückkehr ihres Herrn warten, der auf einer Hochzeit ist, und die ihm öffnen, sobald ER kommt und anklopft. Selig die Knechte, die der Herr wach findet, wenn ER kommt!*«
Jesus selbst hat uns dieses Gleichnis gesagt, ER möchte, dass unsere Lampe immer brennt. Dafür brauchen wir Brennmaterial, das Öl für die Lampe soll uns niemals ausgehen. Uns soll es nicht gehen wie im Gleichnis von den 10 Jungfrauen, von denen 5 nicht genügend Öl hatten

und der Bräutigam kam, während sie Öl gekauft haben. *»Haltet euch bereit«*, sagt Jesus in Lk 12, 40 *»denn der Menschensohn kommt zu einer Stunde, in der ihr es nicht erwartet.«*

In der Apostelgeschichte lesen wir, wie Petrus mit Ketten gefesselt zwischen zwei Soldaten gelegen war. In Kapitel 12 Vers 7 heißt es: *»Plötzlich trat ein Engel des Herrn ein, und ein helles Licht strahlte in den Raum. Er stieß Petrus in die Seite, weckte ihn und sagte: Schnell, steh auf! Da fielen die Ketten von seinen Händen.«*
Wenn Jesus kommt, werden wir frei von Ketten und Fesseln. Viele Menschen sind gebunden durch schlechte Gewohnheiten oder Süchte, zum Beispiel Alkoholsucht, Drogensucht, Nikotinsucht, Abhängigkeit von Fernsehen, Computerspielen, Internet, Pornofilmen, sexuelle Begierde, schlechte Musik und vieles mehr. Wir machen immer wieder wunderbare Erfahrungen mit solchen gefesselten Menschen. Wenn sie vier Tage zu Jesus kommen und das Wort Gottes bei den Exerzitien im Haus Raphael hören, werden sie befreit durch Ihn, der das Licht ist.

Ich kann mich noch gut an einen Gebetstag erinnern, der einmal im Monat in unserer Gebetshalle St. Theresia von Lisieux stattfindet und bei dem über 800 Menschen teilnehmen. Nach dem Vortrag über das erste Gebot ist ein älterer Mann zum Altar gekommen, obwohl er schlecht laufen konnte, und hat seine Zigaretten hingelegt. Einige Monate später hat er Zeugnis gegeben, dass er seit 54 Jahren starker Raucher war. Oft hat er versucht, davon loszukommen. Aber in dem Moment, als er seine Zigaretten zum Altar brachte, verschwand das Bedürfnis, zu rauchen. Seitdem er mit Jesus ein neues Leben begonnen hat, seitdem Jesus als Licht in sein Leben gekommen ist, hat er verstanden, dass er in Sünde gelebt hat. Er hatte nämlich über 18 Jahre mit einer Frau zusammengelebt und war nicht kirchlich verheiratet. Inzwischen haben sie kirchlich geheiratet und so haben sie auch für viele Menschen Zeugnis gegeben, wie ihr Leben sich verändert hat.
Jesus ist für sie Licht und Leben.

Denn in Gal 5, 19 lesen wir: *»Die Werke des Fleisches sind deutlich erkennbar: Unzucht, Unsittlichkeit, ausschweifendes Leben«* und so weiter. Was ist Unzucht? Das wissen viele Menschen nicht. Im Katechismus der Katholischen Kirche Nr. 2353 steht geschrieben: *»Unzucht ist die körperliche Vereinigung zwischen einem Mann und einer Frau, die nicht miteinander verheiratet sind. Sie ist ein schwerer Verstoß gegen die Würde dieser Menschen und der menschlichen Geschlechtlichkeit selbst, die von Natur aus auf das Wohl der Ehegatten sowie auf die Zeugung und Erziehung von Kindern hingeordnet ist. Zudem ist sie ein schweres Ärgernis, wenn dadurch junge Menschen sittlich verdorben werden.«* So weit im Katechismus.
So wie dieser ältere Herr bis dahin gelebt hat, leben noch viele Menschen in Unzucht, besonders in Europa. Viele gründen auf diese Weise ihre Familie, das heißt ohne Gottes Segen. Ohne Gottes Segen und Gebet ist das Haus und auch die Familie auf Sand gebaut und kann nicht bestehen. Warum gibt es heute so viele Ehescheidungen?
»Wer so etwas tut, wird das Reich Gottes nicht erben«, heißt es weiter ganz klar im Galaterbrief.

In 2 Kor 4,6 lesen wir, wie Gott zu uns spricht: *»Aus Finsternis soll Licht aufleuchten. ER ist in unserem Herzen aufgeleuchtet, damit wir erleuchtet werden zur Erkenntnis des göttlichen Glanzes auf dem Antlitz Christi.«* Das kann nur geschehen, wenn wir zu Jesus kommen und das Wort Gottes hören.
In Eph 5, 8 lesen wir: *»Denn einst wart ihr Finsternis, jetzt aber seid ihr durch den Herrn Licht geworden, lebt als Kinder des Lichts.«*

Dazu möchte ich die Erfahrung einer Familie aus Tirol erzählen: ihr kleiner Sohn konnte mit 4 Jahren außer »Mama« und »Papa« fast nichts sprechen. Logopädie und Ergo-Therapie brachten keinen Erfolg. Weil der Kleine aufgrund des Sprachrückstands aggressiv wurde, plagte und biss er seine ältere Schwester. Die Zeit im Kindergarten war ein Alb-

traum für die Mutter. Im Februar 2002 hat die ganze Familie bei uns in Haus Raphael an Exerzitien teilgenommen. Während dieser Woche hat die sprachliche Entwicklung des Jungen riesengroße Fortschritte gemacht. »Es ist ein Wunder«, sagt seine Mutter. »Durch das Familiengebet, regelmäßigen Besuch der Heiligen Messe und all die zahlreichen Anleitungen, die wir in ihren Exerzitien bekommen haben, hilft uns der Herr mehr, als wir jemals zu träumen gewagt haben!« Dieses Zeugnis hat uns die Familie ein halbes Jahr später geschrieben.
»Ihr alle seid Söhne des Lichts und Söhne des Tages. Wir gehören nicht der Nacht und nicht der Finsternis«, heißt es in 1 Thess 5, 5. Das kann auch diese Familie bestätigen, sie leben jetzt als Kinder des Lichts.

Wenn wir als Licht leben, werden die anderen durch unsere Lebensweise ihren Weg erkennen, wir sollen das Licht für andere bringen, denn Gott braucht Menschen, die für Ihn arbeiten. Jesus sagt selbst: *»Die Ernte ist groß, aber es gibt nur wenig Arbeiter.«* Lk 10,2 Jesus erwählt und ruft auch heute Menschen und gibt ihnen den Auftrag, für Ihn in seinem Weinberg zu arbeiten. Er braucht überall Arbeiter, die in seinem Licht sind, für die Evangelisation. Nicht nur Priester und Ordensleute, sondern auch Laien. Sind wir bereit, auf diesen Ruf zu hören mit unserem Ja zu antworten?

Wir lesen in Mt 5, 14-16: *»Ihr seid das Licht der Welt. Eine Stadt, die auf einem Berg liegt, kann nicht verborgen bleiben. Man zündet auch nicht ein Licht an und stülpt ein Gefäß darüber, sondern man stellt es auf den Leuchter; dann leuchtet es allen im Haus. So soll euer Licht vor den Menschen leuchten, damit sie eure guten Werke sehen und euren Vater im Himmel preisen«.*
Wenn wir Jesus in unserem Leben ganz neu erfahren haben, ist es wichtig, dass wir diese Erfahrung weitergeben. Wir dürfen das Licht, das wir bekommen haben, nicht verborgen halten, sondern sollen versuchen, über Jesus zu sprechen und für Ihn Zeugnis zu geben.

In Apg 26 lesen wir über den Apostel Paulus. Als er unterwegs nach Damaskus war und mit Vollmachten und Erlaubnis der Hohenpriester die Christen verfolgen wollte, hat Jesus den Saulus zum Paulus verwandelt und ihn fähig gemacht, vor anderen Zeugnis für Jesus zu geben. Wir lesen ab Vers 17: »*Ich will dich vor dem Volk und vor den Heiden retten, zu denen ich dich sende, um ihnen die Augen zu öffnen, denn sie sollen sich von der Finsternis zum Licht und von der Macht des Satans zu Gott bekehren und sollen durch den Glauben an mich die Vergebung der Sünden empfangen und mit den Geheiligten am Erbe teilhaben*«.
Wir lesen in der Heiligen Schrift wie der Apostel Paulus aktiv war und für Jesus gearbeitet hat, um Sein Licht weiter zu geben.
Auch wir haben Mitarbeiter in unserem Haus, die einmal an Exerzitien bei uns teilgenommen haben und jetzt ständig bestrebt sind, hier mitzuarbeiten und immer mehr Menschen für Gott zu gewinnen.

Nachdem wir zur Erneuerung gekommen sind, bemerken wir in unserem Leben vieles, was wir vorher nicht als Sünde erkannt haben. Wenn wir unser Leben mit Jesus ganz neu beginnen, zeigt Er uns durch Sein Licht, was in unserem Leben nicht in Ordnung ist. In Phil 2, 15 lesen wir: »*...damit ihr rein und ohne Tadel seid, Kinder Gottes ohne Makel mitten in einer verdorbenen und verwirrten Generation, unter der ihr als Lichter in der Welt leuchtet*«, also sollen wir rein und ohne Tadel sein.

In Offb 21, 23 lesen wir: »*Die Stadt braucht weder Sonne noch Mond, die ihr leuchten. Denn die Herrlichkeit Gottes erleuchtet sie, und ihre Leuchte ist das Lamm.*« Mehr als Sonne und Mond braucht unsere ganze Welt Gott. Das Wichtigste in unserem Leben ist Gott, auch in der Politik, zum Beispiel auch in der Europäischen Verfassung. Überall auf der Welt gibt es viele Probleme: Arbeitslosigkeit, ungeregelte Finanzen und viele Schulden, Schulprobleme, Ausländerhass, Hass zwischen Ländern, Streit durch Religionsfanatismus. Jeder, der davon in Radio oder Fernsehen hört, schüttelt nur noch den Kopf und stellt fest, wie schlimm es heutzutage ist. Viele wollen mitreden und versuchen, alles

zu regeln und ich denke oft: selten hören wir über Gott, weder in der Zeitung noch im Fernsehen.
Welche Lösung gibt es für diese Probleme? Unser Gott ist die einzige Antwort für all unsere Probleme. In der Dunkelheit der Welt fehlt Jesus, denn nur Er ist das Licht der Welt, das die Dunkelheit erhellen kann.
Es gibt viele verschiedene Arten von Katastrophen, soziale und Naturkatastrophen, Krankheiten, von denen wir noch nie gehört haben – vielleicht will uns Jesus dadurch etwas sagen?!
Viele denken nicht an Umkehr oder einen Neubeginn mit Jesus. Während der Kriegszeit waren die Kirchen voll. Vom Beten und von Gott hört man heutzutage sehr wenig. Und doch können wir ohne Gott nichts, mit Gott alles.
»Allein den Betern kann es noch gelingen, das Schwert ob unsern Häuptern aufzuhalten!« schrieb Reinhold Schneider 1936.

In Röm 13, 12 lesen wir: *»Die Nacht ist vorgerückt, der Tag ist nahe. Darum lasst uns ablegen die Werke der Finsternis und anlegen die Waffen des Lichts.«*

Der Psalmist sagt in Ps 18, 29: *»Du, Herr, lässt meine Leuchte erstrahlen, mein Gott macht meine Finsternis hell.«* Gerade denke ich an eine Erfahrung, die ein Mann in Indien gemacht hat, nachdem er bei einem geistlichen Gespräch war. Ihm wurde gesagt, dass er bei Dunkelheit nicht mehr ohne Taschenlampe gehen sollte. Gleich am nächsten Tag hatte er eine Taschenlampe dabei, und als er abends zurückkam und ins Haus gehen wollte, sah er im Licht der Taschenlampe eine giftige Schlange auf der Treppenstufe. So wurde er aus einer großen Lebensgefahr gerettet. Symbolisch gesehen denke ich mir, wenn wir mit Jesus leben brauchen, wir keine Angst zu haben, denn in Seinem Licht werden wir alles erkennen, was eine Gefahr für uns darstellt.
Wenn wir uns daran halten, können wir von der Finsternis zum Licht kommen.
Preiset den Herrn!

Kapitel 5: Jesus, der gute Hirte

Jesus sagt von sich: *»Ich bin der gute Hirt. Der gute Hirt gibt sein Leben hin für die Schafe. «* Joh 10, 11

Meine älteste Kindheitserinnerung gehört vier wichtigen Bibelversen, die in bunten Buchstaben und einzeln eingerahmt in meinem Elternhaus hingen. Einer der Verse lautete: »Jahwe ist mein guter Hirte, nichts wird mir fehlen.« Ich denke dabei an unseren Papa; wie intensiv doch seine Beziehung zu dem Wort Gottes war und wie klug es von ihm war, diese Spruchtafeln im Wohnzimmer aufzuhängen. Jeder, der zu uns ins Haus kam, konnte diese Worte lesen. Alle haben unweigerlich das Wort Gottes gesehen. So haben sich mir das Wort und das Bild vom guten Hirten eingeprägt. Es ist wichtig, dass Jesus auch heute in unseren Familien als der gute Hirte einen festen Platz hat.
König David hat zu seiner Zeit schon im Psalm 23 über den guten Hirten gesungen. Jesus ist dieser gute Hirte. Wenn wir mit Ihm leben, kann uns nichts fehlen. Er wird uns alles schenken, was wir brauchen – nicht, was wir wollen. Wir müssen nur auf Ihn vertrauen, dass Er uns auf all unseren Wegen begleitet. Er wird uns führen und leiten. Wie schön wäre es, wenn wir alle das verstehen. Es bedeutet: Gott sorgt ausreichend und zuverlässig für jeden von uns.
In Ps 23, 1-3 lesen wir: *»Der Herr ist mein Hirte, nichts wird mir fehlen. Er lässt mich lagern auf grünen Auen und führt mich zum Ruheplatz am Wasser. Er stillt mein Verlangen; er leitet mich auf rechten Pfaden, treu seinem Namen.«*

Einmal wollte ich für eine schwerkranke indische Frau in der Klinik in Heidelberg beten. Ich habe nicht gewusst, wie ich sie trösten sollte, denn sie lag im Sterben. Zuerst bin ich mit einer Mitschwester in die Klinik-Kapelle gegangen und habe dort gebetet. Ich habe in mir gehört: Psalm 23, 4 sollte ich ihr als Botschaft bringen. Für mich war das eine große Erleichterung, denn in diesem Psalm heißt es: *»Muss ich auch* *wandern in finsterer Schlucht, ich fürchte kein Unheil; denn du bist bei mir, dein Stock und dein Stab geben mir Zuversicht.«* Dies teilte ich der Mitschwester mit, die mich etwas ungläubig ansah. Sie konnte sich nicht vorstellen, dass Jesus mir durch eine innere Eingebung so einen konkreten Hinweis gibt. Dann sind wir in das Zimmer der Kranken gegangen. Dort haben wir mit der Frau gebetet. Plötzlich sah ich in einer Vision Jesus als guten Hirten bei ihr stehen. Bevor ich noch etwas sagen konnte, wandte sich die Kranke an mich und sagte: »Jesus steht bei mir als der gute Hirte; Er sieht genau so aus, wie auf dem Bild in meinem Wohnzimmer.« Meine Mitschwester war sprachlos, dass Jesus wirklich durch Eingebungen und Bilder zu uns sprechen kann. Die Kranke war jetzt mit Ruhe und Frieden erfüllt und hatte eine große Ausstrahlung auf ihrem Gesicht. Nach dieser Erfahrung war sie sehr gut auf ihr Sterben vorbereitet. Halleluja!

Wir lesen weiter in Ps 23, 5-6: *»Du deckst mir den Tisch vor den Augen meiner Feinde. Du salbst mein Haupt mit Öl, du füllst mir reichlich den Becher. Lauter Güte und Huld werden mir folgen mein Leben lang und im Haus des Herrn darf ich wohnen für lange Zeit.«* Wir sehen hier, wenn wir mit Jesus leben, geht es uns gut, Er sorgt für alles.

Im Buch Gen 48,15 lesen wir: *»Jakob segnete Josef und sprach: Gott, vor dem meine Väter Abraham und Isaak ihren Weg gegangen sind, Gott, der mein Hirt war mein Lebtag bis heute…ER segne die Knaben.«* Schon damals wurde Gott als Hirte bezeichnet und die Menschen vertrauten darauf, dass der gute Hirte für alles sorgt.

In Ez 34,16 lesen wir: *»Die verloren gegangenen Tiere will ich suchen, die vertriebenen zurückbringen, die verletzten verbinden, die schwachen kräftigen, die fetten und starken behüten. Ich will ihr Hirt sein und für sie sorgen, wie es recht ist.«*
Ja, Jesus hat uns, die verloren gegangenen Schafe, gesucht und gefunden. Er will alle unsere Wunden verbinden und uns heilen. Er will uns

Kraft geben, wenn wir schwach sind. Diejenigen, die schon mit Ihm leben und täglich aus seiner Gnade schöpfen, will Er behüten, damit sie nicht einer Versuchung erliegen und abfallen. Unser Herr will für alles sorgen, damit es uns gut geht. Bei unseren Exerzitien erleben wir immer wieder, wie Jesus Menschen heilt und zu sich zurückführt.

Ich möchte jetzt eine Erfahrung mitteilen: Im Jahr 1996 hat mich ein Priester bei Exerzitien um ein Gespräch gebeten und ich habe danach für ihn gebetet. Während er die Heilige Messe gelesen hat, sah ich ein inneres Bild: Jesus holte ein verletztes Schaf aus einem Dornengestrüpp heraus. Das Schaf war ganz weiß wie aus Wolle. Es war verletzt, aus seinen Wunden blutete es und Jesus hat es auf Seiner Schulter getragen. Es war ein wunderschönes Bild, das ich nie vergesse. Ich habe verstanden, dass Jesus den Priester geheilt hatte. Nach der Heiligen Messe hat er mir bestätigt, dass er eine Heilung erfahren hatte.

In Ez 34, 6 lesen wir: *»Meine Herde irrte auf allen Bergen und Höhen umher und war über das ganze Land verstreut. Doch keiner kümmerte sich um sie; niemand suchte sie.«* Das ist die Situation heutzutage. Viele Menschen wollen von Gott nichts mehr wissen, sie sind mehr mit weltlichen Dingen beschäftigt. Auch heute suchen viele Menschen Hilfe in verschiedenen Religionen. Viele getaufte und gefirmte Christen lassen sich irreführen. Wir hoffen, dass in Deutschland durch den Besuch des Heiligen Vaters wieder mehr Menschen zum Glauben gekommen sind, denn sein Glaube wirkte sichtbar ansteckend. Jesus sagt: *»Die Ernte ist groß, aber es gibt nur wenig Arbeiter. «* so lesen wir im Mt 9, 37

Wir wollen alle Mitarbeiter Jesu sein und für Ihn arbeiten. Wir wollen die verloren gegangenen Schafe suchen und auf gute Weide führen, damit sie genug zu essen haben. Wir wollen sie zu Jesus bringen, denn er sagt: *»Ich bin das Brot des Lebens; wer zu mir kommt, wird nie mehr hungern, und wer an mich glaubt, wird nie mehr Durst haben«*, so steht es in Joh 6, 35

In Joh 10, 11 lesen wir: *»Ich bin der gute Hirt. Der gute Hirt gibt sein Leben hin für die Schafe.«* Jesus gibt sich selbst als guter Hirte für das ganze Volk, für alle Menschen auf der Welt. Jesus hat es nicht nur gesagt, sondern Er hat es auch durch Seine Taten in Seinem Leben bewiesen. Er hat sogar Sein Leben für uns hingegeben, indem Er seinen bitteren und schweren Tod angenommen hat. Er hat mehr für uns getan als ein Hirte für seine Herde tun kann. Er weiß um unsere Not, Er kennt uns und Er liebt uns.

Nach der Auferstehung ist Jesus seinen Jüngern erschienen und hat gesagt, wie wir in Mt 28, 20 lesen: *»Seid gewiss: Ich bin bei euch alle Tage bis zum Ende der Welt.«* Diese Erfahrung machen wir im Haus Raphael ständig, besonders bei unseren monatlichen Gebetstagen, wo mehrere Hundert Menschen zusammen kommen. Einmal begleitete ich, wie so oft, den Priester während des eucharistischen Segens mit einer Kerze entlang der Sitzreihen. Da sah ich einen Mann bitterlich weinen. Ich hatte plötzlich eine Eingebung: Ich soll zurückgehen, ihm die Hand auflegen und für ihn beten. Es ist nicht üblich, dass ich Hand auflege während das Allerheiligste durch die Reihen getragen wird. Es war mir auch ein bisschen peinlich, an den andächtig betenden Menschen vorbei, wieder zurückzulaufen. Doch ich ging. Nachdem ich für ihn gebetet hatte, sind der Priester und ich weitergegangen. Am nächsten Gebetstag hat der betreffende Mann mit seiner Frau vor allen Versammelten Zeugnis gegeben. Er sagte: »Während die Schwester gebetet hat, kam ein Blitz durch mich und ich habe sofort gewusst, dass Jesus mich von meiner Depression geheilt hat – und so war es auch.« Seine Frau gab auch ihr Zeugnis: sie war schwer krank gewesen, hatte schon einen Kopftumor hinter sich und litt jetzt an Schilddrüsenkrebs. Ihr Mann war darüber völlig verzweifelt. Als sie nun beide beim Gebetstag waren und sie sah, dass ihr Mann so stark weinen musste, hat sie aus tiefstem Herzen und großem Vertrauen zu Jesus gerufen und gebetet: »Jesus, schick die Schwester zurück zu meinem Mann, sie soll für uns beten. Ich habe die

Hand meines Mannes festgehalten und ganz innig gebetet.« Durch die Hände der Schwester hat Jesus sie beide geheilt, was der Arzt bei der nächsten Untersuchung bestätigte.
Wir sehen hier, wie kraftvoll Jesus wirken kann, wenn ein Ehepaar in Eintracht betet; sie haben gleich von Jesus Antwort bekommen. So lesen wir in Jes 65, 24: *»Schon ehe sie rufen, gebe ich Antwort, während sie noch reden, erhöre ich sie.«* Jesus ist treu und steht zu Seinen Verheißungen. Ich möchte allen Mut machen, zu glauben, dass Jesus heute wirklich unter uns lebt und auch heute noch Wunder wirkt, wie vor zweitausend Jahren. Halleluja!

In Joh 10, 14 lesen wir: *»Ich bin der gute Hirt; ich kenne die Meinen, und die Meinen kennen mich...«* Ja, Jesus kennt uns, er kennt jeden von uns und er hat uns mit Namen gerufen.
In Joh 10, 15 lesen wir weiter: *»...wie mich der Vater kennt und ich den Vater kenne; und ich gebe mein Leben hin für die Schafe.«*
Da kommt mir die Stelle aus Joh 14, 11 in den Sinn wie Jesus sagt: *»Glaubt mir doch, dass ich im Vater bin und dass der Vater in mir ist.«*
In Joh 14, 9 lesen wir: *»Wer mich gesehen hat, hat den Vater gesehen.«*
Wir erkennen hier, dass der Vater und Jesus eins sind.

Nun wollen wir weiter in Joh 10, 27-30 lesen: *»Meine Schafe hören auf meine Stimme; ich kenne sie, und sie folgen mir. Ich gebe ihnen ewiges Leben. Sie werden niemals zugrunde gehen, und niemand wird sie meiner Hand entreißen. Mein Vater, der sie mir gab, ist größer als alle, und niemand kann sie der Hand meines Vaters entreißen. Ich und der Vater sind eins.«*
In Jes 40,11 heißt es: *»Wie ein Hirt führt er seine Herde zur Weide, er sammelt sie mit starker Hand. Die Lämmer trägt er auf dem Arm, die Mutterschafe führt er behutsam.«* So oft wurde Gott im Alten Testament schon als Guter Hirte angesprochen.
Wir gehören Jesus und Jesus gehört uns. Jesus beschützt uns, Er rettet uns aus der Gefahr, Er schenkt uns das Leben, das ewig bleibt. Die

Schafe kennen nämlich ihren Hirten, sie vertrauen ihm und folgen ihm. Der Tod hat keine Macht mehr über sie. Wer zu Jesus Christus gehört, der gehört zu Gott, denn Jesus sagt »*Ich und der Vater sind eins.*«
Wir hören auf Seine Stimme und wollen alles ernst nehmen, was der Herr uns durch sein Wort sagt, weil wir Ihm nachfolgen möchten.

Wenn Jesus uns vorausgeht und wir ihm folgen, sind wir in Sicherheit, denn Jesus sagt in Joh 14, 6: *»Ich bin der Weg, die Wahrheit und das Leben«.* Jesus ist der Weg und er spricht die Wahrheit. Er ist selbst das Leben für uns. Es gibt viele falsche Hirten, aber es gibt keine rettende Wahrheit und keinen Heilsweg außer Jesus Christus. Wir wollen nicht mehr von ihm weglaufen, dann kann uns auch niemand mehr seiner Hand entreißen.

Leider gibt es viele Menschen, die falschen Hirten nachlaufen und bei fremden Göttern das Heil suchen, wenn sie in Not sind. Anstatt jedoch dort Heil zu erfahren, werden ihre Probleme immer größer. Ihr Leben wird zerstört, manchmal sogar das Leben in ihrer ganzen Familie. Gott sei Dank finden einige davon den Weg ins Haus Raphael zu Exerzitien. Wir dürfen hier erleben, dass Menschen wieder Frieden in ihrem Herzen finden und dass Beziehungen geheilt werden. Sogar Ehepaare, die bereits an Scheidung dachten, haben wieder zueinander gefunden.
Wenn wir alles tun, was der Herr will und seine Gebote halten, geht es uns gut und auch unseren Kindern und unseren Familien. Wir werden in unserem Leben Frieden und Freude haben. Das ist Gottes Verheißung, wie wir sie im Buch Deut 28, 1-10 lesen können: *»Wenn du auf die Stimme des Herrn, deines Gottes, hörst, indem du auf alle seine Gebote, auf die ich dich heute verpflichte, achtest und sie hältst, wird dich der Herr, dein Gott, über alle Völker der Erde erheben.*
Alle diese Segnungen werden über dich kommen und dich erreichen, wenn du auf die Stimme des Herrn, deines Gottes, hörst: Gesegnet bist du in der Stadt, gesegnet bist du auf dem Land. Gesegnet ist die Frucht

deines Leibes, die Frucht deines Ackers und die Frucht deines Viehs, die Kälber, Lämmer und Zicklein.
Gesegnet ist dein Korb und dein Backtrog. Gesegnet bist du, wenn du heimkehrst, gesegnet bist du, wenn du ausziehst.
Der Herr stößt die Feinde, die sich gegen dich erheben, nieder und liefert sie dir aus. Auf einer Straße ziehen sie gegen dich aus, auf sieben Straßen fliehen sie vor dir.
Der Herr befiehlt dem Segen, an deiner Seite zu sein, in deinen Speichern und bei allem, was deine Hände schaffen. Der Herr segnet dich in dem Land, das er, dein Gott, dir gibt.
Der Herr lässt dich erstehen als das Volk, das ihm heilig ist, wie er es dir unter der Bedingung geschworen hat, dass du auf die Gebote des Herrn, deines Gottes, achtest und auf seinen Wegen gehst.
Dann sehen alle Völker der Erde, dass der Name des Herrn über dir ausgerufen ist, und fürchten sich vor dir.«

Diese guten Erfahrungen machen die Menschen, die Jesus in ihrem Leben entdeckt haben. Wir kennen viele, die an unseren Exerzitien teilgenommen haben und deren Leben sich danach völlig geändert hat. Sie geben sich Mühe, die Gebote Gottes einzuhalten. Sie haben erkannt, wie wichtig Jesus in ihrem Leben ist. Sie gehen zum Beispiel täglich zur Heiligen Messe und nehmen sich Zeit für das Gebetsleben. Zusammengefasst können wir sagen: nur wenn wir als Schafe mit Jesus, unserem guten Hirten leben, wird es uns wirklich gut gehen.

In einem indischen Exerzitienzentrum habe ich einmal ein Gemälde gesehen, auf dem Jesus als der gute Hirte dargestellt ist. Jesus trägt ein Schaf auf den Schultern und viele Schafe sind um Ihn herum. Einige folgen Ihm, manche laufen in eine andere Richtung, sie wollen scheinbar weglaufen und ihren eigenen Weg gehen. Auch auf der anderen Seite laufen welche weg, sie wollen dem Hirten nicht folgen.
Jeder kann sich dieses Bild vorstellen und für sich selbst überlegen: zu welchen Schafen gehöre ich? Folge ich Jesus, dem guten Hirten oder

habe ich mich von Ihm abgewandt? Bin ich dabei, von Ihm wegzulaufen? Bin ich vielleicht schon weit weg von Ihm?

Auch heute will Jesus alle Schafe um sich versammeln, und deshalb möchte Er, dass auch ich umkehre und zu Ihm zurückkomme.

Preiset den Herrn!

Kapitel 6: Ich bin der Herr, dein Arzt

Im Buch Exodus 15,26; lesen wir: »*Wenn du auf die Stimme des Herrn, deines Gottes hörst, und tust, was in seinen Augen gut ist, wenn du seinen Geboten gehorchst und auf alle seine Gesetze achtest, werde ich dir keine dieser Krankheiten schicken, die ich den Ägyptern geschickt habe. Denn ich bin der Herr, dein Arzt.*«

Der Mensch ist von Gott geschaffen und besteht aus Geist, Seele und Leib, wie wir aus dem Segenswunsch des hl. Apostels Paulus in 1 Thess 5,23-24 erfahren: »*Der Gott des Friedens heilige euch ganz und gar und bewahre euren Geist, eure Seele und euren Leib unversehrt, damit ihr ohne Tadel seid, wenn Jesus Christus, unser Herr, kommt. Gott, der euch beruft, ist treu; er wird es tun.*«
Wenn einer dieser Bereiche nicht in der Ordnung ist, das heißt, wenn eine Störung vorhanden ist, fühlen wir uns krank. Es ist wichtig, dass diese drei Bereiche in unserem Leben miteinander in Einheit stehen, denn sie sind von einander abhängig. Wenn beispielsweise innere Verletzungen zugefügt werden, ist der ganze Körper krank. Viele Krankheiten sind psychosomatisch, das heißt sie entstehen in der Psyche durch innere Verwundungen, traumatische Erfahrungen und wirken sich dann auf den Körper aus. Ist die Seele krank durch die Sünde, so ist gleichzeitig auch der Körper krank.

Wenn Menschen in Sünde leben, also die Gebote Gottes nicht halten, ohne Gott leben wollen, haben sie keinen Frieden. Sie leben in Dunkelheit und Ängsten.

Adam und Eva waren glücklich im Paradies. Sie durften mit dem lieben Gott sogar spazieren gehen, bis die Schlange kam und sie zur Sünde verführte. Nachdem sie die verbotene Frucht gegessen hatten, gingen ihnen die Augen auf und es wurde ihnen bewusst, dass sie Gottes Gebot übertreten haben. Sie bekamen Angst und versteckten sich vor Gott.

Auch heute gibt es viele Menschen, die in Sünde leben. Durch die Folge der Sünde sind sie unglücklich und leben in Angst. Von Gott und der Kirche wollen viele nichts mehr hören. Immer wieder kommen Menschen zu uns ins Haus Raphael, die keinen Ausweg mehr finden in ihrem Leben. Im Gespräch stellen wir sehr oft fest, dass sie Jahrzehnte lang nicht mehr das Sakrament der Versöhnung empfangen haben.

Einmal war ein Ehepaar zum Gespräch bei mir. Der Ehemann litt unter verschiedenen Beschwerden und Schmerzen. Sie erzählten, dass sie beide schon viel gebetet hätten für dieses Anliegen – und doch gab es keine Heilung. Während sie dies erzählten, kam mir, dass ich den über sechzigjährigen Mann fragen sollte, wann er das letzte Mal gebeichtet hätte. Er konnte sich nicht erinnern. Daraufhin hat er im Haus Raphael gebeichtet, der barmherzige Gott hat alle seine Sünden vergeben und als wir anschließend gemeinsam beteten, verschwanden seine Schmerzen, Jesus hat ihn geheilt.

Wir lesen in Jak 5, 15: »*. . das gläubige Gebet wird den Kranken retten und der Herr wird ihn aufrichten. Wenn er Sünden begangen hat, werden sie ihm vergeben. Darum bekennt einander eure Sünden und betet füreinander, damit ihr geheilt werdet.«* Wir müssen erkennen, wie wichtig die Beichte ist. Aber es gibt viele Menschen, die sagen, sie haben keine Sünde. Das allein ist schon eine große Lüge. Es gibt keinen Menschen auf der Welt, der ohne Sünde ist.
1 Joh 1,8-10 heißt es: *»Wenn wir sagen, dass wir keine Sünde haben, führen wir uns selbst in die Irre, und die Wahrheit ist nicht in uns. Wenn wir unsere Sünden bekennen, ist er treu und gerecht; er vergibt uns die Sünden und reinigt uns von allem Unrecht. Wenn wir sagen, dass wir nicht gesündigt haben, machen wir ihn zum Lügner und sein Wort ist nicht in uns«.*

Immer wieder hören wir von Menschen, die sagen: »Ja, wir gehen doch zur Bußandacht. Aber die Bußandacht ist nur eine Vorbereitung für die Beichte. Allein in der persönlichen Beichte kann durch den Priester die Sünde vergeben werden! Es ist so wichtig, dass wir unsere Sünden bekennen und dadurch frei werden. Gott kann nur heilen, wenn wir von Sünden frei sind. Wo keine Vergebung ist, da ist auch kein Heil und keine Heilung. Sünde macht uns krank, sie macht traurig und verletzt.

Jeder Mensch ist wertvoll, denn er ist von Gott gewollt und geliebt. Gott liebt den Sünder, aber nicht die Sünde. Im Evangelium des Johannes lesen wir, wie die Pharisäer eine Frau zu Jesus brachten, die gesteinigt werden sollte. Wir erfahren, wie barmherzig Jesus mit ihr war und ihr keine Vorwürfe machte. Nachdem alle Pharisäer fort waren, so lesen wir in Joh 8, 9: *»...blieb Jesus allein zurück mit der Frau, die noch in der Mitte stand. Er richtete sich auf und sagte zu ihr: Frau, wo sind sie geblieben? Hat dich keiner verurteilt? Keiner, Herr. Da sagte Jesus zu ihr: Auch ich verurteile dich nicht. Gehe und sündige von jetzt an nicht mehr.«* Hier ist sicher eine große Heilung in ihrem Herzen geschehen.

Derselbe Jesus sagt auch heute zu dir: Ich will dich nicht verurteilen, aber sündige von jetzt an nicht mehr.

In Mt 9,2-8 lesen wir: *»Da brachte man auf einer Tragbahre einen Gelähmten zu Jesus. Als er ihren Glauben sah, sagte er zu dem Gelähmten: Hab Vertrauen, mein Sohn. Deine Sünden sind dir vergeben.«*
In Vers 3 heißt es: *»Da dachten einige Schriftgelehrten, er lästert Gott. Jesus wusste, was sie dachten und sagte: Warum habt ihr so böse Gedanken im Herzen? Was ist leichter zu sagen: Deine Sünden sind dir vergeben oder zu sagen: Steh auf und geh umher? Ihr sollt aber erkennen, dass der Menschensohn hier auf Erden die Vollmacht hat, Sünden zu vergeben. Darauf sagte er zu dem Gelähmten: Steh auf, nimm deine Tragbahre und geh nach Hause. Und der Mann stand auf und ging heim.«*

Wie der Psalmist in Ps 41, 5 sagt, wollen wir auch zu unserem Herrn beten: *»Herr, sei mir gnädig und heile mich, denn ich habe gegen dich gesündigt.«* Hier sehen wir, wie wichtig die Reue beim Gebet um Heilung ist. Wo keine Vergebung ist, da ist auch kein Heil und keine Heilung möglich.

In Hos 10,11: lesen wir: *»Es ist Zeit, den Herrn zu suchen. Dann wird er kommen und euch mit Heil überschütten.«* Heute sind viele Menschen auf der Suche nach Gott. Doch leider suchen viele ihr Heil bei fremden Göttern. Sie sind begeistert von exotischen Göttern, aber nach kurzer Zeit müssen sie feststellen, dass es ihnen schlechter geht als vorher.
Kürzlich rief mich eine Frau an, die schon mehrere Male im Ausland Hindu-Tempel aufgesucht hatte, weil sie sich davon Besserung für ihre körperlichen Leiden erhofft hatte. Sie war auch mit Hindu-Gurus in Kontakt. Jedoch, statt der erhofften Besserung verschlechterte sich ihr Zustand immer mehr. Zusätzlich gab es in der ganzen Familie immer mehr Streit. Inzwischen hat sie verstanden, was sie alles in ihrem Leben falsch gemacht hat. Wir beten und wünschen für sie, dass sie bald von den unguten Bindungen befreit wird.

So wie wir in Ez 13, 10 lesen: *»Sie führen mein Volk in die Irre und verkünden Heil, wo es kein Heil gibt.«* Bei Hos 11, 3 lesen wir: *»Sie aber haben nicht erkannt, dass ich sie heilen wollte.«* Die Menschen wissen nicht, dass Jesus Christus der Heiland ist und dass nur Er uns wirklich heilen kann.

Frau K.S. berichtete uns: »Am 8. Juli 2004 in Hopsten, während de Exerzitien mit dem Team vom Haus Raphael, bin ich nach dem Heilungssegen von meiner Leukämie geheilt worden.«
Sie hatte bereits drei Jahre unter verschiedenen Symptomen gelitten, bis schließlich die Diagnose „Leukämie" gestellt wurde. Daraufhin bekam sie viele Infusionen und weitere Medikamente, die jedoch keinen Erfolg

brachten. Auf dem Rücken und an den Armen traten immer größere Flecken auf, die das tägliche Waschen zur Tortur machten. Eine Bekannte nahm sie mit zu Exerzitien. Während des Heilungssegens mit dem Allerheiligsten wurde sie geheilt. Erst verschwanden die Schmerzen, dann die Schwellungen, und nach und nach die anderen Symptome.

Immer wieder erfahren Menschen Heil und Heilung vom Herrn, der für uns da ist und niemand abweist, der zu Ihm kommt:
Herr A.P. aus Frankfurt sandte uns sein Zeugnis per Email und schreibt unter anderem: »Ich bin 67 J. alt und komme aus Frankfurt. Jahrelang litt ich an Asthma-Bronchialis, Bluthochdruck…«. Er hatte drei große Knoten vor der Speiseröhre-Luftröhre. Wir haben gebetet und ich legte ihm die Hände auf. Darüber schreibt er: »…ich verspürte als ob mich die Sonne umarmen würde.« Ich sagte ihm er solle noch einmal wieder kommen. Er war insgesamt drei Mal zum Gebet bei uns. Er schreibt: » …ich fühlte mich sehr gut und habe keinen Asthma-Spray mehr gebraucht. Danach war ich bei den Ärzten zur Kontrolle, es war alles in Ordnung,« und die Knoten waren weg. »Sie waren Sprachlos und fragten mich, was ich gemacht habe, aber ich sagte nichts. Der liebe Gott hat mich durch Sr. Margaritha geheilt. Ich danke Sr. Margaritha und ich danke dem lieben Gott für die Heilung. Halleluja, Preiset den Herren!«

In 1 Joh 4, ab 14 heißt es: *»Wir haben gesehen und bezeugen, dass der Vater den Sohn gesandt hat als den Retter der Welt „Wer bekennt, dass Jesus der Sohn Gottes ist, in dem bleibt Gott und er bleibt in Gott.“ Gott hat seinen einzigen Sohn zur Welt gesandt, um uns zu retten und zu heilen.«*
Im Römerbrief 10, 9.10 lesen wir: *»Wenn du mit deinem Mund bekennst, Jesus ist der Herr, und in deinem Herzen glaubst, Gott hat ihn von den Toten auferweckt, dann wirst du gerettet werden. Wer mit dem Herzen glaubt und mit dem Mund bekennt, wird Gerechtigkeit und Heil erlangen.«*

Seit März 2005 haben wir eine eigene große Gebetshalle, die den Namen der Heiligen Theresia von Lisieux trägt. Alle vier Wochen findet dort an einem Sonntag ein Gebetstag statt, an dem Hunderte von Menschen zusammen kommen. Der Ablauf eines solchen Gebetstages ist folgendermaßen:
Bereits um 8 Uhr beginnt unser Team mit intensivem Gebet vor dem Allerheiligsten. Dann laden wir durch unser Rosenkranzgebet unsere Mutter Maria ein und um 9:00 Uhr ist Lobpreis, damit wir offen sind für das Wort Gottes, das der Herr in den folgenden Stunden zu uns sprechen will. Anschließend an den ersten Vortrag und nach einer kurzen Pause geben verschiedene Personen Zeugnisse. Danach ist Aussetzung des Allerheiligsten und Gebet um Heilung und Vergebung. Dann wird das Allerheiligste zum Segen von einem Priester oder einem Diakon durch die Reihen getragen.
Nach der Mittagspause beginnt die Gebetsstunde mit dem Rosenkranz vor dem Allerheiligsten und gleichzeitig ist Beichtgelegenheit. Als Höhepunkt des Tages beginnt um 16:00 Uhr die Eucharistiefeier. Der Tag endet dann gegen 18 Uhr mit Einzelsegnungen. Das kann bis gegen 19:30 dauern.

Dazu möchte ich Ihnen eine Erfahrung mitteilen:
Eine Frau war bei einem solchen Gebetstag und hatte ihr dreijähriges Kind mitgebracht, das nicht sprechen konnte. Das Kind wurde schon im Mutterleib abgelehnt, dadurch war es innerlich sehr verletzt. Die Mutter war unglücklich und verzweifelt. Nachdem wir mit großem Vertrauen durch Handauflegung für dieses Kind gebetet haben, hat es angefangen zu sprechen. Da sehen wir, wie treu Jesus in Seinen Versprechen ist, denn Er ist unser Heiland und Arzt.

Der Psalmist betet im Ps 30,3: *»Herr mein Gott, ich habe zu dir geschrien und du hast mich geheilt.«* Wir müssen von ganzem Herzen zu Ihm rufen, damit Er uns heilt, denn Er hat uns versprochen, dass Er unser Arzt ist.

Eine Frau, die schon oft an Gebetstagen teilgenommen hat, dabei sehr viel Friede und Freude in ihrem Herzen erfahren hat und dadurch auch immer näher zu Jesus gekommen ist, hat verstanden, dass es gut für sie wäre, doch auch einmal 4 Tage zu Exerzitien zu kommen, um bei Jesus zu sein und das Wort Gottes zu hören. Sie hatte vor 10 Jahren durch eine Operation eine Nervenschädigung an den Fußzehen, die Schmerzen verursachte. Sie konnte nicht ohne Hilfe laufen; besonders schwer fiel es ihr, eine Anhöhe hinaufzulaufen. Nachdem sie das Wort Gottes während der Exerzitien gehört und auch gebeichtet hat, hat sie erkannt, wie wichtig es ist, zu vergeben. Beim Gebet mit Handauflegung hat Jesus sie berührt und geheilt. Sie hat selbst Zeugnis gegeben: Nach dem Heilungsgebet ist sie abends zu Bett gegangen. Da spürte sie plötzlich am ganzen Körper einen brennenden Schmerz. Sie fing an, Gott zu loben und zu preisen. Dabei ist sie eingeschlafen. Am Morgen beim Aufstehen stellte sie fest, dass ihre Fußzehen nicht mehr taub waren und sie schmerzlos gehen konnte. Wörtlich sagte sie: »Tanzend bin ich eine Anhöhe hinaufgelaufen, ganz allein ohne Hilfe. Ja, Jesus hat mich geheilt!«
Ich selber musste an das Wort in Jer 23, 29 denken: *»Ist nicht mein Wort wie Feuer - Spruch des Herrn - und wie ein Hammer, der Felsen zerschmettert?«* In diesem Fall hat der Herr durch das Wort, das Feuer ist, alles was in ihr krank war, verbrannt. Sein Wort, das ein Hammer ist, hat alles Steinige in ihr zertrümmert, so dass sie ein neues Herz bekommen hat.

Wir lesen in Jes 61, 1: *»der Geist Gottes des Herrn ruht auf mir, denn der Herr hat mich gesalbt, er hat mich gesandt, damit ich den Armen eine frohe Botschaft bringe, und alle heile, deren Herz zerbrochen ist, damit ich den Gefangenen die Entlassung verkünde und den Gefesselten die Befreiung. «*
Jesus, der unter uns lebt, wie damals, will solche zerbrochenen Herzen auch heute noch heilen. In Ps 34, 19 lesen wir: *»Nahe ist der Herr den zerbrochenen Herzen. Er hilft denen auf, die zerknirscht sind.«*

Es gibt viele Menschen, die, nachdem sie gesündigt haben, in Schuldgefühlen leben. Obwohl sie ihre Sünden schon mehrfach gebeichtet haben, leben sie weiter in Traurigkeit, weil sie sich selbst nicht vergeben können.
Beim Propheten Mi 7, 19 lesen wir: *»Er wird wieder Erbarmen haben mit uns und unsere Schuld zertreten. Du wirfst alle unsere Sünden in die Tiefe des Meeres hinab.«* Gott vergibt all unsere Sünden. Er wirft sie sogar in die Tiefen des Meeres. Und doch leben Menschen mit Schuldgefühlen, werden depressiv und dadurch auch krank. In solchen Fällen kann Medizin nicht heilen, nur Jesus kann heilen.

Ich kann mich an eine Frau erinnern, die vor ein paar Jahren an unseren Exerzitien teilgenommen hat. Nachdem sie ein Kind abgetrieben hatte, lebte sie 4 Jahre mit Schuldgefühlen. Sie konnte nicht mehr ruhig schlafen, sie war selber unglücklich und machte ihre ganze Umgebung traurig, obwohl sie ihre Sünde schon mehrmals gebeichtet hatte. Täglich musste sie an das Kind denken. Bei einem Gespräch haben wir dann gemeinsam für das Kind gebetet, es getauft und ihm einen Namen gegeben. 1 Kor 15,29 finden wir einen Hinweis auf solches stellvertretendes Taufen für Tote. Gott sei Dank hat Jesus ihre Schuldgefühle weggenommen. Somit konnte sie auch innere Heilung erfahren. Als Bestätigung durfte sie in der Nacht im Traum Jesus mit ihrem Kind sehen. Das machte sie sehr glücklich. Sie hat verstanden, dass ihr Kind im Himmel ist und für sie betet. So sehen wir, wie wichtig es war, dass Jesus sie von ihren Schuldgefühlen befreit und sie dadurch geheilt hat.
In Mt 28, 20 lesen wir: *»Seid gewiss, ich bin bei euch alle Tage bis zum Ende der Welt.«* Das ist ein Versprechen des Herrn und *»Der Herr ist treu in all seinen Worten, voll Huld in all seinen Taten.«* Psalm 145,13 Er ist treu in all Seinen Versprechen. So wie Jesus vor 2000 Jahren die Kranken geheilt hat, so heilt auch heute Er, Der unter uns lebt.
Wir haben gemeinsam nachgedacht, wie Jesus die Menschen in allen Bereichen heilen kann. Aber bei jeder Heilung fragt er nach unserem

Glauben. In Joh 5 lesen wir über einen Kranken, der über 38 Jahre gelähmt war: Jesus hat gesehen, dass ihm niemand geholfen hat, in den Teich Bethesda zu steigen. Er fragt ihn: *»Willst du gesund werden?«* Der gleiche Jesus fragt heute auch dich: »Willst du gesund werden?« Wenn wir gesund werden wollen, dann müssen wir auch glauben, dass Er uns heilen kann. Wir müssen beten und dabei denken: Dein Wille soll an mir geschehen, denn Er meint es immer gut mit mir. Mit großem Vertrauen wollen wir Ihm sagen: Herr Du kannst alles, bei dir ist nichts unmöglich.

Wir lesen weiter in Vers 8: *»Da sagte Jesus zu ihm: Steh auf, nimm deine Bahre und geh. Sofort wurde der Mann gesund, nahm seine Bahre und ging.«* Er hat an Jesu Wort geglaubt und hat getan, was Er gesagt hat. So wurde er geheilt.

In Vers 14 lesen wir: *»Später traf ihn Jesus im Tempel und sprach zu ihm: Jetzt bist du gesund. Sündige nicht mehr, damit dir nicht noch schlimmeres zustößt.«* Wir sehen hier, dass durch die Sünde Schlimmes über die Menschen kommen kann.
Wir lesen im Markusevangelium über eine Frau, die schon 12 Jahre an Blutungen litt. Sie war von vielen Ärzten behandelt worden. Es hatte ihr aber nichts genützt, sondern ihr Zustand war immer schlimmer geworden. Nachdem sie von Jesus gehört hatte, wollte sie nur Sein Gewand berühren, weil sie geglaubt hat, dass, wenn sie auch nur Sein Gewand berührt, geheilt wird. Im Augenblick der Berührung wurde sie sofort geheilt. Wie groß war ihr Glaube!

In verschiedenen Evangelien lesen wir, wie viele Kranke Jesus geheilt hat: alle, die zu Ihm gekommen sind: Blinde, Taubstumme, Aussätzige, Lahme, Besessene. Die gleichen Erfahrungen machen wir auch heute überall bei unseren Programmen: Körperlich unheilbar Kranke wurden schon geheilt, was medizinisch nicht zu erklären war. Diese Heilungen wurden anschließend von den behandelnden Ärzten bestätigt.

Jesus hat alle geheilt; nicht nur die, die körperlich krank waren, wie wir beispielsweise in Joh 4 über die Samariterin lesen, die von Männern abhängig war. Sie hatte fünf Männer und Jesus sagt zu ihr: *»Den du jetzt hast, ist nicht dein Mann.«* Diese Frau erfährt, dass Jesus die Schuld, die sie belastet, kennt. Nachdem Er sich mit ihr unterhalten hat offenbarte Er sich als der Messias » Ich bin es, Ich, der mit dir spricht.«
Wir sehen hier, wie Jesus Mitleid hat mit Menschen, die in Sünde leben und Er sich so viel Mühe gibt, sie zu befreien.

Wir machen immer wieder Erfahrungen mit Menschen, die mit großem Vertrauen zu Jesus zurückkommen, obwohl sie vorher weit weg waren. Wir lesen in Ez 24, 16: *»Die verloren gegangenen Schafe will ich suchen, die vertriebenen zurückbringen, die verletzten verbinden, die schwachen kräftigen, die fetten und starken behüten. Ich will ihr Hirt sein und für sie sorgen wie es recht ist.«* So kommen viele »Gefesselte« zu uns, Alkoholiker, Drogenabhängige, Raucher, Menschen mit sexueller Abhängigkeit, Menschen, die zum Geistheiler gegangen sind, Menschen, die zuhause große Unruhe haben, weil sie fremde Götter verehren, Menschen, die okkulte Praktiken betreiben, Amulette tragen, Pendeln und so weiter.
Jesus bringt diese Menschen zu uns, um sie durch das Gebet zu heilen und zu befreien, alle die dafür offen sind. Ein Mann, der über 30 Jahre Drogen genommen hat, kam zu uns zum Gebetstag. Er wurde geheilt beim Heilungsgebet und eucharistischem Segen.

Ein anderer Mann hatte 40 Jahre lang geraucht. Nachdem er während der Exerzitien im Haus Raphael seine Zigaretten an Jesus abgegeben hat, das heißt, als er sie am Altar hinlegte, wurde er befreit. Dies geschah vor einem Jahr. Beim Gebetstag an Pfingsten hat er Zeugnis davon gegeben, dass er seitdem nicht mehr geraucht hat. Daraufhin sind 18 Personen zum Altar gekommen und haben Jesus ebenfalls ihre Zigaretten abgegeben. Wir hoffen, dass sie alle von dieser Sucht frei geworden sind.

Eine Frau, die 5 Jahre an Bulimie, also an Essstörungen gelitten hat, gab Zeugnis, dass ihr ganz warm um das Herz geworden ist während sie das Wort Gottes hörte, und sie wurde von dieser Krankheit geheilt.

Ich musste an die Emmaus-Jünger denken. In Lk 24, 32 lesen wir: *»Und sie sagten zueinander: Brannte uns nicht das Herz in der Brust, als er unterwegs mit uns redete und uns den Sinn der Schrift erschloss.«* So ist es auch dieser Frau ergangen, während Jesus durch Sein Wort zu ihr gesprochen hat. So hat sie erzählt, wie sie beim Heimkommen eine Stimme gehört hat: Ich habe dich geheilt. Zuerst war sie erschrocken, doch sie hat geglaubt, dass Jesus sie geheilt hat und sie war geheilt.

Uns begegnen auch Menschen, die sich darüber beklagen, dass Gott sie trotz jahrelanger Gebete nicht erhört. Aber von den Gewohnheiten der Sünde wollen sie sich nicht abwenden. Sünde ist aber ein Hindernis für das Heil. Bei Jesus Sirach 21, 2 – 3 lesen wir: *»Flieh vor der Sünde wie vor der Schlange; kommst du ihr zu nahe, so beißt sie dich. Löwenzähne sind ihre Zähne, sie rauben den Menschen das Leben. Wie ein zweischneidiges Schwert ist jedes Unrecht; für die Wunde, die es schlägt, gibt es keine Heilung.«* Die Menschen wissen nicht, wie gefährlich es sein kann, in Sünde zu leben. Sie wissen es nicht, weil sie sich in der Bibel nicht auskennen. Dort steht aber eindeutig, dass Jesus nur die Menschen heilt, die Sein Heil auch annehmen wollen und bereit sind, auf ihr sündiges Verhalten oder eine sündige Umgebung zu verzichten.

Wir lesen im Buch Tobit 3, 16-17: *»das Gebet beider, Tobits und Saras, fand Gehör bei der Majestät des großen Raphael, er wurde gesandt, um beide zu heilen, um Tobit von den weißen Flecken auf seinen Augen zu befreien und um Sara, die Tochter Raguels mit Tobits Sohn Tobias zu vermählen und den bösen Dämon Aschmodai zu fesseln. Es war Gottes Plan, dass Tobias Sara zur Frau haben sollte.«*
Wir sehen hier, wofür der Engel Raphael alles zuständig war: Tobit und seine Augenkrankheit zu heilen, Sara zu befreien und den Dämon zu

fesseln. Raphael war auch zuständig dafür, das Geld einzuholen, das Tobit bei einem Verwandten namens Gabael hinterlegt hatte.

Gott sei Dank dürfen wir jetzt in dem »Evangelisationszentrum 2000« arbeiten. Es wurde vor vielen Jahren durch die Ärztin Frau Dr. Anna Block, als Sanatorium gebaut. Das Haus ist ihr Lebenswerk. Sie hatte es von Anbeginn unter den Schutz des hl. Erzengels Raphael gestellt. Raphael heißt: Gott ist Heil, Gott ist Medizin.
In diesem Vertrauen dürfen wir sicher sein, dass Raphael fürbittend für uns vor Gott steht, denn Raphael ist ein Bote Gottes.
Ich möchte zusammenfassend sagen, was unserer Erfahrung nach die wichtigsten Voraussetzungen für eine Heilung sind:

1. Jesus Christus als den einzigen Herrn, Retter und Erlöser annehmen.
2. Die Einstellung der Gottesmutter haben: „Mir geschehe nach Deinem Wort", also den Willen Gottes annehmen.
3. Seine Sünden bereuen.
4. Vergebung ist eine wichtige Voraussetzung für die Heilung.
5. Glauben, dass Jesus mich heilen kann.

Die allerwichtigste Heilung ist jedoch die innere Heilung, das heißt, diese Krankheit annehmen können, »Ja« sagen zu dieser Krankheit. Dann werden die Kranken inneren Frieden und Freude erfahren, auch wenn sie nach dem Willen Gottes mit Christus leiden dürfen.

Wir wollen auch so beten wie beim Propheten Jeremia 17,14:
»Heile mich Herr, so bin ich heil. Hilf mir, so ist mir geholfen.
Ja mein Lobpreis bist du.«
Ja, Jesus, Du bist mein größter Arzt und meine Medizin.

Kapitel 7: Eucharistie – Danksagung und Anbetung

In der Offb 3, 20 sagt Jesus: *»Ich stehe vor der Tür und klopfe an. Wer meine Stimme hört und die Tür öffnet, bei dem werde ich eintreten und wir werden Mahl halten, ich mit ihm und er mit mir«* Das ist das Mahl der Eucharistie, die Jesus täglich mit uns feiern will.

Das zweite Vatikanische Konzil nennt die hl. Messe, die Eucharistie, den Höhepunkt in unserem Leben und zugleich die Quelle, aus der alle Kraft strömt. Die Gottesmutter Maria betont bei ihren Erscheinungen immer wieder den Wert der heiligen Messe. Sie sagt: »Die heilige Messe soll euch das Leben sein«. »Die heilige Messe ist das wichtigste und tiefste Gebet für mich«, sagte Pater Pio. Eucharistie heißt Danksagung. Wir wollen dieses Geheimnis gemeinsam betrachten.

In der heiligen Messe können wir Jesus auf unvergleichliche Weise begegnen und erleben. Jesus, der mit Seiner übergroßen Liebe zu uns kommt, soll immer mehr unser Leben prägen, Seine Anwesenheit in uns soll uns helfen, Ihm ähnlicher zu werden; ja, eins mit Ihm zu sein, ein Herz und eine Seele.

In Afrika und anderen Missionsgebieten laufen manche Menschen zehn Kilometer zur Kirche und wieder zurück, um am Sonntag an der heiligen Messe teilnehmen zu können. Sie nehmen das auf sich, weil sie Durst haben nach Gott und nach dem lebendigen Wasser. Sie wollen dem lebendigen Jesus in der Eucharistie begegnen durch Sein Wort und in der hl. Kommunion. Sie wissen um die Kostbarkeit dieses Geschenks.

Jesus selbst sagt es zu uns in Joh 6, 35: *»Ich bin das Brot des Lebens; wer zu mir kommt, wird nie mehr hungern, und wer an mich glaubt, wird nie mehr Durst haben.«* Das ist eine Einladung von Jesus an uns.

Jesus schenkt sich uns in der Eucharistie, Er will Brot sein für uns; Nahrung auf unserem Weg durch unser Leben. Jesus sagt weiter in Joh 6, 53-56: »*Amen, amen, das sage ich euch: Wenn ihr das Fleisch des Menschensohnes nicht esst und sein Blut nicht trinkt, habt ihr das Leben nicht in euch. Wer mein Fleisch isst und mein Blut trinkt, hat das ewige Leben, und ich werde ihn auferwecken am letzten Tag. Denn mein Fleisch ist wirklich eine Speise, und mein Blut ist wirklich ein Trank. Wer mein Fleisch isst und mein Blut trinkt, der bleibt in mir, und ich bleibe in ihm.*« Jesus spricht hier jeden von uns persönlich an. Er erklärt ganz genau, wie wichtig es für unser ewiges Leben ist, dass wir Ihn in der heiligen Kommunion empfangen. Auf diese Weise kann Er in uns bleiben.

In Joh 6, 60.61 lesen wir: »*Viele seiner Jünger, die ihm zuhörten, sagten: Was er sagt, ist unerträglich. Wer kann das anhören? Jesus erkannte, dass seine Jünger darüber murrten, und fragte sie: Daran nehmt ihr Anstoß?*« und Vers 64 sagt Er: » *Aber es gibt unter euch einige, die nicht glauben.*«
Genau wie damals gibt es auch heute viele Menschen, die nicht an diese Worte von Jesus glauben. Sie wollen nicht wahrhaben, dass Jesus wirklich bei der Eucharistiefeier im Brot gegenwärtig ist.
Genauso wie die Juden damals gestritten haben und sagten, »*wie kann er uns sein Fleisch zu essen geben?*«, wie wir es bei Joh 6, 52 lesen - so gibt es heute leider auch viele Menschen in unserer katholischen Kirche, die nicht an die reale Gegenwart Christi in der Eucharistie glauben. Deshalb zeigen sie auch keine Ehrfurcht beim Empfang der heiligen Kommunion.
Gegen Ende der 90er Jahre fand eine Gebetsversammlung mit circa zehntausend Teilnehmern in Bombay, Indien statt. Es waren zwei junge Männer anwesend, die auch nicht glauben wollten, dass Jesus in der Eucharistie gegenwärtig ist. Nach dem Empfang der heiligen Kommunion spuckte der eine seine Hostie auf den Boden. Die Hostie aber war nicht mehr zu sehen, sie war zu einem Stückchen Fleisch geworden. Der jun-

ge Mann ist vor Schreck umgefallen. Der zweite, der dasselbe vorhatte, hat dieses Sakrileg unterlassen, als er sah, was geschehen war. Die ganze Menschenmenge wurde Zeuge dieses Ereignisses und das hat ihren Glauben an die reale Gegenwart von Jesus in der Eucharistie vertieft.

Es ist wirklich ein göttliches Wunder, was auf dem Altar geschieht. Gott hat einmal ein Zeichen gegeben, dass es wirklich Sein Fleisch und Blut ist, weil es zu allen Zeiten Menschen gab, die nicht glaubten. Im dreizehnten Jahrhundert wurde während der heiligen Messe im italienischen Ort Lanciano eine Hostie sichtbar zu Fleisch. Alle Anwesenden konnten es sehen. Noch heute kann sich jeder davon überzeugen, der dort hinkommt. Im Jahr 1970, also knapp 700 Jahre nach dieser Begebenheit, hat man dieses Stückchen Fleisch untersucht und festgestellt, dass es Fleisch aus dem Herzmuskel eines Menschen ist. Das ist ein Zeichen dafür, dass Jesus uns wirklich Sein Fleisch gibt und dass Er heute in der heiligen Eucharistie unter uns lebt.
Ja, Jesus gibt sich selbst für uns als Nahrung hin - auch heute - das dürfen wir nicht vergessen, das sollen wir jeden Tag neu erfahren.
In Gal 2, 20 lesen wir: *»Nicht mehr ich lebe, Christus lebt in mir.«* Wie der Apostel Paulus wollen wir das auch sagen, wenn wir Jesus täglich empfangen: *»Nicht mehr ich lebe, Christus lebt in mir.«*

In Ex 20, 3 heißt es: *»Gedenke des Sabbats. Halte ihn heilig.«* Dieses Gebot Gottes wollen viele nicht halten, weil sie am Sonntag lieber ausschlafen oder wandern gehen anstatt Gott die Ehre zu geben. Sie stellen die heilige Messe nicht in das Zentrum ihres Lebens, wenngleich sie wissen, dass dort die Quelle ist, aus der das lebendige Wasser fließt.

Früher hat man sich besser auf die Erstkommunion vorbereitet und damit auch auf den Empfang der heiligen Kommunion das ganze Leben hindurch. Heute sind oftmals Geschenke und eine große Feier wichtiger als die erste Begegnung mit Jesus in der heiligen Kommunion. Viele Kinder wissen nicht, dass sie in der Hostie Jesus Christus selbst emp-

fangen dürfen, weil sie nicht ausreichend auf ihre Erstkommunion vorbereitet sind. Manche Gruppenleiter, die die Kommunionkinder vorbereiten, haben selbst wenig Erfahrung mit dem katholischen Glauben. Deshalb können sie den wahren katholischen Glauben auch nicht weitergeben. So passiert es, dass mir manche Kinder erzählen, dass die Hostie doch nur ein Stück geweihtes Brot sei.
Ich durfte damals ausnahmsweise schon mit 6 ½ Jahren zur Erstkommunion gehen. Aber ich war durch meine Eltern, meine Oma und die Ordensschwestern in der Schule so gut vorbereitet, dass ich wusste, dass ich bei der Kommunion Jesus selbst empfangen darf.
Ich kann mich noch gut erinnern, dass ich unterwegs, auf dem Weg zur Kirche, versucht habe, meinen Speichel immer wieder auszuspucken, denn ich habe mir gut gemerkt, dass ich, bevor ich Jesus empfange, nichts anderes essen oder trinken darf. Ich habe das damals sehr ernst genommen. (Als Erwachsene verstehen wir, dass das mit dem Nüchternheitsgebot so nicht gemeint war und ist.) Ich kann mich noch gut erinnern, welche Freude ich empfunden habe, als ich Jesus zum ersten Mal empfangen durfte.

Viele Menschen gehen am Sonntag aus Tradition zur heiligen Messe, es gehört einfach dazu. Es gibt auch Menschen, die nur bei besonderen Anlässen, wie zum Beispiel bei Hochzeiten oder Beerdigungen an der heiligen Messe teilnehmen, ohne dass sie verstehen, was auf dem Altar geschieht. Das gleiche können wir bei den Menschen beobachten, die bei der Feier der ersten heiligen Kommunion und der Firmung dabei sind. Viele wissen nicht, wie sie sich während der heiligen Messe verhalten sollen.
Manche verlassen den Gottesdienst hastig: die Parkuhr ist vielleicht abgelaufen oder es gibt sonst noch etwas zu erledigen. Manche beschweren sich über eine lange Predigt. Bedenken wir doch einmal: eine Woche hat sieben Mal vierundzwanzig Stunden. Ist es wirklich zu lange, wenn wir eine Stunde davon in der heiligen Messe mit Gott verbringen?

Wir wollen jetzt über den Ablauf der heiligen Messe nachdenken.

Schon beim Betreten des Gotteshauses segnen wir uns mit dem Weihwasser. Wenn wir dies mit Andacht tun, vollziehen wir damit eine Erneuerung unseres Taufversprechens.
Machen wir uns bewusst, dass wir jetzt das Haus des Königs der Könige betreten haben und vor Ihm stehen? Vor dem Herrn der Welt! Wäre es nicht eine angemessene Begrüßung, wenn wir eine Kniebeuge machten? Wie viele schauen sich erst um und sprechen zuerst mit einem Bekannten, anstatt Jesus die Ehre zu geben.
Der Priester und die Messdiener ziehen ein. Wenn der Priester mit einem Kreuzzeichen den Gottesdienst beginnt, ist der Himmel offen und wir stehen vor dem Dreifaltigen Gott. Zusammen mit der Gottesmutter, den Engeln und Heiligen rufen wir Ihn an.
Wir wollen zuerst an das denken, was Jesus in Mt 5,23-24 gesagt hat: *»Wenn du deine Opfergabe zum Altar bringst und dir dabei einfällt, dass dein Bruder etwas gegen dich hat, so lass deine Gabe dort vor dem Altar liegen; geh und versöhne dich zuerst mit deinem Bruder, dann komm und opfere deine Gabe.«* Wir wollen uns selbst prüfen, ob wir jemandem zu vergeben haben, oder ob wir jemanden um Vergebung bitten müssen. Für Jesus ist es wichtig, dass wir uns versöhnt haben, bevor wir Ihm unsere Gaben bringen.

Im Bußakt wollen wir aus der Tiefe unseres Herzens um Verzeihung bitten für alle Verfehlungen, die wir vor Gott und vor einander begangen haben. Wir sollen auch bedenken, ob es Gutes gibt, was wir nicht getan haben, sei es aus Bequemlichkeit oder Feigheit. Wir rufen alle Engel und Heiligen an, dass sie für uns bei Gott unserm Herrn bitten, wenn wir das Schuldbekenntnis beten. Nur wenn wir unsere Schuld bekennen, sind wir würdig, mit reinem Herzen die heilige Messe mitzufeiern.

Danach preisen und loben wir den Herrn im Gloria für seine Erhabenheit und danken ihm für seine großen Taten für uns.

Bevor wir Gottes Wort hören, beten wir zum Heiligen Geist, dass wir alles verstehen und mit ganzem Herzen dabei sind. In der Lesung und im Evangelium spricht Jesus direkt zu uns. Das ist die Frohe Botschaft, die der Herr selbst uns verkünden will. Wir müssen Gottes Wort mit ganzem Herzen, ganzer Seele und ganzer Kraft annehmen, in uns bewahren und daraus leben. Das tun wir, wenn wir immer wieder darüber nachsinnen, nicht nur während der heiligen Messe.

Bei Jes 55, 10 und 11 lesen wir: *» . . . denn wie der Regen und der Schnee vom Himmel fällt und nicht dorthin zurückkehrt, sondern die Erde tränkt und sie zum Keimen und Sprossen bringt, wie er dem Sämann Samen gibt und Brot zu essen, so ist es auch mit dem Wort, das meinen Mund verlässt: es kehrt nicht leer zu mir zurück, sondern bewirkt was ich will, und erreicht all das, wozu ich es ausgesandt habe.«*
Das Wort Gottes kehrt nicht zurück, ohne Frucht gebracht zu haben. So kann das Wort Gottes in uns wirken, wenn wir es zulassen.
Nachdem Gott zu uns gesprochen hat, antworten wir Ihm mit Freude und Dankbarkeit: Halleluja, Herr, Du hast Worte ewigen Lebens.

Im Glaubensbekenntnis bekennen wir uns zum Dreifaltigen Gott und zur heiligen katholischen und apostolischen Kirche. Nur mit diesem tiefen Glauben können wir die Eucharistie feiern.

Das fürbittende Gebet gilt nicht nur uns selbst. Wir bitten für alle Menschen und für die Anliegen und Nöte der ganzen Welt. Besonders beten wir für die Bekehrung der Sünder, die Anliegen der Kirche und den Frieden in der Welt.

In Mt 11, 28 lesen wir, dass Jesus uns einlädt: *»Kommt alle zu mir, die ihr euch plagt und schwere Lasten zu tragen habt. Ich werde euch Ruhe* *verschaffen.«* So bringen wir nicht nur Brot und Wein als Opfergabe, wir bringen uns selbst und alle unsere Probleme, Schwierigkeiten, Schmerzen und Krankheiten. Wir legen sie auf den Altar, damit wir frei werden für Jesus und Ihn würdig empfangen können.

In der Präfation, dem Hochgebet wollen wir unseren Dank an Gott den Vater bringen, denn es ist würdig und recht, Gott allezeit zu loben und zu preisen.
Die Engel und die Heiligen stimmen in diesen Lobpreis mit uns ein. So singen wir gemeinsam: »Heilig, Heilig, Heilig, denn Himmel und Erde sind erfüllt von Gottes Herrlichkeit.« Eigentlich müsste uns dieses Geschehen zutiefst berühren, aber oft scheint es dass viele nur gedankenlos dabei sind.

Jetzt ist der wichtigste Augenblick der Wandlung gekommen, der Moment, an dem sich das größte Wunder aller Zeiten vollzieht.
Der Priester betet: »Sende Deinen Geist auf diese Gaben herab und heilige sie, damit sie uns werden Leib und Blut unseres Herrn Jesus Christus.«

In Lk 22, 19-20 lesen wir: *»Und er nahm das Brot, sprach das Dankgebet, brach das Brot und reichte es ihnen mit den Worten: Das ist mein Leib, der für euch hingegeben wird. Tut dies zu meinem Gedächtnis. Ebenso nahm er nach dem Mahl den Kelch und sagte: Dieser Kelch ist der neue Bund in meinem Blut, das für euch vergossen wird.«* Jesus sagt: Das ist mein Leib, das ist mein Blut.

In Mk 14, 22 berichtet das Evangelium die Wandlungsworte, die der Priester im Auftrag Jesu spricht, folgendermaßen: *» . . . während des Mahls nahm er das Brot und sprach den Lobpreis; dann brach er das Brot, reichte es ihnen und sagte: Nehmt, das ist mein Leib. Dann nahm er den Kelch sprach das Dankgebet, reichte ihn den Jüngern und sie*

tranken alle daraus. Und er sagte zu ihnen: Das ist mein Blut, das Blut des Bundes, das für viele vergossen wird.«
Jesus spricht durch den geweihten Priester diese Wandlungsworte und fügt an: »*Tut dies zu meinem Gedächtnis.«*
Das ist nicht im historischen Sinn gemeint, als ein Gedenken an das, was einst geschehen ist. Es ist vielmehr ein gegenwärtiges Wunder, dass das Brot zu Fleisch und der Wein zum Blut Jesu Christi werden. Jesus opfert sich dem Vater auch heute täglich zum Heil der Welt für die Vergebung der Sünden. Es gibt keine Stunde, in der nicht an irgendeinem Ort auf dieser Welt die heilige Messe gefeiert wird. Das heißt: Jesus gibt ständig Sein Leben hin, für jeden von uns, so macht ER das einmal am Kreuz vollzogene Opfer jeder Zeit gegenwärtig.

Bei der Wandlung wollen wir Jesus mit tiefem Glauben und Vertrauen anbeten.

Weil viele Menschen an das Wunder aller Zeiten nicht glauben wollen, offenbart Jesus durch Zeichen, dass es wirklich sein Blut ist. Ein weiteres Beispiel ist das blutige Korporale, das an dem bekannten Wallfahrtsort Walldürn heute noch verehrt wird.

Im Vaterunser, Mt 6, 9 und Lk 11,2-4 lehrt Jesus uns, wie wir beten sollen. Darum beten wir in der hl. Messe: »*Vater unser im Himmel geheiligt werde Dein Name, Dein Reich komme, Dein Wille geschehe, wie im Himmel so auf Erden. Unser tägliches Brot gib uns heute und vergib uns unsere Schuld, wie auch wir vergeben unseren Schuldigern und führe uns nicht in Versuchung, sondern erlöse uns von dem Bösen.«*
Durch dieses Gebet sagt uns Jesus, dass wir zu Gott mit kindlichem Vertrauen »Vater« sagen dürfen. In diesem Gebet erkennen wir auch, wie wichtig unsere Vergebung ist, damit Gott auch unsere Schuld erlassen kann.

Beim Friedensgebet dürfen wir den Frieden, den nur Gott uns geben kann, vom Altar aus durch den Priester empfangen und an unsere Brüder und Schwestern weitergeben.
Vor dem Kommunionempfang zeigt der Priester die hl. Hostie als das Lamm Gottes, das unsere Schuld am Kreuz getilgt hat.
Paulus ermahnt uns in 1 Kor 11, 27-30: »*Wer also unwürdig von dem Brot isst und aus dem Kelch des Herrn trinkt, macht sich schuldig am Leib und am Blut des Herrn. Jeder soll sich selbst prüfen; erst dann soll er von dem Brot essen und aus dem Kelch trinken. Denn wer davon isst und trinkt, ohne zu bedenken, dass es der Leib des Herrn ist, der zieht sich das Gericht zu, indem er isst und trinkt.*«
Es ist wirklich sehr, sehr wichtig, dass wir uns gut vorbereiten, um Jesus würdig zu empfangen.

Es soll nicht so sein, dass wir zur Kommunion gehen, weil alle gehen. Wir müssen uns bewusst sein, Wen wir empfangen. Wir müssen uns vorbereiten, indem wir unsere Sünden bereuen. Es ist auch wichtig, dass wir regelmäßig das Sakrament der Versöhnung empfangen. In diesem Zusammenhang möchte ich nochmals darauf hinweisen, dass eine Bußandacht eine gute Vorbereitung zur Beichte sein kann, aber kein Ersatz für die persönliche, sakramentale Beichte ist.

Wir lesen in Lk 24,13, wie die Emmaus-Jünger Jesus gedrängt haben »Bleibe bei uns«. Weiter heißt es: *»Da ging er mit hinein. Und als er mit ihnen am Tisch saß, nahm er das Brot, sprach den Lobpreis, brach das Brot und gab es ihnen. Dann gingen ihnen die Augen auf und sie erkannten ihn.«*
So wie die Emmaus-Jünger Jesus beim Brechen des Brotes erkannt haben, so sollen auch wir Jesus in der Eucharistie erkennen und Ihn mit großer Sehnsucht empfangen.

Durch den Segen des dreifaltigen Gottes sind wir beauftragt, den Frieden, den wir empfangen haben, in die Welt hinaus zu tragen. »Gehet hin in Frieden.«

Nun wollen wir über die eucharistische Anbetung nachdenken.

Unser verstorbener Papst Johannes Paul II. hatte das Jahr 2005 als das Jahr der Eucharistie ausgerufen. Von diesem Zeitpunkt an wurde in vielen Orten mit der eucharistischen Anbetung begonnen und wir erleben, dass dies schon viele Früchte gebracht hat.

Seitdem wir das Haus Raphael bewohnen, halten wir Anbetung, anfangs nur von morgens bis abends. Seit Februar 2002 beten wir rund um die Uhr, Tag und Nacht vor dem Allerheiligsten. Wir halten Fürbitte vor dem eucharistischen Herrn und beten für die Bekehrung der Sünder, für alle Kranken, sowie für die Anliegen der Kirche und der ganzen Welt. Seitdem spüren wir die Nähe und Gegenwart Jesu ganz intensiv bei unserem Dienst der Evangelisation.

Als Antwort dürfen wir beispielsweise erleben, dass der Herr unser Gebet erhört und besonders während unserer Exerzitien und Gebetstage viele Heilungen im körperlichen, geistigen und seelischen Bereich geschehen lässt. Viele Menschen wissen nicht, wie wertvoll die Anbetung ist. Ich nenne die Anbetung immer: »Bei Jesus sitzen«. Wir können dort nicht nur unsere Bitten vortragen. Wir dürfen auch alles abgeben, was uns beschäftigt, oder einfach nur auf Ihn schauen.

Gott sagt uns durch den Propheten Jesaja 30, 19 bis 23: *» Ja, du Volk auf dem Berg Zion, das in Jerusalem wohnt, du brauchst jetzt nicht mehr zu weinen. Der Herr ist dir gnädig, wenn du um Hilfe schreist; er wird dir antworten, sobald er dich hört. Auch wenn dir der Herr bisher nur wenig Brot und nicht genug Wasser gab, so wird er, dein Lehrer, sich nicht mehr verbergen. Deine Augen werden deinen Lehrer sehen,* *deine Ohren werden es hören, wenn er dir nachruft: Hier ist der Weg, auf ihm müsst ihr gehen, auch wenn ihr selbst rechts oder links gehen wolltet. Dann wirst du deine Götzen aus Silber und deine Götterbilder aus Gold entweihen. Wie Abfall wirfst du sie weg und sagst: Hinaus mit euch! Dann spendet er Regen für die Saat, die du auf den Acker gesät hast. Das Korn, das auf dem Acker heranreift, wird üppig und fett sein. Auf weiten Wiesen weidet dein Vieh an jenem Tag.«*

Kommst du traurig zu Ihm? Dann sagt Er: Du brauchst jetzt nicht mehr zu weinen. Er ist gut, Er ist gnädig. Er wird dir immer Antwort geben, sofort, sobald du Ihn rufst. Vielleicht hast du dich nicht wohl gefühlt, Ihn nicht bemerkt in deinem Leben? Er wird dir beispielsweise sagen: Hier wirst du Mich sehen und Meine Nähe spüren. Und du wirst auch hören, was Ich dir sage! Ich werde dir raten, welchen Weg du gehen sollst. Vielleicht willst du andere Wege gehen, aber Ich zeige dir, welcher Weg wirklich gut für dich ist. Und du wirst alles wegwerfen, was dich auf dem Weg zu Mir behindert und was dir nicht gut tut. Alles wird gut gehen in deinem Leben, wenn du mit Mir gehst. Selbst in größten Schwierigkeiten wirst du Meine Hilfe erfahren und nicht untergehen, wenn du Meine Hand fest hältst und Mir in allem vertraust.

So wie wir in Jes 65, 24 lesen: *»Schon ehe sie rufen, gebe ich Antwort. Während sie noch reden, erhöre ich sie.«* Ja, Gott ist treu in seinen Versprechen. In der Eucharistie spüren wir seine Gegenwart ganz stark. Wir rufen ja zum lebendigen Gott, unserem Herrn Jesus Christus, der in der Eucharistie unter uns lebt. Durch das Geschenk des Sakraments der Eucharistie, will Jesus seine Zusage verwirklichen, die Er uns in Mt 28, 20 gegeben hat: *»Ich bin bei euch alle Tage bis zum Ende der Welt.«* Er ist wirklich immer mit uns.

Vom Weltjugendtag berichtet Papst Benedikt XVI., sein tiefstes Erlebnis sei die Eucharistische Prozession bei der Vigil-Feier gewesen, sowie

die tiefe Stille, die über dem Marienfeld lag, als die Monstranz auf dem Altar stand und alle in tiefem Schweigen Jesus anbeteten.
In vielen geistlichen Zentren war Tag und Nacht Gelegenheit zur eucharistischen Anbetung, die damals von Tausenden junger Menschen besucht wurde.
Noch gibt es hier viele Kirchengebäude, in denen Jesus im Tabernakel gegenwärtig ist; dort ist Er selbst als die Quelle, die uns das lebendige Wasser geben möchte - aber die Menschen haben keinen Durst nach ihm. Jesus selbst sagt in Joh 4,14: *». . . wer aber von dem Wasser trinkt, das Ich ihm geben werde, wird niemals mehr Durst haben; vielmehr wird das Wasser, das ich ihm gebe, in ihm zur sprudelnden Quelle werden, deren Wasser ewiges Leben schenkt.«* Aber viele wollen von diesem Wasser, das Jesus uns geben möchte, nicht trinken.
Wie wir schon in Jer 2, 13 lesen: *»Denn mein Volk hat doppeltes Unrecht verübt: Mich hat es verlassen, den Quell des lebendigen Wassers, um sich Zisternen zu graben, Zisternen mit Rissen, die das Wasser nicht halten.«* Heute leben viele Menschen nicht mehr mit Gott, sie graben sich Zisternen, die kein Wasser halten.

Bei der Arbeit an diesem Kapitel ist es mir noch mehr bewusst geworden, wie wichtig die würdige Mitfeier der heiligen Messe und die eucharistische Anbetung ist. Diesen tiefen Glauben wünsche ich allen Lesern.

Preiset den Herrn!

Kapitel 8: Glaube und du lebst

»Wenn du glaubst, wirst du die Herrlichkeit Gottes sehen!« So sagte Jesus zu Marta als Er zu den beiden Schwestern kam, nachdem ihr Bruder Lazarus gestorben war.
In Joh 11, 39-40 lesen wir: *»Jesus sagte: Nehmt den Stein weg! Marta, die Schwester des Verstorbenen, entgegnete ihm: Herr, er riecht aber schon, denn es ist bereits der vierte Tag. Jesus sagte zu ihr: Habe ich dir nicht gesagt: Wenn du glaubst, wirst du die Herrlichkeit Gottes sehen?«* Marta hat geglaubt und sie durfte die Herrlichkeit Gottes darin sehen, dass Jesus dem Lazarus das Leben neu geschenkt hat.
Was ist eigentlich Glaube? In Hebr 11, 1 lesen wir: *»Glaube aber ist: Feststehen in dem, was man erhofft, Überzeug-Sein von Dingen, die man nicht sieht.«* Der Glaube an Gott ist Voraussetzung für unser christliches Leben.
In 2 Kor 13, 5 lesen wir: *»Fragt euch selbst, ob ihr im Glauben seid, prüft euch selbst! Erfahrt ihr nicht an euch selbst, dass Christus Jesus in euch ist? Sonst hättet ihr ja (als Gläubige) schon versagt.«*
Das ist ein Thema, über das wir im Herzen nachdenken müssen, denn wir sind zwar alle getaufte Christen und wir wissen, dass der dreifaltige Gott in uns wohnt, aber oft vergessen wir gerade das. Darum müssen wir uns immer wieder fragen: Wie groß ist unser Glaube?
In Lk 8, ab Vers 22 lesen wir vom Sturm auf dem See. Jesus war mit seinen Jüngern unterwegs, sie wollten ans andere Ufer des Sees hinüber fahren, aber während der Fahrt schlief Jesus ein. Plötzlich kam ein Wirbelsturm über den See, das Wasser schlug in das Boot und sie waren in großer Gefahr. Auch in unserem Leben gibt es oft Wirbelstürme. Das Boot ist ein Sinnbild für jeden von uns. Der See ist der Weg, den wir gehen müssen. Wir dürfen es nicht machen, wie die Jünger, die sich erst dann an Jesus wenden, als sie in Not sind. Deshalb ist es wichtig, dass wir in unserem Herzen glauben, dass Jesus immer mit uns ist. Jesus nicht »schlafen« lassen, wir müssen ihn durch unser Gebet und unsere Taten immer »wach« halten. Die Jünger waren Berufs-Fischer und sie haben gemeint, sie könnten aus eigener Kraft ans andere Ufer rudern.

Sie haben auf ihre eigene Kraft vertraut, sie haben nicht wahrgenommen, dass Jesus mit ihnen im Boot ist. Ohne Seine Kraft können sie nichts tun, aber das haben die Jünger damals nicht verstanden. Jesus hat geschlafen, weil sie sich nicht um Ihn gekümmert haben. Und so konnte der Sturm aufkommen. So geschieht es auch in unserem täglichen Leben, auch in unserem geistlichen Leben, besonders wenn wir in Sünde leben und Jesus keine Rolle in unserem Leben spielt. Wir bemerken dann, wie unser Boot aufgrund unseres sündhaften Lebens unterzugehen droht. Da müssen wir Jesus wecken und ihn bitten, dass Er uns hilft. Erst als die Jünger merkten, dass die Situation lebensbedrohlich wurde und das Boot unterzugehen drohte, haben sie Jesus gerufen.

In Vers 24 heißt es: *»Da traten sie zu ihm und weckten ihn; sie riefen: Meister, Meister, wir gehen zugrunde! Er stand auf, drohte dem Wind und den Wellen, und sie legten sich, und es trat Stille ein.«*

Während Jesus die Hand erhoben hat, haben sich der Sturm und die hohen Wellen beruhigt und es wurde still. Die Jünger waren sprachlos. Dann fragte Jesus sie: *»Wo ist euer Glaube?«* Wenn Ich mit euch bin, in eurem Boot, wenn Ich als euer Schöpfer in eurem Herzen bin, werdet ihr doch niemals untergehen!

Da fällt mir eine eigene Erfahrung ein: Nach Exerzitien in Ephesus in der Türkei wollten wir eine Bootsfahrt auf die Insel Samos in Griechenland machen. Morgens beim Gebet habe ich eine Stimme in mir gehört: Heute kann die Reise gefährlich werden! Bete dafür! Eigentlich wollte ich unsere Gruppe warnen, dass wir nicht fahren; aber ich habe Jesus so verstanden, dass ich niemandem davon erzählen, sondern darum beten soll, dass auf der Reise alles gut geht. Auf der Hinreise hatten wir wunderschönes Wetter und das Meer war sehr ruhig. Bei der Rückreise kam bereits beim Einsteigen in das kleine Fährschiff Sturm auf. Mir kamen die Gedanken vom Morgen in den Sinn und ich wurde nervös. Ich habe im Stillen angefangen zu beten. Meine Mitschwester Kiliana wollte gleich nach oben an Deck gehen. Ich habe ihr gesagt: »Du darfst nicht nach oben gehen, wir müssen alle zusammen bleiben.« Kaum waren alle an Bord, brach ein großer Sturm los, das Boot begann zu schaukeln und Wasser spritzte über Bord. Einige sind aufgestanden und an Deck gerannt, weil ihnen übel war. Der Bootsmann hatte schon Tüten verteilt. Ich habe intensiv gebetet. Obwohl ich als Krankenschwester den anderen helfen wollte, hatte ich die Eingebung, dass es jetzt meine Aufgabe war, zu beten. Mir gegenüber saß Pfarrer Edel, der auch still gebetet hat. Während ich verzweifelt weiter gebetet habe, habe ich plötzlich eine Stimme in mir gehört: »Wo ist dein Glaube?« In diesem Moment ist mir das Wort in den Sinn gekommen, das der Herr uns in Mt 28, 20 versprochen hat: *»Seid gewiss: Ich bin bei euch alle Tage bis zum Ende der Welt.«* Danach wurde ich ganz ruhig. Nach eindreiviertel Stunden sind wir wohlbehalten wieder zurückgekehrt. Preiset den Herrn! Es ist wichtig, dass wir jetzt an das Wort denken, das Jesus uns in seiner ersten Verkündigung in Mk 1, 15 sagt: *»Die Zeit ist erfüllt, das Reich Gottes ist nahe. Kehrt um und glaubt an das Evangelium!«* Das ist es, was Jesus will. Nur wenn wir glauben, kann die Gnade in uns fließen. Und nur dann können wir das Reich Gottes erfahren. Dann wird sich der Sturm in uns beruhigen. Es ist sehr wichtig, dass jeder selbst darüber nachdenkt: Wo ist mein Glaube? Auch wenn ich ein getaufter Christ bin, muss ich mich fragen: Ist mein Glaube noch lebendig? Wenn wir herausfinden wollen, ob wir einen lebendigen Glauben haben, ist es wichtig, dass wir uns unserer Sünden bewusst werden und bereuen. Wir sündigen, wenn wir nicht in der Gnade Gottes leben. Warum haben wir so wenig Gnade? Weil unser Glaube so klein ist. Wir können unseren Glauben nur durch unser Gebetsleben stärken, durch Fasten, durch die Sakramente und durch das Lesen und Betrachten des Wortes Gottes. Nur so können wir unseren Glauben lebendig halten. Wir lesen in Lk 17, 5, wie die Apostel gebetet haben: *»Die Apostel baten den Herrn: Stärke unseren Glauben!«* Auch wir wollen zum Herrn beten: Stärke unseren Glauben! Der Glaube ist eine Gabe des heiligen Geistes. Der Glaube ist ein Geschenk Gottes, das wir uns nicht aus eigener Leistung verdient haben, sondern nur durch Seine Gnade erhalten. In Mk 9, 24 lesen wir: *»Da rief der Vater des besessenen Jungen: Ich glaube; Herr, hilf meinem Unglauben!«* Der Junge ist nur geheilt worden, weil der Vater so gebetet hat: Ich glaube; hilf meinem Unglauben! Gott hat eine Antwort auf sein Gebet gegeben und dadurch seinen Glauben gestärkt. In Mt 8, 8-10 lesen wir: *»Da antwortete der Hauptmann: Herr, ich bin es nicht wert, dass du mein Haus betrittst; sprich nur ein Wort, dann wird mein Diener gesund. Auch ich muss Befehlen gehorchen, und ich habe selber Soldaten unter mir; sage ich nun zu einem: Geh!, so geht er, und zu einem andern: Komm!, so kommt er, und zu meinem Diener: Tu das!, so tut er es. Jesus war erstaunt, als er das hörte, und sagte zu denen, die ihm nachfolgten: Amen, das sage ich euch: Einen solchen Glauben habe ich in Israel noch bei niemand gefunden.«* Jesus selbst war so erstaunt über diesen Glauben, dass Er zum Hauptmann gesagt hat, wie wir in Vers 13 lesen: *»Geh! Es soll geschehen, wie du geglaubt hast. Und in derselben Stunde wurde der Diener gesund.«* Wir lesen in Joh 4, ab Vers 48 wie ein Beamter, dessen Sohn im Sterben lag, zu Jesus kam und Ihn bat, zu kommen und seinen Sohn zu heilen: *»Da sagte Jesus zu ihm: Wenn ihr nicht Zeichen und Wunder seht, glaubt ihr nicht. Der Beamte bat ihn: Herr, komm herab, ehe mein Kind stirbt. Jesus erwiderte ihm: Geh, dein Sohn lebt! Der Mann glaubte dem Wort, das Jesus zu ihm gesagt hatte, und machte sich auf den Weg.«* Bei allem, was wir eben gehört haben, sind die Heilungen nicht das wichtigste, sondern das wichtigste ist der Glaube der Menschen. Denn Jesus wollte durch die Wunder unseren Glauben stärken, damit wir so fest glauben, wie die Männer im Evangelium geglaubt haben. Zu Beginn des Kapitels haben wir aus Joh 11, 40 gehört: *»Wenn du glaubst, wirst du die Herrlichkeit Gottes sehen!«* Ja, wenn wir glauben, können wir wahrhaftig Sein Heil erfahren. Dazu möchte ich eine Erfahrung erzählen: Am 21. Oktober 2006 war ich zu einem Gebetstag nach Slowenien eingeladen. Ich reiste morgens an und sah zu meinem Erstaunen, dass etwa zweitausend Menschen gekommen waren, um das Wort Gottes zu hören. Begonnen haben wir mit Lobpreis. Ich habe die Menschen eingeladen, ihre Hände zu erheben und unseren Gott zu loben und zu preisen. Eine Frau aus der ersten Reihe hat gleich gesagt, dass sie ihre Hände seit fünf Jahren nicht hochheben kann und starke Schmerzen in der Halswirbelsäule hat. Bisher habe ihr keine medizinische Behandlung geholfen. Ich habe sie nach vorne zum Altar gerufen und gefragt: »Glaubst du an Jesus, der heute unter uns lebt? Glaubst du, dass Er dich jetzt heilen kann?« Sie hat »Ja« gesagt. Und ich habe alle Teilnehmer aufgerufen, dass wir zusammen für sie beten. Wir haben laut, mit großem Vertrauen und in Einheit zu Jesus gerufen und gebetet. Als ich der Frau die Hände auflegte, sank sie zu Boden und ruhte im Heiligen Geist. Gleich danach hat Sie Gott gelobt und gepriesen und dabei ihre Hände ohne Schmerzen erhoben. Später hat sie erzählt, dass sie an den kranken Stellen eine starke Wärme gespürt hat. Sie war geheilt! Durch dieses große Wunder wurden alle Teilnehmer in ihrem Glauben gestärkt und waren tief berührt von Jesus. Der Tag hat mit einem Wunder begonnen und wurde von Anfang an zu einem segensreichen Tag. Wir haben alle die Herrlichkeit Gottes erfahren; so bin ich abends mit großer Freude nach Frankfurt zurück geflogen. Wie wunderbar ist der Herr! In Röm 10,9 lesen wir: *» . . denn wenn du mit deinem Mund bekennst: «Jesus ist der Herr» und in deinem Herzen glaubst: 'Gott hat ihn von den Toten auferweckt', so wirst du gerettet werden.«* Du kannst nur gerettet werden, wenn du im Herzen an Jesus glaubst. In der Apg 4, 12 lesen wir: *»Und in keinem anderen ist das Heil zu finden. Denn es ist uns Menschen kein anderer Name unter dem Himmel gegeben, durch den wir gerettet werden sollen.«* Das heißt, nur in Jesus Christus können wir Heil und Heilung finden. Und doch suchen leider viele Menschen ihr Heil anderswo: Sie glauben an Kartenleger, Horoskope, gehen zu fremden Göttern, zu Heilern sowie zu Heilpraktikern, die mit Reiki besprochenen Steinen arbeiten und suchen überall das Heil, nur nicht bei Gott. Wir wollen von solchem Aberglauben fern bleiben und uns Gott zuwenden, um wahre Rettung zu finden. Glauben bekommen wir durch das Wort Gottes, wie wir in Röm 10, 17 lesen: *»So gründet der Glaube in der Botschaft, die Botschaft im Wort Christi.«* Wir müssen also das Wort Gottes hören und lesen, dann werden sich unsere Herzen öffnen, um Glauben von Gott zu empfangen. Jedoch ist Glaube ohne Werke nutzlos. So lesen wir in Jak 2, 14 u.17-20: *»Meine Brüder, was nützt es, wenn einer sagt, er habe Glauben, aber es fehlen die Werke? Kann etwa der Glaube ihn retten? So ist auch der Glaube für sich allein tot, wenn er nicht Werke vorzuweisen hat. Nun könnte einer sagen: Du hast Glauben, und ich kann Werke vorweisen; zeig mir deinen Glauben ohne die Werke, und ich zeige dir meinen Glauben aufgrund der Werke. Du glaubst: Es gibt nur den einen Gott. Damit hast du Recht; das glauben auch die Dämonen, und sie zittern. Willst du also einsehen, du unvernünftiger Mensch, dass der Glaube ohne Werke nutzlos ist? Wurde unser Vater Abraham nicht aufgrund seiner Werke als gerecht anerkannt? Denn er hat seinen Sohn Isaak als Opfer auf den Altar gelegt.«* Wir müssen nach unserem Glauben leben. Wenn jemand zu Gott zurückkommt, findet er in seinem Leben neuen Frieden, Freude und Hoffnung. In Mk 5 lesen wir ab Vers 25 von einer Frau, die schon 12 Jahre lang an Blutungen litt. Sie drängte sich in der Menge von hinten an Jesus heran und dachte sich: wenn ich auch nur Sein Gewand berühre, werde ich geheilt. Sie wurde tatsächlich geheilt. Das geschah durch ihren starken Glauben. In Vers 34 lesen wir weiter: Jesus sagte zu ihr: *»Meine Tochter, dein Glaube hat dir geholfen. Geh in Frieden! Du sollst von deinem Leiden geheilt sein.«* Bei Exerzitien in Russland war eine Lehrerin dabei, die seit mehr als 20 Jahren unter Rückenschmerzen litt. Sie war überzeugt und glaubte fest daran, dass Jesus sie heilen werde, nachdem sie die Bibelstelle über die blutflüssige Frau gehört hat. Sie wurde geheilt und hat am gleichen Tag dafür gesorgt, dass noch zwanzig weitere Leute zu den Exerzitien kamen. Wir wollen lesen, was Jesus uns in Joh 14,1 sagt: *»Euer Herz lasse sich nicht verwirren. Glaubt an Gott und glaubt an mich.«* Warum sind viele Menschen verwirrt? Weil sie so wenig an Jesus Christus glauben und nicht mit Ihm leben. Ganz egal, was auf der Welt passiert, wir wollen uns nicht verwirren lassen von der Welt und von weltlichen Katastrophen. In Mk 11, 20-25 lesen wir: *»Als sie am nächsten Morgen an dem Feigenbaum vorbeikamen, sahen sie, dass er bis zu den Wurzeln* *verdorrt war. Da erinnerte sich Petrus und sagte zu Jesus: Rabbi, sieh doch, der Feigenbaum, den du verflucht hast, ist verdorrt. Jesus sagte zu ihnen: Ihr müsst Glauben an Gott haben. Amen, das sage ich euch: Wenn jemand zu diesem Berg sagt: Heb dich empor, und stürz dich ins Meer! Und wenn er in seinem Herzen nicht zweifelt, sondern glaubt, dass geschieht, was er sagt, dann wird es geschehen. Darum sage ich euch: Alles, worum ihr betet und bittet - glaubt nur, dass ihr es schon erhalten habt, dann wird es euch zuteil.«* Wenn ich zu Gott bete, bete ich immer zuerst, dass Sein Wille geschehen soll, dann trage ich meine Bitten vor und danke Ihm schon im voraus dafür, dass er mein Gebet hört und schon erhört hat, denn ER kann nicht anders handeln, als ER uns verheißen hat. In Kol 2, 6-7 lesen wir: *»Ihr habt Christus Jesus als Herrn angenommen. Darum lebt auch in ihm! Bleibt in ihm verwurzelt und auf ihn gegründet, und haltet an dem Glauben fest, in dem ihr unterrichtet wurdet.«* Das heißt, wir sollen Jesus Christus als unseren einzigen Herrn und Retter annehmen und Ihm in unserem Leben die erste Stelle geben. Wir haben hier keine bleibende Statt, wir sind nur unterwegs auf Erden, unser Ziel ist ja das ewige Leben. In Joh 3, 16-18 lesen wir: *»Denn Gott hat die Welt so sehr geliebt, dass er seinen einzigen Sohn hingab, damit jeder, der an ihn glaubt, nicht zugrunde geht, sondern das ewige Leben hat. Denn Gott hat seinen Sohn nicht in die Welt gesandt, damit er die Welt richtet, sondern damit die Welt durch ihn gerettet wird. Wer an ihn glaubt, wird nicht gerichtet; wer nicht glaubt, ist schon gerichtet, weil er an den Namen des einzigen Sohnes Gottes nicht geglaubt hat.«* Viele Menschen gehen weg von Jesus, suchen fremde Götter und denken nicht darüber nach, dass sie dadurch das ewige Leben bei Gott verlieren. Manche kommen zur Erneuerung und meinen, allein dadurch sei bereits alles in Ordnung. Sie merken nicht, dass sie noch etwas von fremden Göttern zurückbehalten haben. Deshalb können noch verschiedenen Störungen auftreten. Zum Beispiel können manche nicht mehr richtig beten und kommen zu uns zu Gesprächen. Der Heilige Geist kann alles aufdecken. Einmal war eine Frau bei Exerzitien, die mit Freude erzählte, dass sie schon an einigen Exerzitien bei verschiedenen Priestern teilgenommen hatte. Sie machte einen zufriedenen Eindruck, und doch habe ich beim Gebet bemerkt, dass bei ihr etwas nicht stimmt. Ich habe sie gefragt, ob sie mit Esoterik zu tun hat. Sie hat gesagt: »Das war einmal.« Jetzt habe sie damit nichts mehr zu tun, sie sei jetzt ganz frei. Ich habe ihr gesagt, sie hat noch etwas zu Hause, was nicht zu unserem Glauben passt und das gefällt Jesus nicht. Sie war fast böse mit mir und sagte, ich hätte sie mit meiner Bemerkung in Aufregung versetzt. Ich sagte ihr, dass es mir Leid täte, aber sie müsse bestimmt noch etwas zu Hause haben, was mit Aberglauben zu tun habe. Plötzlich fragt sie mich: Vielleicht ist es die Klangschale? (Sie spielen im buddhistischen Leben vor allem bei religiösen Zeremonien eine nicht zu unterschätzende Rolle, wenn es darum geht, Räume mit Klang zu füllen). Ich habe gleich laut geantwortet: »Ja, das ist es!« Sie hat verstanden, dass das nicht zu unserem Glauben passt. Dazu muss man wissen, dass es nicht der Gegenstand selbst ist, der ihr geschadet hat, sondern die Art des Gebrauchs. Sie hat als getaufte Christin mit Hilfe dieser Klangschale buddhistische Meditationen praktiziert, die nicht mit dem katholischen Glauben vereinbar sind. Heutzutage sind viele getaufte Christen von Gott weggelaufen. Es ist statistisch nachgewiesen, dass 80 % nicht mehr zur Kirche gehen und somit auch Gottes Gebote nicht halten. Weil sie Gottes Wort nicht hören und die Sakramente nicht mit dem Herzen empfangen, haben sie auch nicht die Kraft, die Gebote zu halten. Ohne Gott und den Glauben an Ihn können wir nicht leben. Wir lesen in Joh 14, 6, dass Jesus sagte: *»Ich bin der Weg, die Wahrheit und das Leben. Niemand kommt zum Vater außer durch mich.«* Das heißt, Jesus ist selbst der Weg und Er ist auch die Wahrheit und Er ist das Leben. Ohne Ihn können wir nicht zum Vater kommen. In Vers 7 heißt es: *»Wenn ihr mich erkannt habt, werdet ihr auch meinen Vater erkennen«*. Weiter in Joh 11, 25-26 sagt Jesus: *»Wer an mich glaubt, wird leben, auch wenn er stirbt. Und jeder der lebt und an mich glaubt, wird auf ewig nicht sterben.«* Wir sehen, wie wichtig es ist, dass wir an Jesus Christus glauben und Ihm die erste Stelle in unserem Leben geben und Ihn als einzigen Retter und Erlöser annehmen. In Joh 14, ab 2b lesen wir: *»Ich gehe, um einen Platz für euch vorzubereiten. Wenn ich gegangen bin und einen Platz für euch vorbereitet habe, komme ich wieder und werde euch zu mir holen, damit auch ihr dort seid, wo ich bin.«* Jesus liebt uns über unseren Tod hinaus, Er hat sogar im Himmel einen Platz für uns vorbereitet. Jesus will kommen und uns abholen. Wir wissen nicht zu welcher Zeit, zu welcher Stunde oder an welchem Tag. Sind wir darauf vorbereitet? Jesus erklärt uns diese Seine Worte durch ein Gleichnis, wie wir im Mt 25, 1-12 lesen: *»Dann wird es mit dem Himmelreich sein wie mit zehn Jungfrauen, die ihre Lampen nahmen und dem Bräutigam entgegengingen. Fünf von ihnen waren töricht, und fünf waren klug. Die törichten nahmen ihre Lampen mit, aber kein Öl, die klugen aber nahmen außer den Lampen noch Öl in Krügen mit. Als nun der Bräutigam lange nicht kam, wurden sie alle müde und schliefen ein. Mitten in der Nacht aber hörte man plötzlich laute Rufe: Der Bräutigam kommt! Geht ihm entgegen! Da standen die Jungfrauen alle auf und machten ihre Lampen zurecht. Die törichten aber sagten zu den klugen: Gebt uns von eurem Öl, sonst gehen unsere Lampen aus. Die klugen erwiderten ihnen: Dann reicht es weder für uns noch für euch; geht doch zu den Händlern und kauft, was ihr braucht. Während sie noch unterwegs waren, um das Öl zu kaufen, kam der Bräutigam; die Jungfrauen, die bereit waren, gingen mit ihm in den Hochzeitssaal, und die Tür wurde zugeschlossen. Später kamen auch die anderen Jungfrauen und riefen: Herr, Herr, mach uns auf! Er aber antwortete ihnen: Amen, ich sage euch: Ich kenne euch nicht. Seid also wachsam! Denn ihr wisst weder den Tag noch die Stunde.«* Deshalb wollen wir jederzeit bereit sein, dem Herrn entgegen zu gehen, wenn Er kommt. Hier waren die fünf klugen Jungfrauen vorbereitet und hatten genug Öl für ihre Lampen, die törichten waren nicht vorbereitet. Wenn wir jederzeit vorbereitet sind, mit Ihm zu gehen, brauchen wir auch nicht verwirrt zu sein. Wie sollen wir uns vorbereiten? Indem wir ständig in Versöhnung mit Gott und unseren Mitmenschen leben, täglich unsere Sünden bereuen und umkehren, wie wir in Joh 15, 5 lesen: *»Ich bin der*

Weinstock, ihr seid die Reben. Wer in mir bleibt und in wem ich bleibe, der bringt reiche Frucht; denn getrennt von mir könnt ihr nichts vollbringen.« Ja, getrennt von Jesus kann ich nichts vollbringen und kann auch nicht gerettet werden. Abraham und die Mutter Gottes sind unsere Vorbilder im Glauben. In Lk 1, 37-38 lesen wir wie der Engel Gabriel bei der Verkündigung zu Maria gesprochen hat: *»Denn für Gott ist nichts unmöglich. Da sagte Maria: Ich bin die Magd des Herrn; mir geschehe, wie du es gesagt hast.«* Maria glaubte dem Wort Gottes, das der Engel ihr verkündet hat. So hat Maria, weil sie geglaubt hat, auch die Herrlichkeit Gottes gesehen. Abraham ist der Vater des Glaubens. Wir lesen in Gen 12, 1-2: *»Der Herr sprach zu Abram: Zieh weg aus deinem Land, von deiner Verwandtschaft und aus deinem Vaterhaus in das Land, das ich dir zeigen werde. Ich werde dich zu einem großen Volk machen, dich segnen und deinen Namen groß machen. Ein Segen sollst du sein.«* In 15, 6 lesen wir: *»Abram glaubte dem Herrn, und der Herr rechnete es ihm als Gerechtigkeit an.«* So ist es auch in unserem Leben. Wenn wir glauben, werden wir die Herrlichkeit Gottes sehen. In Röm 10, 13-14 lesen wir: *»Denn jeder, der den Namen des Herrn anruft, wird gerettet werden. Wie sollen sie nun den anrufen, an den sie nicht glauben? Wie sollen sie an den glauben, von dem sie nichts gehört haben? Wie sollen sie hören, wenn niemand verkündigt?«* Es ist unsere Aufgabe als Christen, die wir getauft und gefirmt sind, unseren Glauben zu leben und mutig zu bezeugen. Wir sollen Verkünder der frohen Botschaft Jesu Christi sein, denn in 10, 17 heißt es: *»So gründet der Glaube in der Botschaft, die Botschaft im Wort Christi.«*
Amen! Halleluja!

Kapitel 9: Jesus lehrt uns beten

Das Gebet ist ein Gespräch zwischen mir und meinem Gott. Es ist Lobpreis und Dank für alles, auch für das, was wir als selbstverständlich und unverdient in unserem Leben bekommen haben. Das Gebet soll auch Vergebungsbitte sein, für alles, was ich falsch gemacht habe. Es ist Bittgebet für die täglichen Bedürfnisse. So, wie ein Kind mit großem Vertrauen dem Vater alles erzählt, was sich am Tag ereignet hat, dürfen wir zu Gott gehen. Ich kann mich noch gut erinnern, wie meine jüngste Schwester als Kind mit unserem Vater gesprochen hat. Wenn er von seiner Arbeit kam, ging sie ihm bereits entgegen und erzählte zuerst alles Schöne, alles, was für sie wichtig war. Ganz nebenbei sagte sie ihm auch, was sie angestellt hatte, aber im gleichen Atemzug betonte sie, dass sie es nicht mehr tun will, sondern wieder lieb sein will. So sollten wir beten und wie ein Kind Gott unserem Vater alles ohne Angst erzählen.

Zunächst muss mir klar sein, zu wem ich spreche. Wenn ich Gott nicht kenne, kann ich kein vertrauliches Gespräch führen und kann ihn auch nicht als meinen Vater ansprechen. Gott ist mein Schöpfer, Er ist mein Vater. Weil Er mich liebt, hat Er mir Seinen Sohn gesandt, um mich zu retten. Er gibt mir alles, was ich brauche, nicht alles, was ich will. Wann Er mir eine Antwort auf mein Gebet geben will, das entscheidet allerdings ER selbst. Unsere Gebetshaltung soll sein, wie die unserer Mutter Maria: *»Mir geschehe nach deinem Wort.«* Oder, wie Jesus Selbst am Ölberg sagt: *»Nicht mein Wille geschehe, sondern der Deine.«* Menschen können Gottes Plan nicht ändern, weil ER in Seiner Liebe immer das Beste für uns plant. Deshalb müssen wir manchmal jahrelang auf eine Antwort auf unser Gebet warten, weil wir noch nicht reif und bereit sind, Seine Gnade anzunehmen.
Wir lesen im Lukasevangelium über die Ankündigung und Geburt Johannes des Täufers. Sicher haben Elisabeth und Zacharias in jungen Jahren um ein Kind gebetet, aber erst als im Plan Gottes die Zeit erfüllt

war, ist in ihrem Alter, als sie nicht mehr damit gerechnet haben, ihr Gebet erhört worden. In Joh 11, 3 lesen wir, dass der Bruder von Martha und Maria krank war: *»Daher sandten die Schwestern Jesus die Nachricht: Herr, dein Freund ist krank.«* Sie haben gehofft, dass Jesus gleich kommt und ihn heilt, aber Jesus kam erst, nachdem Lazarus schon vier Tage tot war, um ein noch größeres Wunder zu wirken und ihn ins Leben zurück zu rufen.
Und weiter heißt es in Joh 11,45: » [45] *Viele der Juden, die zu Maria gekommen waren und gesehen hatten, was Jesus getan hatte, kamen zum Glauben an ihn.«*.

Es gibt Menschen, die beim Gebet keine Geduld und Ausdauer haben. Die Tochter eines Professors hatte Neurodermitis und ihre Familie hatte gebetet - aber ohne Erfolg. Der Vater sagte mir fast vorwurfsvoll, dass sie doch jeden Tag ein Gesätz vom Rosenkranz gebetet hätten – und das sogar drei Monate lang! Aber Gott hatte keine Antwort gegeben. Dann haben sie es aufgegeben und Hilfe bei fremden Göttern gesucht. Sie haben sogar fünf Tage lang an einem Seminar bei einem Heiler teilgenommen. Zunächst verbesserte sich der Zustand der Haut, aber das hielt nur wenige Tage an. Danach wurde die Hautkrankheit schlimmer als vorher; dazu kam, dass in der Familie Streit entstand, den es bisher nicht gegeben hatte. Es kam auch zu unerklärlichen Geräuschen: zum Beispiel Türschlagen und Klopfen; vom ausgeschalteten Fernsehgerät kamen Stimmengeräusche. Das Mädchen bekam schwere Albträume. Daraufhin gingen sie zu verschiedenen Heilern. Sie haben viel Geld dafür ausgegeben – doch letztlich nur ungute Bindungen dafür eingekauft. Jahrelang litt die ganze Familie unter dieser Belastung.
Dann kamen sie zu einem Gespräch ins Haus Raphael.

Ich musste an die Stelle Jes 59, 1 denken: *»Seht her, die Hand des Herrn ist nicht zu kurz, um zu helfen, sein Ohr ist nicht schwerhörig, so dass er nicht hört.«* Und bei Jes 59,2: *»Nein, was zwischen euch und*

eurem Gott steht, das sind eure Vergehen; eure Sünden verdecken sein Gesicht, so dass er euch nicht hört.«
Da hat die ganze Familie verstanden, was sie falsch gemacht hatte. Es ist erstaunlich, wie beharrlich wir manchmal in die falsche Richtung laufen und wie wenig Ausdauer wir bei Gott haben. Gott sei Dank ist die Familie zum wahren Gott zurückgekommen. Der HERR hat ihre Sünden vergeben, nachdem ihnen bewusst geworden war, dass sie an der falschen Stelle Hilfe gesucht haben. Der ganzen Familie geht es jetzt besser.
Wir müssen es IHM überlassen, wie lange wir auf seine Antwort zu warten haben und wann wir geheilt werden. Wir sollen ständig beten. In 1. Thess 5,17 lesen wir: *»Betet ohne Unterlass«*, d.h. das ganze Leben soll ein Gebet sein.

Das größte Gebet ist die heilige Messe selbst. In der Heiligen Messe beten wir um Erbarmen, um Vergebung und stimmen in den Lobpreis auf den Dreifaltigen Gott ein.
In der heiligen Messe spricht der HERR durch sein Wort zu uns, besonders im Evangelium. In der heiligen Messe danken wir Gott für den Tod und die Auferstehung seines Sohnes. Er gibt uns auch die Nahrung für das tägliche Leben in der Hl. Kommunion. Vielen ist nicht bewusst, was in der Eucharistiefeier geschieht.

Das Gebet soll ein Gespräch zwischen Vater und Sohn beziehungsweise Tochter sein und muss zur täglichen Praxis werden. Auch sollen der Glaube und das Vertrauen selbstverständlich werden, dass der Vater es immer gut mit seinen Kindern meint.
Wir lesen in Mk 11,24: *»Darum sage ich euch: Alles, worum ihr betet und bittet – glaubt nur, dass ihr es schon erhalten habt, dann wird es euch zuteil.«*
Ich selbst habe die Angewohnheit, dass ich Gott schon im Voraus danke, nachdem ich ihn um etwas gebeten habe; ich danke schon, bevor ich es empfange. Dann bleibt dem Herrn nichts anderes übrig, als es mir zu

geben. Schon Jesus hat so gebetet: Vor der Erweckung des Lazarus heißt es Joh in 11:41: *»Da nahmen sie den Stein weg. Jesus aber erhob seine Augen und sprach: Vater, ich danke dir, dass du mich erhört hast.«*
Ich möchte Ihnen eine von vielen Erfahrungen erzählen. Schwester Kiliana, meine Mitschwester und ich bekamen in unserem früheren Evangelisationszentrum, einem kleinen Pfarrhaus, gebrauchte Möbel für die Einrichtung. Eines Tages stand ich vor dem Jesusbild in unserem Wohnzimmer, vor dem ich gerne betete und ich sagte Jesus im Beisein meiner Mitschwester: »Du siehst, diese Couch ist zu klein; darauf kann niemand schlafen, gib uns bitte eine größere, ausziehbare Couch.« Wir hatten damals noch keine Gästebetten. Schwester Kiliana lächelte und fragte noch: »Was machen wir dann bloß mit dieser Couch hier?« Scheinbar war sie so sicher wie ich auch, dass Jesus uns bald eine andere Couch geben würde. Ein paar Tage später kam eine Frau vom früheren Gebetskreis zu uns, um in diesem Wohnzimmer Vorhänge zu nähen. Sie zeigte auf das Jesusbild und sagte mir, Jesus will, dass sie uns ihre Couch geben soll. Darauf sagte ich zu ihr: »Das ist doch eine große, ausziehbare Couch.« Da fragte sie mich: »Woher wissen Sie denn das?« Meine Antwort war schneller als die Frage. »Ich habe doch so eine Couch bei Jesus bestellt.« Die Frau war sehr erstaunt über meine Bemerkung. Daraufhin schenke sie uns nicht nur die Couch, sondern noch die passenden Möbel für das ganze Wohnzimmer.
Sie sehen, ich habe nur um eine Couch gebeten und Jesus hat uns noch alle zur Couch passenden Möbel gegeben.
Noch eine andere Erfahrung möchte ich mitteilen:
Direkt von einer Auslandsreise war ich nach Kevelaer gekommen, um Exerzitien zu halten. Da es in Kevelaer sehr kalt war und das Programm im Freien stattfand, habe ich sehr gefroren. Am nächsten Tag habe ich Jesus um fünf Uhr in der Früh beim Morgengebet gesagt: »Wenn ich wenigstens einen Wollschal hätte, damit ich keine Halsschmerzen bekomme!« Danach verlies ich das Haus, denn um 6:30 Uhr begann der Lobpreis. Bevor ich zur Tür hinausging, sprach mich eine Exerzitien-

teilnehmerin an: »Schwester Margaritha, möchten sie nicht meinen Wollschal, damit sie nicht frieren?« Ich drehte mich um und nahm den Schal in die Hand. »Nein«, sagte ich, »die Farbe passt nicht zu meiner Ordenstracht.« Darauf gab ich ihr den Schal zurück und ging mit schnellem Schritt aus dem Haus. Da hörte ich in mir eine Stimme: »Erst bittest Du mich, und wenn ich Dir gebe, willst Du nicht annehmen.« Sofort habe ich mich umgedreht und bin zu der Frau zurückgelaufen: »Bitte geben Sie mir den Schal, ich nehmen ihn an.« Sie war sicher erstaunt über meinen plötzlichen Sinneswandel. Später sagte mir ihr Mann, dass er morgens beim Gebet den Impuls hatte, dass Sr. Margaritha sicher friert. Daraufhin hat er zu seiner Frau gesagt, dass sie mir ihren Schal geben soll.

Wir lesen in Mk 11, 25: *»Und wenn ihr beten wollt und ihr habt einem anderen etwas vorzuwerfen, dann vergebt ihm, damit auch euer Vater im Himmel euch eure Verfehlungen vergibt.«* Wir sehen, wie wichtig es für unseren Gott ist, dass wir Anderen vergeben, bevor wir zu Ihm beten. Wir lesen in der Heiligen Schrift wie einer der Jünger Jesus bat: HERR lehre uns beten. Scheinbar hatten sie auch genau solche Schwierigkeiten beim Gebet wie wir. Jesus hat ihnen eine Antwort gegeben, wie wir in Mt 6,9 lesen: *» So sollt ihr beten: Vater unser im Himmel.«* Wir können Gott nur unseren Vater nennen, wenn wir an Ihn glauben und Ihn lieben. Wenn ich meinen Vater rufe, weiß ich, dass Er da ist, dass Er mich kennt, dass Er mich liebt, dass ich Sein Kind bin. Wir wollen Sehnsucht nach dem lebendigen Gott haben. Im Buch Klagelieder 3,25 lesen wir: *»Gut ist der HERR zu dem, der auf ihn hofft, zu der Seele, die ihn sucht.«* Gottes Liebe erfahren wir, wenn wir im Gebet vor Ihm sitzen, und uns bewusst machen, dass Er wirklich da ist. Der Psalmist sagt: *»Kostet und seht, wie gütig der Herr ist; wohl dem, der sich zu ihm flüchtet«* (Ps 34,9).

Im Vaterunser beten wir weiter: *»Geheiligt werde Dein Name.«* Dadurch will Jesus uns sagen, dass wir Gott loben und preisen sollen in unserem Gebet, IHN ehrfürchtig anbeten und Ihn heilig halten.
Jetzt heißt es: *»Dein Reich komme.«* Was meint Jesus mit dem Reich Gottes? Wir lesen in Röm 14, 17: *»Denn das Reich Gottes ist nicht Essen und Trinken, es ist Gerechtigkeit, Friede und Freude im Heiligen Geist.«* Wenn wir beten *»Dein Reich komme«*, bitten wir um den Heiligen Geist. Ohne den Heiligen Geist können wir in unserem Leben keinen Frieden und keine Freude haben und wir können auch nicht in Gerechtigkeit leben. Wir begegnen immer wieder Menschen mit großer Ausstrahlung. Man kann von weitem an ihnen sehen, dass sie wahrhaftig das Reich Gottes leben und in sich tragen. »Reich Gottes« ist, mit Jesus leben. Das Reich Gottes ist Jesus selbst. Wenn wir alles tun, was Jesus will, herrscht ER in unserem Leben, dann gilt, was ER sagt: *»Das Reich Gottes ist mitten unter euch.«*

»Dein Wille geschehe wie im Himmel, so auf Erden.« Wir lesen in Lk 1, 38: *»Da sagte Maria zum Engel Gabriel: „Ich bin die Magd des Herrn; mir geschehe, wie du es gesagt hast.«* Wenn wir Im Vaterunser sagen, Dein Wille geschehe, sagen wir zu unserem Gott: Gott, mache mit mir, was Du willst. Ich bin bereit; ich möchte auch wie Mutter Maria sagen, ich überlasse alles Dir. Und wir lesen auch in Lk 22,42: *»Vater, wenn du willst, nimm diesen Kelch von mir! Aber nicht mein, sondern dein Wille soll geschehen.«* Jesus und Maria sind unsere Vorbilder dazu. In Röm 12,2 steht geschrieben: *»Gleicht euch nicht dieser Welt an, sondern wandelt euch und erneuert euer Denken, damit ihr prüfen und erkennen könnt, was der Wille Gottes ist, was ihm gefällt, was gut und vollkommen ist.«*
Nur durch das Gebet können wir den Willen Gottes erkennen, verstehen und auch in die Tat umsetzen.
In Mt 7,21 lesen wir: *»Nicht jeder, der zu mir sagt: Herr! Herr! wird in das Himmelreich kommen, sondern nur, wer den Willen des Vaters im Himmel erfüllt.«*

Weiter heißt es im Vaterunser: *»Unser tägliches Brot gib uns heute.«* Was brauchen wir denn täglich? Nicht nur Brot für den Leib, sondern auch Nahrung für Seele und Geist. In erster Linie brauchen wir Jesus selbst, Sein Wort, das „Wort Gottes“. In der Schrift heißt es Mt 4,4: *»Der Mensch lebt nicht nur von Brot, sondern von jedem Wort, das aus Gottes Mund kommt.«*
Ohne Ihn sind wir innerlich tot. Ohne Ihn können wir nichts tun.
In Joh 6, 35 spricht Jesus so oft über das Brot, dass ER sich selbst uns geben will. In Vers 41 lesen wir: *»Ich bin das Brot, das vom Himmel herabgekommen ist.“ In Vers 48 heißt es: „Ich bin das Brot des Lebens.«* In Vers 51 lesen wir: *»Ich bin das lebendige Brot, das vom Himmel herabgekommen ist. Wer von diesem Brot isst, wird in Ewigkeit leben. Das Brot, das ich geben werde, ist mein Fleisch. Ich gebe es hin für das Leben der Welt.«* In Vers 54 lesen wir: *»Wer mein Fleisch isst und mein Blut trinkt, hat das ewige Leben.«* In Vers 56 lesen wir: *» Wer mein Fleisch isst und mein Blut trinkt, der bleibt in mir und ich bleibe in ihm«*. In Vers 57: *» Wie mich der lebendige Vater gesandt hat und wie ich durch den Vater lebe, so wird jeder, der mich isst, durch mich leben.«*
Weiter in Vers 58: *»Wer aber dieses Brot isst, der wird leben in Ewigkeit.«* Sooft erklärt Jesus uns, dass Er Selbst das lebendige Brot ist. Auf diese Worte haben viele Jünger mit Murren reagiert und gingen nicht mehr mit Ihm. Auch heute noch murren Menschen über diese Worte – und gehen trotzdem ohne den wahren Glaube zur Heiligen Kommunion. Das ist genauso, als würde ich Jesus verraten und verlassen.
Wir erkennen hier, dass nicht nur der Körper Nahrung braucht, sondern auch die Seele.

»Vergib uns unsere Schuld, wie auch wir vergeben unseren Schuldigern.«
Jesus will uns sagen, wir sollen zuerst Vergeben, bevor wir ihn um Vergebung bitten.

In Kol 1,14 heißt es: *»Durch Jesus haben wir die Erlösung, die Vergebung der Sünden.«* Zuerst müssen wir anderen vergeben. In Eph 4, 32 lesen wir: *»Vergebt einander, weil auch Gott euch durch Christus vergeben hat.«* Wenn wir nicht vergeben, können wir krank werden und nicht mehr richtig schlafen.
Auch dazu möchte ich ihnen eine Erfahrung mitteilen.
Vor einigen Monaten kam eine ältere Frau aus Bosnien zu Besuch zu ihrer Tochter nach Deutschland. Die Tochter brachte sie zu Exerzitien zu uns ins Haus Raphael mit. Während ich den Vortrag über Vergebung gehalten habe, konnte ich sie beobachten wie sie unglücklich, ärgerlich und traurig ausgesehen hat. Nach dem Vortrag hat ihre Tochter sie zu mir gebracht. Weinend erzählte die Tochter mir, dass ihre Schwester von ihrem Schwager umgebracht worden war. Der Schwager war im Gefängnis. Seitdem war die Mutter krank. Sie konnte nicht mehr schlafen, hatte schwere Kopfschmerzen und hohen Blutdruck. Sie konnte ihrem Schwiegersohn nicht vergeben. Ich habe sie gefragt, ob sie ihren Schwiegersohn sehr »liebt«, da sie sich und ihre Familie seinetwegen unglücklich macht und in Unfrieden lebte. Sie sagte mir: »Ich werde ihm nie vergeben, ich werde meinem Schwiegersohn nie vergeben können.« Und ich sagte ihr. »Menschlich gesehen ist das sehr schwer, aber wir wollen Jesus um Hilfe bitten, dass Sie die Gnade zum Vergeben bekommen.« Anschließend war Eucharistische Anbetung. Über 80 Exerzitienteilnehmer waren zusammengekommen. Mit Erlaubnis der Mutter sagte ich dann durch das Mikrofon, dass wir für diese Mutter beten wollen, damit sie vergeben kann. Wir haben gemeinsam ganz laut Jesus gerufen und einige haben auch unter Tränen gebetet. Jesus hat gleich eine Antwort gegeben: Die Mutter wurde fähig, laut zu rufen: »Ich vergebe, ich vergebe meinem Schwiegersohn.« Am letzten Tag der Exerzitien kam sie ans Mikrofon und hat Zeugnis gegeben: »Jesus hat mich von allen meine Beschwerden geheilt, nachdem ich vergeben konnte!« Heute noch erzählt sie in Bosnien, wo sie lebt, nicht nur, wie wichtig Vergebung ist, sondern auch, dass Jesus heute unter uns lebendig ist. Wir sehen, wie schnell sich alles durch die Vergebung in ihrem Leben verän-

dert hat. Ein Jahr später hat sie zusammen mit ihrem Mann und ihren Söhnen an Exerzitien teilgenommen.

Wir wollen das Vaterunser weiter betrachten:
»Und führe uns nicht in Versuchung, sondern erlöse uns von dem Bösen.«
Ich muss an die Stelle denken, wenn ich das Wort Versuchung höre, wie Adam und Eva durch die Schlange versucht wurden. Und es gibt heute noch Schlangen, die uns ständig in Versuchungen führen. Deshalb ist es auch wichtig, dass wir um den Geist der Unterscheidung beten. Adam und Eva hörten auf die Einflüsterung des Bösen und wir wissen, was daraus geworden ist. Ständig werden wir Menschen auch heute noch versucht, das zu machen, was der Böse eingibt. In Mt 6,24 lesen wir: *»Niemand kann zwei Herren dienen, er wird entweder den einen hassen und den andern lieben oder wird zu dem einen halten und den andern verachten. Ihr könnt nicht beiden dienen, Gott und dem Mammon.«*
Und so hat Jesus uns durch das Vaterunsergebet gezeigt, wie wir täglich beten sollen.
Nun möchte ich Ihnen eine Erfahrung erzählen, wie unser Gott uns gleich eine Antwort gibt auf unser Gebet, wie in Jes 65,24 geschrieben steht: *»Schon ehe sie rufen, gebe ich Antwort. Während sie noch reden, erhöre ich sie.«* Und ich möchte Sie damit ermutigen.
Als ich noch in einem Pflegeheim als Pflegedienstleiterin tätig war, hatten wir einen Heimbewohner, der nicht gläubig war. Er wollte nie etwas von Gott wissen und somit erst recht nichts von der Beichte. Ich machte ihn wiederholt auf die Beichtgelegenheiten aufmerksam, aber er lachte mich jedes Mal aus. Diesbezüglich war er für mich ein ständiges Sorgenkind geblieben. Eines Morgens hat mich die Nachtwache angerufen, weil Herr L. einen Schlaganfall bekommen hatte. Es ging ihm sehr schlecht. Es war ein Sonntag. Ich habe meiner Mitschwester gesagt, ich werde bei ihm bleiben und später den Gottesdienst besuchen, er sollte nicht allein bleiben. Ich wusste nicht, was ich anfangen sollte. Ich war sicher, dass er mich hört, nur konnte er nicht sprechen. Mir ist gekom-

men, was ich in der Lebensgeschichte der Kleinen Heiligen Theresia gelesen habe. Die Heilige Theresia von Lisieux wollte einmal für den Verbrecher Franzini beten, der zum Tod verurteilt war. Franzini wollte von Gott nichts wissen. Aber die Kleine Theresia fastete und betete für ihn, damit er zu Gott zurückkehre, sie wollte auch ein Zeichen von Gott für seine Bekehrung. Sie las am nächsten Tag in der Zeitung, dass Franzini, als er bereits unter dem Galgen stand und der Priester ihm das Kreuz entgegenstreckte, das Kreuz geküsst hat. – Nun schaute ich das Kreuz an der Wand an und sagte Jesus: »Du hast der Kleinen Heiligen Theresia eine Antwort auf ihr Gebet gegeben und durch ein Zeichen bestätigt, dass Franzini sich bekehrte. Ich bitte Dich, dass Du auch mir durch ein Zeichen eine Antwort gibst für Herrn L.« So habe ich in der Stille mit großem Vertrauen gebetet. Ich habe zu Herrn L. gesagt: »Ich bin sicher, dass Sie mich hören. Wenn Sie möchten, dass ich für sie bete, dann machen sie bitte Ihre Augen auf.« Er war ja nur auf einer Seite gelähmt. Weiter sagte ich ihm: »Wollen sie nicht mit Gott ein neues Leben anfangen?« Er machte seine Augen auf und weinte bitterlich. Ich habe verstanden, dass das ein Zeichen der Bekehrung war. Ich habe seine Hand festgehalten und habe laut gebetet für Herrn L. Während ich für ihn betete, nahm er für immer Abschied von dieser Welt. Sie sehen, wie schnell der barmherzige Vater uns eine Antwort gibt, wenn wir mit Vertrauen beten, besonders, wenn wir für die Bekehrung der Sünder beten.

Wie schon in Kapitel 3 erwähnt, gab uns Frau Vera Tomasic in einem Brief Zeugnis, wie sie den lebendigen Jesus erfahren hat:
»Ich kam im Juli 2004 mit meiner Familie zum Gebetstag nach Frankfurt, um für die Heilung meiner Tochter zu danken, die beim Gebetstag wenige Wochen zuvor von einer fünf-jährigen Bulimie geheilt worden war. Nach dem Lobpreis wurde an diesem Tag besonders für Nierenkranke gebetet.
Vor Jesus in der ausgesetzten Eucharistie begannen Sr. Margaritha mit Sunny für die Kranken zu beten. Plötzlich sagte die Schwester auf Ein-

gebung des Heiligen Geistes: 'Alle Nierenkranken sollen nach vorne kommen.' Noch nie wurden auf diese Weise bestimmte Kranke herausgerufen.
Ich selber hatte nach zehnjähriger Dialyse eine Niere transplantiert bekommen, litt aber noch fünf Jahre später unter starken Knochenschmerzen, Herzproblemen und musste starke Medikamente nehmen. Mein Gesicht war ständig angeschwollen. Meine Kinder drängten mich, nach vorne zu gehen, als die Nierenkranken aufgefordert wurden. Während des Gebetes unter Handauflegung habe ich mich voll Vertrauen der Liebe Gottes überlassen und innerlich immer wieder den Namen Jesus ausgerufen. Ich wurde tief berührt und spürte, wie mein ganzer Körper brannte. Diese Empfindung wurde erst im Laufe des Gebetstags schwächer. Als ich mich dann beim Rosenkranzgebet vorsichtig aufrichten wollte und, wie üblich, die Hände zu Hilfe nahm, um die Beine in die richtige Position zu bringen, bemerkte ich plötzlich, dass es ganz leicht ging und dass ich keine Schmerzen mehr hatte. Können Sie sich meine Freude vorstellen? Die anderen Teilnehmer konnten darüber hinaus sehen, wie im Laufe des Tages meine Gesichtsschwellung verschwand. Seitdem habe ich bis heute weder Knochenschmerzen noch Herzprobleme. Gott segne und behüte euch.«

Wir lesen im Epheser Brief 6,18: *»Hört nicht auf zu beten und zu flehen! Betet jederzeit im Geist; seid wachsam, harrt aus.«*
In Apg 1,14 steht: *»Sie alle verharrten dort einmütig im Gebet.«* Wir beten nicht allein; der Heilige Geist hilft uns zu beten. In Röm 8,26 heißt es: *»So nimmt sich auch der Geist unserer Schwachheit an. Denn wir wissen nicht, worum wir in rechter Weise beten sollen, der Geist selber tritt jedoch für uns ein mit Seufzen, das wir nicht in Worte fassen können.«* Der Apostel Paulus hat viel um die Befreiung von einem „Stachel" in seinem Leib gebetet. Er erhielt als Antwort den Hinweis, den wir im 2 Kor 12,9 lesen: *»Meine Gnade genügt dir, denn sie erweist ihre Kraft in der Schwachheit.«*

Täglich essen wir und nehmen Nahrung zu uns, für unseren Leib, der vergänglich ist. Aber noch viel wichtiger ist das Gebet, das Nahrung für unsere Seele ist, denn die Seele wird ewig leben. Vor allem ist das Familiengebet wichtig, denn wo in der Familie gebet wird, hat der Böse keine Macht mehr. Ohne gemeinsames Gebet gibt es keine Einheit in der Familie.

Wie soll das Familiengebet sein? Ich möchte ihnen ein Beispiel geben, wie wir in unserer Familie gebetet haben. Bei uns saßen abends Vater, Mutter und die Kinder zusammen. Wir haben mit dem Engel des Herrn begonnen und anschließend den Rosenkranz mit der Lauretanischen Litanei gebetet. Täglich haben wir auch die Weihe an das Heiligste Herz Jesu gebetet. Dann haben wir einen Abschnitt aus der Bibel gelesen und Lobpreis gemacht, als Dank für alles, was uns Gott an dem Tag geschenkt hat.

Das ist nur ein Beispiel. Sie können es natürlich auch anders machen, wichtig bleibt, dass sie es machen und das Familiengebet pflegen. Sie können aber auch in dieser Weise, wie wir, das Familiengebet halten.

Sie sollten auch Fürbitte halten für die ganze Welt.

Wenn wir beispielsweise einen Alkoholiker in der Familie haben, sollen wir für alle Alkoholiker auf der ganzen Welt beten. Dann kommt der Segen auch zu uns. Wenn wir in einem Anliegen beten, sollen wir also für alle beten, die dasselbe Problem haben. Wenn wir auf diese Weise großzügig in unseren Gebeten sind, werden unsere Gebete schneller erhört. Dann ist in unserem Gebet auch kein Egoismus enthalten.

Wir lesen in Eph 4, 26.27: *»Lasst euch durch den Zorn nicht zur Sünde hinreißen. Die Sonne soll über eurem Zorn nicht untergehen. Gebt dem Teufel keinen Raum.«*

Bevor man ins Bett geht, sollte man alles vor Gott und den Menschen in Ordnung bringen. Gott sei Dank haben wir in Indien noch den Brauch, wie ich schon erwähnt habe, dass man nach dem Familiengebet zu jedem einzelnen hingeht und mit gefalteten Händen zu jedem den Gruß sagt: „Gelobt sei Jesus Christus“. Dadurch wünschen wir uns gegenseitig den Frieden und können im Frieden schlafen gehen, dann ist der nächste Tag wirklich ein neuer Tag mit einem Neubeginn. Dann häuft sich kein Ärger an und vielleicht gibt es dann auch weniger Ehescheidungen

Jeden Morgen gibt der Herr neue Kraft und Liebe. „Preiset den Herrn!"

Kapitel 10: Gott hört und erhört unser Gebet

Täglich bekommen wir hier im Haus Raphael viele Telefonanrufe von Menschen, die in großer Not sind. Oft sind sie enttäuscht und traurig, weil sie angeblich von Gott keine Antwort auf ihr Gebet bekommen.
Gott ist unser Vater – wir sind seine Kinder.
In 1 Joh 3,1 steht geschrieben: *»Seht, wie groß die Liebe ist, die der Vater uns geschenkt hat: Wir heißen Kinder Gottes, und wir sind es.«* Weil Gott uns liebt, weil wir seine Kinder sind, wird Er uns nur das geben, was gut ist für uns; nicht immer das, was wir wollen, sondern das, was wir brauchen!
Mt 7,8-11: *»Denn wer bittet, der empfängt; wer sucht, der findet; und wer anklopft, dem wird geöffnet. Oder ist einer unter euch, der seinem Sohn einen Stein gibt, wenn er um Brot bittet, oder eine Schlange, wenn er um einen Fisch bittet? Wenn nun schon ihr, die ihr böse seid, euren Kindern gebt, was gut ist, wie viel mehr wird euer Vater im Himmel denen Gutes geben, die ihn bitten.«*
Er allein weiß, was gut für uns ist.

Gott spricht durch die Heilige Schrift zu uns. Wenn wir aber nicht lernen, in der Bibel zu lesen, verstehen wir auch nicht, was Gott uns sagt. Wir wissen dann auch nicht, wie wir ein christliches Leben führen sollen. Es gibt viele Menschen auf der Welt, die traurig sind und sich einsam fühlen. Und das, obwohl in der Bibel 366-mal geschrieben steht: *»Fürchte dich nicht! Ich bin mit dir!«* Wenn man das nicht weiß, wie soll man da glauben, dass Gott mit uns ist?
Einmal kam eine junge Frau nach einer psychiatrischen Behandlung zu uns ins Haus Raphael; sie wollte nicht mehr leben. Nach elf Jahren glücklicher Ehe war ihr Mann eines Tages nach Hause gekommen und hatte gesagt, dass er sie jetzt wegen einer anderen Frau verlassen werde. Nach der psychiatrischen Behandlung war die Ehefrau weiter sehr traurig, depressiv und enttäuscht. Während der ersten beiden Exerzitientage hat sie viel geweint, als sie das Wort Gottes hörte; so sehr hat Jesus sie

berührt. Sie kam zu mir zum Gespräch. Während ich mit ihr gebetet habe, konnte ich ihr erklären, dass es wichtig ist, Gott in unserem Leben die erste Stelle zu geben. Ihr wurde klar, dass sie ihren Mann vergöttert und ihm die erste Stelle in ihrem Leben gegeben hatte. Dann habe ich, wie immer, die Bibel geöffnet, um eine tröstende Antwort für sie zu bekommen. Ich habe angefangen zu lesen bei Jes 41 ab Vers 10:
»Fürchte dich nicht, denn ich bin mit dir; hab keine Angst, denn ich bin dein Gott. Ich helfe dir, ja, ich mache dich stark, ja, ich halte dich mit meiner hilfreichen Rechten. Schmach und Schande kommt über alle, die sich über dich erhitzen. Die Männer, die mit dir streiten, werden zunichte und gehen zugrunde. Du wirst sie suchen, aber nicht mehr finden, die Männer, die mit dir zanken. Sie werden zunichte und finden ihr Ende, die Männer, die dich bekriegen. Denn ich bin der Herr, dein Gott, der deine rechte Hand ergreift und der zu dir sagt: Fürchte dich nicht, ich werde dir helfen. Fürchte dich nicht, du armer Wurm Jakob, du Würmlein Israel! Ich selber werde dir helfen.«
Während Jesus durch das Wort Gottes zu dieser Frau gesprochen hat, spürte sie in ihrem Herzen Seine große Liebe. Später hat sie mir bestätigt, dass diese Worte sie in ihrem Herzen ganz frei gemacht und ihr neuen Frieden und Lebensmut geschenkt haben. Sie hat noch dazu gesagt, sie fühle sich wie neu geboren. Wir sehen an diesem Beispiel, wie Gott durch die Bibel zu uns spricht und uns tröstet. Durch das Wort Gottes hat sich das Leben dieser Frau völlig geändert. Nun arbeitet sie auch mit uns in der Evangelisation.
Ja, Gott ist barmherzig und gütig. Alle, die zu Ihm kommen, erfahren das Heil.

Im Alten wie auch im Neuen Testament lesen wir oft, wie Menschen, die in Not waren, zu Gott geschrien und Antwort bekommen haben.

Dabei fällt mir gerade folgendes Erlebnis ein:
Nachdem 1998 das Haus Raphael vom Bischof Dyba für die Evangelisationsarbeit zugelassen worden war, haben wir unserer Generaloberin,

Mutter Adelgundis, die mit unserem Superior Erich Hensler gerade auf einer Visitationsreise in unserer indischen Niederlassung war, mit großer Freude diese Nachricht telefonisch mitgeteilt. Sie hat spontan gesagt, dass wir sie in Frankfurt am Flughafen gleich abholen sollen und sie und den mit reisenden Superior trotz der langen anstrengenden Reise nach Bad Soden mitnehmen sollten. So haben sie sich gemeinsam mit uns das Haus Raphael angeschaut. Nachdem wir alle zusammen mit Frau Dr. Block die wichtigen Dinge besprochen haben, sind sie mit großer Freude zurück nach Münstertal gefahren.
Beim Einsteigen in das Auto fragte sie Frau Dr. Block noch einmal, ob sie wirklich das Haus den Schwestern schenken möchte. Als Gegenfrage von Frau Dr. Block kam: »Stehen sie wirklich hinter den Schwestern und ihrer Arbeit?« Da schaute mich Mutter Adelgundis an und sagte: »Ich stand doch von Anfang auf ihrer Seite. Niemals werde ich mich gegen die Führung des Heiligen Geistes stellen.«
Diese Evangelisationsarbeit habe ich schon 1990, neben meiner Arbeit als Pflegedienstleiterin, mit ihrer Erlaubnis, begonnen.

Am nächsten Tag erfuhr ich, dass Mutter Adelgundis früh morgens wegen eines Herzinfarktes ins Krankenhaus eingeliefert werden musste. Der Anfall war so schwer, dass sie in Lebensgefahr schwebte. Wir haben sofort alle für sie gebetet. Während ich betete, habe ich eine Botschaft bekommen: Jes 38,5-6. Dort heißt es, dass der schwerkranke König Hiskija, als er vom Propheten Jesaja erfuhr, dass er bald sterben würde, laut zum Herrn rief. Sofort kam von Gott eine Antwort an den Propheten Jesaja: *»Geh zu Hiskija, und sag zu ihm: So spricht der Herr, der Gott deines Vaters David: Ich habe dein Gebet gehört und deine Tränen gesehen. Ich will zu deiner Lebenszeit noch fünfzehn Jahre hinzufügen.«*
So hatte ich eine Antwort auf unser Gebet bekommen. Ich war nun sicher, dass unsere Generaloberin noch nicht sterben würde. Diese Nachricht habe ich ihr zukommen lassen. Sie hat diese Botschaft ernst genommen und erholte sich. Aber während sie noch im Krankenhaus war,

kam eine weitere Komplikation hinzu, weil ihre Nieren nicht mehr richtig gearbeitet haben. Wieder haben wir zu Gott geschrien. Ich habe ein inneres Bild bekommen: Ich sah, wie die Generaloberin wieder an ihrer Schreibmaschine saß. Sofort habe ich ihr diese freudige Nachricht in einem Brief mitgeteilt und ihr Mut zugesprochen, dass sie bald wieder ihrer gewohnten Tätigkeit nachgehen würde.
Noch Monate und Jahre später hat mir die Generaloberin gesagt, dass sie immer, wenn sie an der Schreibmaschine sitzt, an dieses Bild denkt und Gott dankt, dass sie wieder so weit genesen ist, dass sie arbeiten kann.

Wir haben aus ganzem Herzen zu Gott geschrien – und Er hat uns Antwort gegeben. Wir sind der – 2006 verstorbenen – Mutter Adelgundis heute noch dankbar, weil sie uns auf unserem Weg in die Evangelisation immer zur Seite stand. Ohne ihre Einwilligung hätte es unsere Gebetstage und Exerzitien nie gegeben, das heißt, viele Tausende von Menschen wären Jesus heute noch nicht begegnet. Diese Überlegung durfte ich ihr noch vor ihrem Tod mitteilen, um ihr deutlich zu machen, was für ein großartiges, gutes Werk sie durch ihre Zustimmung und Unterstützung möglich gemacht hat.

Im Alten Testament lesen wir aus dem Gebet der Königin Esther im Buch Esther 4,17 und folgende: *»Auch die Königin Esther wurde von Todesangst ergriffen und suchte Zuflucht beim Herrn... Und sie betete zum Herrn, dem Gott Israels: 'Herr, unser König, du bist der einzige. Hilf mir! Denn ich bin allein und habe keinen Helfer außer Dir; die Gefahr steht greifbar vor mir....Denk an uns Herr! Offenbare dich in der Zeit unserer Not, und gib mir Mut, König der Götter und Herrscher aller Mächte! ... Uns aber rette mit deiner Hand! Hilf mir, denn ich bin allein und habe niemand außer dir, o Herr! ...Gott, du hast Macht über alle: Erhöre das Flehen der Verzweifelten, und befreie uns aus der Hand der Bösen! Befreie mich von meinen Ängsten!'«*
Wir sehen, wie kraftvoll und mit welch großem Vertrauen Esther zu

Gott geschrien hat. Sie können weiter lesen im Buch Esther, wie Gott ihr Gebet erhört hat. Ich möchte Sie ermutigen, mit so großem Vertrauen zu Gott zu beten, wie es die Königin Esther getan hat.

Im Buch Daniel (Dan 13,42) lesen wir vom Schicksal der Susanna, die zu Unrecht angeklagt und zum Tode verurteilt worden war. Sie rief Gott um Hilfe an.
Auch Jona, der im Bauch des Fisches in Lebensgefahr war, rief zum Herrn. Jona 2,2: »*In meiner Not rief ich zum Herrn und er erhörte mich.*«
In Mk 10, 47 lesen wir vom blinden Bartimäus, der laut Jesus hinterher schrie, obwohl die Umstehenden ihm verboten haben, zu rufen. Er aber schrie umso lauter. Und Jesus hat ihn zu sich gerufen und ihn geheilt.
Alle diese Beispiele zeigen uns, dass Gott unser Gebet hört und nicht ohne Antwort lässt.

Manchmal gibt Gott uns sofort eine Antwort, manchmal aber müssen wir warten, so wie Abraham viele Jahre gebetet und gewartet hat auf seinen Sohn Isaak. Mit großem Vertrauen hat Abraham auf die Erfüllung der Verheißung Gottes gewartet. Ich denke oft in meinem Leben: »Wer bin ich, dass ich Gott, meinem Schöpfer, Vorschriften mache, und von Ihm erwarte, dass alles so geschieht, wie ich es will?«

Wir lesen im Ps 145, 18.19: »*Der Herr ist allen, die ihn anrufen, nahe; allen, die zu Ihm aufrichtig rufen. Die Wünsche derer, die ihn fürchten, erfüllt er, er hört ihr Schreien und rettet sie.*«

Nun möchte ich noch eine von meinen Erfahrungen erzählen.
Im Jahr 1957/58 war in meiner Heimatprovinz Kerala in Indien eine kommunistische Regierung an der Macht. Es war bekannt, dass unsere Familie als gläubige Katholiken immer gegen die kommunistische Partei war. Mein Bruder war Redakteur bei einer Zeitschrift, die gegen den Kommunismus Stellung bezog; dadurch wurde unsere Familie noch

mehr gefährdet und wir hatten viele Gegner. So musste mein Bruder in dieser Zeit sogar um sein Leben fürchten und sich versteckt halten. Wir lebten den ganzen Tag voller Angst, bis abends unser Vater von seinem Geschäft heimkam.
Umso stärker und vertrauensvoller haben wir Kinder gemeinsam mit unserer Mutter zu Gott gebetet und geschrien, damit Er unsere Familie beschützt. Gott sei Dank durften wir spüren, dass Gott uns ganz nahe war und auf unser Schreien gehört hat. Nach kurzer Zeit geschah es sogar, dass die kommunistische Partei abgesetzt wurde und wir wieder in Ruhe und in Sicherheit leben konnten.

Haben Sie Mut!
Jesus lebt auch heute unter uns. Beten Sie zu Ihm! Schreien Sie zu Ihm für die ganze Welt, besonders auch für Europa, dass es wieder in Einheit und Frieden leben kann.

Vielfach lesen wir im Neuen Testament, wie Menschen durch ihr Gebet erhört wurden. Bei Lk 5, 12-13 sehen wir auch, auf welche Weise die Menschen gebetet haben. Sie haben ihre Bitte vorgetragen, aber die Erfüllung ihres Wunsches ganz in die Hand Gottes gelegt und sich Seinem Willen unterstellt: *»Als Jesus in einer der Städte war, kam ein Mann, der am ganzen Körper Aussatz hatte. Sobald er Jesus sah, warf er sich vor ihm zu Boden und bat ihn: Herr, wenn du willst, kannst du machen, dass ich rein werde.«*
In Mt 14, 22 wird berichtet, dass Jesus seine Jünger aufgefordert hat, ins Boot zu steigen und vorauszufahren. Er hat die Leute inzwischen nach Hause geschickt und stieg auf einen Berg, um in der Einsamkeit zu beten. Ab Vers 24 lesen wir: *»Das Boot aber war schon viele Stadien vom Land entfernt und wurde von den Wellen hin und her geworfen; denn sie hatten Gegenwind. In der vierten Nachtwache kam Jesus zu ihnen; er ging auf dem See. Als ihn die Jünger über den See kommen sahen, erschraken sie, weil sie meinten, es sei ein Gespenst, und sie schrien vor Angst. Doch Jesus begann mit ihnen zu reden und sagte: 'Habt Vertrau-*

en, ich bin es; fürchtet euch nicht!'«

Jesus sagt auch uns in solchen schwierigen Situationen: Hab Vertrauen! Ich bin doch mit dir! Aber wir hören Seine Stimme oft nicht und wir nehmen Seine Gegenwart nicht wahr, weil wir so tief mit unseren Problemen beschäftigt sind.

Wir lesen weiter ab Vers 28: *»Darauf erwiderte ihm Petrus: 'Herr, wenn du es bist, so befiehl, dass ich auf dem Wasser zu dir komme'. Jesus sagte: 'Komm!'«*
Petrus hat Jesus vertraut, ist aus dem Boot gestiegen und über das Wasser auf Jesus zugegangen. In Vers 30 aber lesen wir: *»Als Petrus aber sah, wie heftig der Wind war, bekam er Angst und begann, unterzugehen. Er schrie: 'Herr, rette mich!'«*
Petrus hat auf den Wind geschaut und nicht auf das Wort Jesu vertraut. In seiner Not hat er sicher ganz laut geschrien: *»Herr rette mich!«* Und Jesus hat sofort seine Hand nach ihm ausgestreckt, so wie wir lesen: *»Jesus streckte sofort die Hand aus, ergriff ihn und sagte zu ihm: 'Du Kleingläubiger! Warum hast du gezweifelt?'«* Wir sehen, dass Jesus Petrus darauf aufmerksam macht, wie klein sein Glaube noch ist.

Heute würde Jesus auch zu vielen von uns sagen: »Du Kleingläubige – Du Kleingläubiger! Warum zweifelst du? Ich bin doch mit dir! Ich kenne dich! Ich kenne auch deine Situation!«
Mir geht es in meinem Evangelisationsdienst auch oft so wie Petrus. Plötzlich kommen so viele Dinge auf mich zu und ich weiß gar nicht mehr, wie ich alles bewältigen soll. Und dann sagt mir Jesus: »Ich bin doch bei Dir. Ich helfe Dir!«

Wir lesen weiter ab Vers 32: *»Und als sie ins Boot gestiegen waren, legte sich der Wind.«* Das heißt, Jesus stieg mit ins Boot und sofort war der Wind verschwunden. Wir lesen in Vers 33: *»Die Jünger im Boot aber fielen vor Jesus nieder und sagten: 'Wahrhaftig, du bist Gottes*

Sohn!'«

Die Menschen, die im Haus Raphael das Wort Gottes hören, begegnen und erfahren Jesus ganz neu, auch auf diese Weise. Nach den Exerzitien sagen sie auch, so wie die Jünger zu Jesus gesagt haben: »Wahrhaftig – Du bist Gottes Sohn!«
Wenn wir Jesus begegnen wollen, ist es grundlegend, dass wir uns mit Gott, mit uns selbst und unseren Mitmenschen versöhnen. Gott sei Dank hat unsere Kirche in jedem Jahr die österliche Bußzeit vorgegeben, damit wir auf besondere Weise und mit Reue umkehren, denn wir wissen nicht, ob uns noch einmal so eine Gelegenheit geschenkt wird.
In unserem Gebet ist es auch sehr wichtig, dass wir uns auf Gottes Willen ausrichten. Damit geschieht, was er will!
Manchmal müssen wir für unsere eigene Reinigung Leiden auf uns nehmen, manchmal für die Reinigung anderer.

Wir lesen in Mk14, ab Vers 32, wie Jesus mit seinen Jüngern im Garten Gethsemani angekommen war und wie er zu ihnen gesagt hat: *»Setzt euch und wartet hier, während ich bete.«*
Er sagte weiter zu ihnen: *»Meine Seele ist zu Tode betrübt. Bleibt hier und wacht!«*
Auch heute sagt Jesus zu uns, wir sollen wach bleiben und beten – für uns und für andere. Warum sollen wir wachsam sein?
Der erste Petrusbrief 5, 8-9 gibt uns darauf eine Antwort: *»Euer Widersacher der Teufel, geht wie ein brüllender Löwe umher und sucht, wen er verschlingen kann. Leistet ihm Widerstand in der Kraft des Glaubens! Wisst, dass eure Brüder in der ganzen Welt die gleichen Leiden ertragen müssen!«*

In Mk 14, 35 lesen wir: *»Und Jesus ging ein Stück weiter, warf sich auf die Erde nieder und betete, dass die Stunde, wenn möglich, an Ihm vorübergehe. Jesus betete: Abba, Vater, alles ist dir möglich. Nimm diesen Kelch von mir! Aber nicht, was ich will, sondern was du willst, soll ge-*

schehen!« Wir sehen hier, wie Jesus gebetet hat: Vater, bei Dir gibt es nichts, was unmöglich ist. Du kannst alles! Doch Dein Wille soll geschehen!
Mit solchem Vertrauen sollen auch wir beten. Denn Gottes Plan soll sich in unserem Leben erfüllen.

Oft beklagen sich die Menschen, weil sie von Gott nicht die Antwort bekommen, die sie erwarten: Warum gibt Gott auf unser Gebet nicht immer eine Antwort?
Wir lesen in Jes. 59, 1.2: *»Seht her, die Hand des Herrn ist nicht zu kurz, um zu helfen, sein Ohr ist nicht schwerhörig, so dass er nicht hört. Nein, was zwischen euch und eurem Gott steht, das sind eure Vergehen. Eure Sünden verdecken sein Gesicht, so dass er euch nicht hört.«*
Unsere Sünden sind auch ein Hindernis, dass Gott unser Gebet nicht erhört. Ich möchte ein Beispiel dafür geben: In einer Arztfamilie in Indien kamen beide Enkelkinder behindert zur Welt. Viele Krankheiten herrschten in der Familie und Misserfolge in der Praxis. Auch die Großmutter wurde sehr krank. Obwohl alle viel gebetet haben, änderte sich nichts. In ihrer großen Not sind sie in ein Exerzitienzentrum gegangen. Beim Gebet wurde gezeigt, dass der Großvater großes Unrecht getan hat. Die Großmutter hat dann zum ersten Mal im Beisein ihrer Kinder die Wahrheit erzählt:
»In einer reichen Familie hatte der Familienvater ein uneheliches Kind mit einer Angestellten. Das durfte niemand erfahren, und deshalb hat er den damaligen Pfarrer beauftragt, die Unterhaltszahlungen für das Kind an die Mutter weiterzugeben. Später wurde die Frau noch einmal von diesem Mann schwanger. Er hat sie zu meinem Mann, der Arzt war, geschickt, damit er eine Abtreibung vornimmt. Dabei starb auch die Frau; nicht nur das Kind. Mein Mann, der dieser Arzt war, hat veranlasst, dass die Leiche dieser Frau auf das Grundstück des Pfarrers gebracht wurde, damit man denken sollte, dass der Pfarrer diese Frau umgebracht hätte. Dazu hatte er noch einige falsche Zeugen bezahlt. Man sprach dem Pfarrer durch einen Prozess das Todesurteil aus, welches später in eine

jahrzehntelange Haftstrafe umgewandelt wurde.

Während meines Heimaturlaubs habe ich selber diese Geschichte in der Zeitung gelesen, und wie bei diesem Priester, der unschuldig verurteilt worden war, nach Jahrzehnten die Wahrheit aufgedeckt worden ist.
Der Priester war inzwischen schon aus der Haft entlassen und über 90 Jahre alt. Die alte kranke Großmutter, die nicht mehr laufen konnte, und ihre ganze Familie sind zu ihm gefahren. Der Pfarrer war erstaunt über diesen ihm unbekannten Besuch. Da erzählte der älteste Sohn die ganze Geschichte, was sein Vater, der inzwischen schon gestorben war, als Arzt verbrochen hatte, wie viel Unglück dadurch der Familie seitdem zugestoßen war, und wie man ihnen im Exerzitienzentrum gesagt hatte, dass ihre einzige Rettung sei, diesen Priester zu suchen und um Vergebung zu bitten.
Weinend haben sie sich vor ihm niedergeworfen, um für ihren Vater um Vergebung zu bitten. Bemerkenswert war die Reaktion dieses heiligmäßigen Priesters, der sagte: »Das war alles in Gottes Plan.«
Dieses Ereignis war damals für alle sehr bewegend in Kerala. Wir sehen, wie sich dieses Unrecht, dass vom Großvater, dem damaligen Arzt, begangen worden war, auf die ganze Familie auswirkte. Das geschah, obwohl die Familie innig um Heilung gebetet hat. Hier sehen wir, wie wichtig es ist, dass wir für unsere Vorfahren um Vergebung bitten, wenn der Betreffende nicht mit Gott versöhnt gestorben ist. Deshalb konnte Gott auch nicht die Gebete der Familie erhören.

Durch den Propheten Jeremia spricht Gott Jer 29, 12.13 zu uns:*»Wenn ihr mich ruft, wenn ihr kommt und zu mir betet, so erhöre ich euch. Sucht ihr mich, so findet ihr mich. Wenn ihr von ganzem Herzen nach mir fragt, lasse ich mich von euch finden.«* Gott sagt: Wenn du zu mir kommst und betest: Ich werde dich erhören!

Manche von Ihnen werden jetzt sagen: Ich bete, und Gott hört mich nicht!

Wir sehen hier, wie Gott uns aufmerksam macht, dass wir Ihn von ganzem Herzen suchen und auch aus ganzem Herzen beten sollen. Viele beten oft nur mit dem Mund, nicht mit dem ganzem Herzen oder wenn, dann nur mit einem geteilten Herzen. Oft ist das Herz geteilt in viele weltliche Dinge, die wir zum Götzen machen und an Gottes Stelle setzen, zum Beispiel den Ehepartner, das Geld, die Krankheit, einen unversöhnten Zustand, nachtragende Gefühle, Ängste und Sorgen.

Manchmal will Gott uns durch eine Krankheit, die ER zulässt, sagen: »Ändere etwas in Deinem Leben. Du gehörst mir.«
Im Krankheitsfall hat man viel Zeit zum Nachdenken. So war es auch bei mir. Nach einer Erkrankung hatte ich im Krankenbett plötzlich nicht nur viel Zeit zu beten, sondern auch viel Zeit, um über mein Leben nachzudenken. So habe ich Gott ganz neu in meinem Leben entdeckt und bin Ihm viel näher gekommen. Gott sagt: Wenn du zu Mir kommst und betest, werde Ich dich erhören. Suchst Du mich, so wirst du Mich finden.

Eine Mitschwester erzählte mir einmal folgendes:
»Im Kriegsjahr 1943 ereignete sich ein schwerer Unfall in meiner Familie. Auf einem kleinen Leiterwagen – wie es damals üblich war – wurden die Kartoffeln, die am Tag geerntet wurden, in Säcken am Abend nach Hause gefahren. An einem solchen Abend ereignete sich der Unfall. Beim Lenken des Fahrzeugs hatte der Junge die Kontrolle über das Fahrzeug verloren, auf dem die Großmutter und noch einige Kinder gesessen hatten. Das Fahrzeug stürzte um, die Großmutter wurde auf einen angrenzenden Acker geschleudert. Ein Bauer, der mit seinem Ochsenwagen auf dem Heimweg war, hat – Gott sei Dank – die bewusstlose Großmutter heimgefahren. Die ganze Familie hatte große Angst, dass die Großmutter stirbt. An diesem Abend und den folgenden Tagen betete die ganze Familie mit den Kindern ganz intensiv, mit einem Aufschrei zu Gott, den Rosenkranz. Gott sei Dank! Das Gebet hat Gott erhört. Die Großmutter wurde plötzlich wach aus ihrer Bewusstlosigkeit

und hatte keinen Schaden von dem Unfall davon getragen.« Auch hier hat Gott das Gebet dieser Familie erhört.

Ich möchte noch von einer wunderbaren Gebetserhörung berichten, als ich in Indien einen Konvent mit aufgebaut habe. Wir hatten 600 Gummibäume gepflanzt. Da kam eine lange Trockenzeit. Nicht nur die Pflanzen, auch die Menschen waren davon betroffen. Wir waren gerade dabei, das Schwesternhaus auszubauen, aber ohne Wasser konnten wir nicht mehr weitermachen. Schlimmer noch: die Bauarbeiter verloren dadurch ihren Lohn. Deshalb haben viele nichts mehr zum Essen kaufen können. Ich war sehr bedrückt, denn ich hatte damals die Leitung dieser Station. In meiner Not musste ich an die Verheißung Jesu (Matthäus 7,7) denken: *»Bittet, dann wird Euch gegeben; sucht, dann werdet ihr finden; klopft an, dann wird euch geöffnet.«*
Ich habe alle Schwestern und Kandidatinnen zusammengerufen und gesagt: »Wir wollen heute die ganze Nacht bei Jesus sitzen und ihn um Regen bitten.« Jede von uns übernahm eine bestimmte Zeit der eucharistischen Anbetung; ich blieb die ganze Nacht in der Anbetung.
Um vier Uhr morgens habe ich Jesus gesagt: »Ich gehe nicht eher weg von Dir, bevor es Regen gibt.« Zwei weitere Stunden vergingen, da hörte ich plötzlich, wie Tropfen gegen die Fenster trommelten. Der Himmel öffnete seine Schleusen und begoss die Landschaft mit kräftigem Regen. Um sieben Uhr rannten die Arbeiter herbei und nahmen mit großer Freude ihre Tätigkeit wieder auf. Einige waren so berührt, dass sie geweint haben. In 1 Sam 12, 18 lesen wir: *»Samuel rief zum Herrn, und der Herr schickte noch am gleichen Tag Gewitter und Regen.«* So wie Samuel durften wir auch die gleiche Erfahrung machen. Eine ähnliche Gebetserhörung habe ich nach acht Monaten Trockenheit in Afrika gemacht, als der Herr uns Regen schickte.

Hab Mut, zu Gott mit ganzem Herzen zu rufen. Er wird Dein Gebet hören und Dir Antwort geben; er wird Dich trösten und segnen, denn Dein Gebet wird nie vergeblich sein. Irgendwann wird der Herr Dir antwor-

ten; vielleicht nicht heute, aber zu gegebener Zeit.
Dazu wünsche ich Ihnen allen ein großes Vertrauen, dass Gott uns Menschen mit göttlicher Liebe sein Ohr zuneigt.

Preiset den Herrn!

Kapitel 11: Umkehr

Jesus beginnt mit Seiner Verkündigung vor 2000 Jahren, wie wir im Markusevangelium, Kapitel 1, Vers 15 lesen: *»Das Reich Gottes ist nahe, kehrt um und glaubt an das Evangelium.«*

Jesus sagt heute noch zu uns Menschen: Kehrt um. Kommt zu Mir zurück, kehrt euch ab von euren Götzen! Von euren schlechten Gewohnheiten! Verlasst eure sündige Umgebung.

Vorher hatte Gott bereits durch den Propheten Ezechiel sagen lassen: *»Kehrt um, verlasst eure Götzen.«*

Was sind die Götzen? Ist in mir die Gier nach Geld? Bin ich süchtig nach Spielen im Internet? Oder sitze ich stundenlang vor dem Fernseher, dass ich mich selbst nicht mehr unter Kontrolle habe? Habe ich den Drang, mich nach der neuesten Mode zu kleiden, oder ein Luxusauto zu haben; schlechte Musik zu hören? Schlechte Filme anzuschauen? Lese ich Bücher, die mich verwirren, mir schlechte Gedanken machen. Ganz gleich welche Götzen es sind – nehmen wir uns ganz bewusst vor, uns von diesen Götzen zu trennen.

Im Buch Jona 3, Vers 8 lesen wir: *»Sie sollen laut zu Gott rufen, und jeder soll umkehren und sich von seinen bösen Taten abwenden!«*.....Von welchen bösen Taten?

Zum Beispiel: Vom wahren Gott weglaufen und fremde Götter suchen. Verleumdungen aussprechen, d.h. den guten Ruf von anderen bewusst zerstören. Im Egoismus gefangen sein, d.h. ich sehe immer nur mich und suche meinen Vorteil. Am Arbeitsplatz bei Mobbing mitwirken.

Gott spricht durch den Propheten Hosea von der Umkehr als Bedingung für die Rettung. Ohne Umkehr gibt es keine Rettung. Wir Christen haben jedes Jahr in der Fastenzeit eine besondere Gelegenheit zur Umkehr. Nehmen wir das bewusst wahr!

Denn es heißt in 2 Korinther 6, 2: *»Zur Zeit der Gnade erhöre ich dich, am Tag der Rettung helfe ich dir.«* Wann ist dieser Tag? - Heute!

Das Wort Umkehr bedeutet hier: Zurückkommen, vom falschen Weg ablassen und mich neu ausrichten auf Gott.
Manchmal fällt es uns schwer umzukehren, obwohl wir wissen, dass wir in Sünde leben – z.B. zusammen leben ohne das Sakrament der Ehe.
Nachdem Gott den Menschen als Mann und Frau als sein Abbild erschaffen hat, wie wir in Genesis 1, 28 lesen: *»Gott segnete sie und Gott sprach zu ihnen: Seid fruchtbar und vermehrt euch, bevölkert die Erde...«,* hat er sie erst gesegnet und dann den Auftrag gegeben sich zu vermehren.
Für Gott ist es wichtig, dass die Ehepartner vor der Ehe seinen Segen empfangen, d.h. sich kirchlich trauen lassen. Wir lesen in Jesus Sirach 17,25-26: *»Wende dich zum Herrn. Lass ab von der Sünde. Bete vor ihm und beseitige das Ärgernis. Kehre zum Höchsten zurück und wende dich ab vom Bösen, hasse stets das Schlechte.«*
Wir sollen uns zum Herrn wenden. Wir sollen von der Sünde lassen und auf die sündige Umgebung verzichten. Denn unser Gott ist barmherzig und gnädig. Er wartet auf uns. In Vers 29 lesen wir: *»Wie groß ist das Erbarmen des Herrn, seine Nachsicht gegen alle, die umkehren zu ihm.«*
Gott ist großzügig. Er macht uns keine Vorwürfe, im Gegenteil. Er hat Mitleid mit allen Sündern, wie wir im Lukasevangelium im Kapitel 15 über den verlorenen Sohn lesen.
Der jüngere Sohn hat durch sein schlechtes Leben sein ganzes Erbteil verloren. Zum Schluss ist er bis zum Schweinestall heruntergekommen. Er hatte Hunger, und wollte sogar vom Schweinefutter essen. Niemand gab ihm davon. Nachdem er alles verloren hatte, erinnerte er sich an seinen Vater.
Wir lesen Vers 18: *»Ich will aufbrechen und zu meinem Vater gehen und zu ihm sagen: Vater, ich habe mich gegen den Himmel und gegen dich versündigt.«*
Das war sein fester Entschluss. Gott sei Dank. Dieses ist der erste Schritt der Umkehr. Wir müssen wollen. Denn Gott gibt uns die Freiheit

zur Entscheidung. Du darfst selbst wählen. Wenn wir den ersten Schritt machen, kommt Gott uns schon entgegen. Er wartet auf uns.
Jesus erzählt weiter Vers 20: *»Der Vater sah ihn von weitem kommen, und er hatte Mitleid mit ihm. Er lief dem Sohn entgegen, fiel ihm um den Hals und küsste ihn.«*
Wie schön ist dieser Empfang für einen Sohn, oder für eine Tochter, wenn sie zurückkommen. Ich kenne viele Menschen - die zu Gott zurückgekommen sind - und jetzt mit großer Freude und in Frieden mit Jesus leben.
Jesus will uns in diesem Gleichnis darstellen, wir groß Gottes Barmherzigkeit ist. Er macht uns keine Vorwürfe. Obwohl der Sohn sich entschuldigt, hat ihn der Vater nicht ausreden lassen. Es war nicht wichtig für ihn. Hauptsache, der Sohn ist wieder zurückgekommen.
Vers 22-23 lesen wir: *»Der Vater aber sagte zu seinen Knechten: Holt schnell das beste Gewand und zieht es ihm an. Steckt ihm einen Ring an die Hand und zieht ihm Schuhe an. Bringt das Mastkalb her und schlachtet es, wir wollen essen und fröhlich sein. Denn mein Sohn war tot und lebt wieder. Er war verloren und ist wieder gefunden worden. Und sie begannen ein fröhliches Fest zu feiern.«*
Hier sehen wir, wie groß Sein Erbarmen ist. Ganz gleich, wie schmutzig wir sind und was für große Sünder wir sind... Der barmherzige Gott wartet auf uns, auch heute! Es gibt viele Menschen, die in Sünde leben, sie sind unglücklich und innerlich wie tot.
Einige Menschen sind sich ihrer Sünde bewusst, haben aber Angst vor Gott und können deshalb nicht umkehren. Dieses Misstrauen gegen Gott ist eine Folge der Sünde, so wie wir in Genesis über Adam und Eva lesen. Vor dem Sündenfall sind sie sogar mit Gott im Garten spazieren gegangen. Als sie aber gesündigt hatten, haben sie sich aus Angst vor Gott versteckt.
Jeder aber, der umkehrt wird die große Freude erfahren, wie sie der verlorene Sohn mit seinem Vater erfahren hat.

Dazu eine Erfahrung: Zum Abschluss von Exerzitien, die ich 1998 in Kevelaer gehalten habe, kam eine etwa dreißigjährige Frau zu mir. Sie sagte mir, dass sie ihren Freund zu den Exerzitien mitgebracht habe. Sie war nun bekümmert weil ihr Freund nicht zur Beichte gehen wollte. Er hatte wohl jahrelang nicht gebeichtet. Ich habe dieses Anliegen mit in die hl. Messe genommen. – Als ich nach der hl. Messe die Kirche verließ, sah ich den Freund der Frau an der Kirchentüre stehen.– »Hallo mein Freund« sagte ich ihm »Wissen sie nicht, dass hier vor 2 Tagen „Müllabfuhr“ war?« Er verstand sofort, dass ich von der Beichte sprach – zögerte aber. Ich nahm ihn bei der Hand und ging mit ihm in der leeren Kirche nach vorne zum Altar und habe laut zu Jesus gesagt: »Jesus, Du siehst, Dein verlorener Sohn kommt zurück. Er ist schmutzig. Er braucht ein neues Gewand. Gib Du ihm neue Kleidung und stecke ihm einen Ring an, zum Zeichen des neues Bundes mit ihm. Gib ihm neue Schuhe.«

In diesem Moment sagte er: »Jetzt möchte ich schon beichten, aber es ist ja kein Priester da.« Daraufhin habe ich laut zu Jesus gesagt: »Schick doch bitte einen Priester.« Kaum hatte ich diese Bitte ausgesprochen, öffnete sich die Sakristeitür und es kam ein Priester heraus, der auch selber Teilnehmer an unseren Exerzitien war. Ich habe dem Priester gesagt, dass der junge Mann beichten möchte. So gingen die beiden ins Beichtzimmer. Währenddessen habe ich für ihn gebetet.

Nach der Beichte kam er freudestrahlend zu mir und sagte mit lauter Stimme: »Du bist eine Bombe!« »Ich bin gerne eine Bombe für Sie« meinte ich darauf. Er verließ die Kirche und war so erfüllt von der Liebe Gottes, die er in der Beichte erfahren hatte, dass er sie mit anderen teilen wollte. Obwohl er selber wenig Geld hatte, gab er jedem Kind, das auf dem Kirchplatz spielte, ein Geldstück und sagte dazu: »Kauf dir ein Eis und freue dich mit mir!«

Am Ende der Exerzitien gab er voller Freude vor allen Teilnehmern Zeugnis darüber, wie viel Frieden und neue Freude er durch die Beichte erfahren hatte. Preiset den Herrn!

Im zweiten Buch der Chronik 15,4 lesen wir: » *In ihrer Not bekehrten sie sich zum Herrn, dem Gott Israels und da sie ihn suchten, ließ er sich von ihnen finden.«* Viele Menschen suchen Gott, wenn sie große Probleme haben oder auch wenn sie krank sind. Oft will Gott durch Probleme oder irgendwelche Krankheiten zu uns sagen: Ändere Dich!

Einmal war eine Familie mit ihrem sterbenskranken 55 jährigen Vater, der Krebs hatte, zum Beten bei mir. Nachdem mir im Gebet gezeigt wurde, was er noch in seinem Leben gut machen musste, hat er sich bekehrt. Er war gut vorbereitet für sein Sterben. Durch diese Erfahrung ist nicht nur die ganze Familie zu Gott zurückgekommen, sie arbeiten jetzt sogar mit in der Evangelisation im Haus Raphael.

Der Apostel Paulus schreibt an die Korinther, Kor 3,16.17: *»Wisst ihr nicht, dass ihr Gottes Tempel seid und der Geist Gottes in euch wohnt? Wer den Tempel Gottes verdirbt, den wird Gott verderben. Denn Gottes Tempel ist heilig und der seid ihr.«*
Sind wir Tempel Gottes? Sind wir heilig? Wollen wir seinen Tempel verderben? Im Markusevangelium 11,15-17 lesen wir über die Tempelreinigung: *»Jesus ging in den Tempel und begann die Händler und Käufer aus dem Tempel hinauszutreiben. Er stieß die Tische der Geldwechsler und die Stände der Taubenhändler um und ließ nicht zu, dass jemand irgendetwas durch den Tempelbezirk trug. Er belehrte sie und sagte, heißt es nicht in der Schrift: mein Haus soll ein Haus des Gebetes für alle Völker sein? Ihr aber habt daraus eine Räuberhöhle gemacht.«*
Wie sieht es in mir, in meinem Tempel aus? Habe ich aus meinem Herzen eine Räuberhöhle gemacht? Wer wohnt eigentlich darin? Gebe ich Jesus den ersten Platz in meinem Herzen?
Durch den Propheten Jeremia spricht der Herr, Jer 25,5: *»Kehrt doch alle um von eurem schlechten Weg und von euren bösen Taten. Dann dürft ihr in dem Land bleiben, das der Herr euch und euren Vätern gegeben hat, seit jeher und für immer.«*
In Ezechiel 18,32 lesen wir: *»Kehrt um, damit ihr am Leben bleibt.«*

Wir dürfen alle bei Jesus bleiben, das heißt mit Jesus leben, wenn wir nur umkehren.

Bei einem der letzten Exerzitienkurse war ein obdachloser, ziemlich verwahrloster Straßenmusiker mit langen Haaren und Bart dabei. Am ersten Tag hat er sehr aufmerksam den Vorträgen zugehört. Am zweiten Tag spürte ich innerlich, dass ich mit ihm reden sollte. Mit Freuden kam er zu mir und war erstaunt, dass ich mir für ihn Zeit nehmen wollte, ohne dass er sich gemeldet hatte. Kaum war er da, hörte ich in mir eine Stimme: Frag ihn, warum er oft, als getaufter Christ, zu einem Hodga – Muslim Geistlichen – geht?
Ich habe ihn gefragt und er hat mich groß angeschaut und geantwortet: »Woher wissen sie, dass ich letzten Sonntag beim Hodga war?« Ich habe darauf geantwortet: »Ich weiß nichts davon, aber Jesus weiß alles. Jesus kennt dich und er weiß alles um dich!« Seine Augen wurden noch größer.
Er fragte mich unter Tränen: »Bin ich so wichtig für Jesus?«
Und ich sagte: »Ja, du, du bist viel wichtiger als ich!« Während ich noch mit ihm sprach, hatte ich ein inneres Bild, dass er unter seinem Hemd ein Amulett trägt, was er vom Hodga, also einem Muslim Geistlichen bekommen hatte. Jetzt war er restlos entwaffnet, weil Gott ihm durch mich zeigte, was er in seinem Leben falsch machte. Er hat mir das Amulett gegeben, damit ich es wegwerfen sollte. Nach einem längeren Gespräch war er zur Umkehr bereit und ist nach Jahrzehnten zum ersten Mal wieder zum Beichten gegangen. Ich bin sicher, dass auch im Himmel ein großes Fest seinetwegen gefeiert wurde. Preiset den Herrn.

In Jesaja 44,22 lesen wir: *»Ich fege deine Vergehen hinweg wie eine Wolke und deine Sünden wie Nebel. Kehr um zu mir, denn ich erlöse dich.«*
Wenn wir umkehren, wird der Herr alle unsere Sünden wegfegen und uns erlösen. Wir brauchen keine Schuldgefühle mehr zu haben; Gott vergibt alle unsere Sünden. Jes 1,18 lesen wir: *»Wären eure Sünden*

auch rot wie Scharlach, sie sollen weiß werden wie Schnee. Wären sie rot wie Purpur, sie sollen weiß werden wie Wolle.«
Es gibt viele Menschen, die mit Schuldgefühlen leben, die dadurch depressiv werden und nicht mehr schlafen können und psychiatrische Behandlung brauchen. In Micha 7,19 lesen wir: *»Er wird wieder Erbarmen haben mit uns und unsere Schuld zertreten. Ja, du wirfst alle unsere Sünden in die Tiefe des Meeres hinab.«*
Gott will alle unsere Sünden in der Tiefe des Meeres versenken. Und was machen wir? Oft halten wir unsere Sünden fest, weil wir uns selbst nicht vergeben können. Oder wir meinen, wir hätten keine Sünde.

Drei Dinge sind für die Umkehr und Reue entscheidend:
1. Sündenbewusstsein
Im ersten Johannesbrief 1,8 lesen wir: *»Wenn wir sagen, dass wir keine Sünde haben, führen wir uns selbst in die Irre und die Wahrheit ist nicht in uns.«*
Viele Menschen wissen nicht und wollen es nicht wissen, dass sie in Sünde leben. Das ist heute die größte Sünde.
Jesus sagt uns das selbst in dem Gleichnis vom Pharisäer und vom Zöllner, in Lk 18, 10-14: *»Zwei Männer gingen zum Tempel hinauf, um zu beten. Der eine war ein Pharisäer, der andere ein Zöllner. Der Pharisäer stellte sich hin und sprach leise dieses Gebet: Gott, ich danke dir, dass ich nicht wie die anderen Menschen bin, die Räuber, Betrüger, Ehebrecher oder auch wie dieser Zöllner dort. Ich faste zweimal in der Woche und gebe dem Tempel den zehnten Teil meines ganzen Einkommens. Der Zöllner aber blieb ganz hinten stehen und wagte nicht einmal seine Augen zum Himmel zu erheben, sondern schlug sich an die Brust und betete: Gott sei mir Sünder gnädig.«*
Jesus sagt dazu: *»Der Zöllner kehrte als Gerechter nach Hause zurück. Der andere nicht.«*
Wir sollen uns prüfen, wer wir sind. Sind wir wie der selbstgerechte Pharisäer oder wie der sündenbewusste Zöllner?

Wir lesen von zwei Personen im Evangelium: Petrus und Judas. Petrus hat Jesus dreimal verleugnet. Judas hat Jesus verraten. Beide haben gesündigt.
In 2 Kor 7, 10 heißt es: *»Die gottgewollte Traurigkeit verursacht nämlich Sinnesänderung zum Heil, die nicht bereut zu werden braucht;«* das betrifft Petrus; *»die weltliche Traurigkeit aber führt zum Tod«*, das trifft auf Judas zu.

2. Jesus Christus als einzigen Herrn, Retter und Erlöser annehmen
Apg 4,12 : *»Und in keinem anderen ist das Heil zu finden, denn es ist uns Menschen kein anderer Name unter dem Himmel gegeben, durch den wir gerettet werden sollen.«* Dieser Name ist Jesus. Wir wollen Ihm in unserem Leben immer die erste Stelle geben. Denn nur in Ihm ist das Heil zu finden.
Römer 10,9 lesen wir: *»Denn wenn du mit deinem Mund bekennst Jesus ist der Herr und in deinem Herzen glaubst, Gott hat ihn von den Toten auferweckt, so wirst du gerettet werden.«* Die Rettung kommt nur durch Jesus Christus.
Röm 10,13 heißt es weiter: *»Denn jeder, der den Namen des Herrn anruft, wird gerettet werden.«*
Apg 16,31: *» Glaube an Jesus den Herrn und du wirst gerettet werden, du und dein Haus.«* An wen glaube ich? Zuerst muss ich selbst an Jesus Christus glauben, dann kann auch mein Ehepartner gerettet werden, mein Sohn oder meine Tochter. Hier heißt es, *»Du und Dein Haus«* – Du und dein Mann. Du und deine Frau. Du und deine Kinder. Du und Deine Schwestern und Brüder.

Noch einmal möchte ich darauf aufmerksam machen: das Entscheidende ist, dass ich selbst an Jesus Christus glaube und ihm die erste Stelle in meinem Leben gebe.

3. Der feste Entschluss zu Umkehr, die Entscheidung

Jesus Sirach 21,1-3 lesen wir: *»Mein Sohn, hast du gesündigt, tue es nicht wieder und bete wegen deiner früheren Sünden. Fliehe vor der Sünde, wie vor der Schlange. Kommst du ihr zu nahe, so beißt sie dich. Löwenzähne sind ihre Zähne, sie rauben den Menschen das Leben. Wie ein zweischneidiges Schwert ist jedes Unrecht, für die Wunde, die es schlägt, gibt es keine Heilung.«*
Es ist so wichtig, dass wir uns vornehmen, nicht mehr zu sündigen. Wir wollen vor solchen Schlangen, die uns zur Sünde verführen, weglaufen.

Eine Erfahrung möchte ich mitteilen: Ein junger Mann, war zu einem Gespräch bei mir, wie immer habe ich für ihn gebetet und habe die Bibel aufgeschlagen, um ein Wort für ihn zu bekommen. Folgende Stelle wurde mir geschenkt: 2 Kor 11,3: *»Ich fürchte aber, wie die Schlange einst durch ihre Falschheit Eva täuschte, könntet auch ihr in euren Gedanken von der aufrichtigen und reinen Hingabe an Christus abkommen.«*
Er war sehr erschrocken, als ich ihn fragte: »Haben Sie etwas mit einer Schlange zu tun?« Er nickte und sagte: »Ja, ich habe seit 4 Wochen eine Freundin, die nicht verheiratet ist, jedoch von zwei verschiedenen Männern ein Kind hat. Ich bin sehr verliebt in sie, nun weiß ich: das ist die ‚Schlange'«.
Als Antwort sagte ich ihm: »Sie sehen, was Jesus ihnen durch diese Stelle sagen will: Kehre um und meide die sündige Umgebung.« Auch wenn wir etwas im Geheimen tun, sieht es Jesus alles. Jesus hat ihn so berührt durch dieses Wort, dass er sofort gesagt hat, ich werde mich von dieser Frau trennen.
Gott sei Dank, er hat seine Sünde bereut und sich tatsächlich getrennt.
Wir sehen, wie Jesus durch Sein Wort wirken kann. Gott gibt uns die Freiheit, wir dürfen selbst wählen: Umkehren oder nicht umkehren. So wie wir in Deut 30,19 lesen: *»Leben und Tod lege ich dir vor, Segen und Fluch, wähle also das Leben damit du lebst, du und deine Nachkommen.«*

Und was kann dann passieren, wenn wir nicht umkehren, das sagt uns Mt 3,8: *»Bringt Frucht hervor, die eure Umkehr zeigt.«* Nur durch Umkehr können wir gute Früchte bringen, es ist Zeit, dass wir umkehren. In Vers 10 heißt es weiter: *»Schon ist die Axt an die Wurzel der Bäume gelegt, jeder Baum der keine gute Frucht hervor bringt, wird umgehauen und ins Feuer geworfen.«*
Deshalb haben wir keine Zeit mehr zu verlieren in unserem Leben. Wir wollen heute eine Entscheidung treffen und umkehren.
Woher nehme ich die Kraft zur Umkehr?
Nur durch die Liebe kann ich umkehren. Die Quelle der Reue ist die Liebe.
Röm 5, 5 lesen wir: *»Die Hoffnung aber lässt nicht zu Grunde gehen, denn die Liebe Gottes ist ausgegossen in unsere Herzen durch den Heiligen Geist, der uns gegeben ist.«*
Vielleicht ist es uns nicht bewusst, dass wir mit Gottes Liebe erfüllt sind. Gott ist ja selbst in uns, wir spüren Ihn nicht, weil zwischen Gott und uns die Sünde liegt. Durch die Sünde trennen wir uns von Gott. Nach dem Adam und Eva gesündigt hatten, versteckten sie sich. Gott hat Adam gerufen: *»Wo bist du?«* (Gen 3,9) Gott ruft auch dich. Wir wollen zurückkommen zu Gott und uns bewusst machen, wie wichtig es ist, dass wir unser Leben ändern.

Wir lesen in Lukas 1,77-79, wie Zacharias vom Heiligen Geist erfüllt prophetisch gesprochen hat: *»Du wirst sein Volk mit der Erfahrung des Heils beschenken in der Vergebung der Sünden. Durch die barmherzige Liebe unseres Gottes wird uns besuchen das aufstrahlende Licht aus der Höhe, um allen zu leuchten, die in Finsternis sitzen und im Schatten des Todes und unsere Schritte zu lenken auf den Weg des Friedens.«*
Jesus ist barmherzig und Er hat Mitleid mit den Menschen. Jesus will all unsere Sünden vergeben und uns das Heil schenken, damit alle gerettet werden, die in der Dunkelheit leben. Er möchte uns auf den richtigen Weg führen, somit schenkt er auch Seinen Frieden.

Jesaja 43,25 lesen wir: *»Ich, Ich bin es, der um meinet willen deine Vergehen auslöscht, Ich denke nicht mehr an deine Sünden«*. Wir haben es nicht nötig, in Schuldgefühlen zu leben. Wenn wir zurückkommen zu Gott und bereuen, dann wird unser Gott unsere Sünden auslöschen.
In Jes 43,18-19 heißt es: *»Denkt nicht mehr an das, was früher war, auf das was vergangen ist, sollt ihr nicht achten. Seht her nun mache ich etwas Neues.«*
Mit König David sprechen wir in großer Reue, Ps 51,12-14: *»Erschaffe mir Gott ein reines Herz und gib mir einen neuen beständigen Geist, verwirf mich nicht von deinem Angesicht und nimm deinen Heiligen Geist nicht von mir, mach mich wieder froh mit deinem Heil, mit einem willigen Geist rüste mich aus.«*

Einer, der den Weg zu Gott vorbereitet hat, ist Johannes der Täufer. Einer, der selbst der Weg ist, ist Jesus Christus. Die, die auf diesem Weg gegangen sind, das sind die Jünger Jesu. Sie alle haben das Eine gesagt: *»Kehrt um!«*
Wenn wir erkennen, was wir in unserem Leben falsch gemacht haben, wollen wir heute noch umkehren und uns das ewige Leben zu eigen machen. Damit Ostern, das Fest der Auferstehung, Wirklichkeit für uns wird.

Ich kann mir Jesus vor Augen stellen und zu Ihm beten, der auf meine Umkehr wartet, wie der Vater, mit ausgebreiteten Armen auf den verlorenen Sohn. Jesus wartet auf unsere Umkehr.
Gebet: Wir bitten Dich Jesus, für alle Menschen, die nicht wissen, wie wichtig die Umkehr ist. Wir bitten Dich für die, die noch in der Sünde leben. Wir bitten Dich für jene Menschen die umkehren möchten, doch es nicht können. Wir bitten Dich für die Menschen, die so gefesselt sind in sich, oder an schlechte Gewohnheiten gebunden sind, damit ihnen die Gnade zur Umkehr geschenkt wird.
Mit großen Vertrauen beten wir Psalm 18,17-20: *»Er griff aus der Höhe herab und fasste mich, zog mich heraus aus gewaltigen Wassern. Er*

entriss mich meinen mächtigen Feinden, die stärker waren als ich und mich hassten. Sie überfielen mich am Tag meines Unheils, doch der Herr wurde mein Halt. Er führte mich hinaus ins Weite, er befreite mich, denn er hatte an mir Gefallen.«

Preiset den Herrn!

Kapitel 12: Bei DIR ist Vergebung (Ps 130,4)

Bevor wir über Vergebung nachdenken, wollen wir den Heiligen Geist anrufen und bitten, dass wir alles verstehen, was Jesus uns sagen will, denn es ist ein schwieriges und wichtiges Thema und äußerst aktuell. »Komm Heiliger Geist, leite uns. Gib uns die Gnade, dass wir jedes Wort verstehen, was Jesus uns sagt. Öffne unsere Ohren, damit wir es hören und aufnehmen. Öffne unsere Herzen, damit wir es verstehen. Gib uns ein neues Licht, damit wir sehen, was wir noch nicht vergeben haben und das sehen, wofür wir selber noch um Vergebung bitten müssen!«

In Jak 4,1 lesen wir: *»Woher kommen die Kriege bei euch, woher die Streitigkeiten? Doch nur vom Kampf der Leidenschaften in eurem Innern.«*

Im Verlauf der gesamten Menschheitsgeschichte sehen wir, dass es immer irgendwo Krieg gegeben hat und gibt. Aber warum entstehen Kriege? Wenn wir das Wort Krieg hören, erschrecken wir. Wo fängt der Krieg eigentlich an? Beginnt der Krieg nicht in mir selbst? Wenn wir bewusst darüber nachdenken, stellen wir fest, dass Krieg mit Unversöhntheit zusammenhängt. Wenn ich nicht bereit bin, etwas zu vergeben, dann beginnt der Krieg in mir. Und ich trage ihn immer weiter. Wenn in mir Krieg ist, ist auch in meiner Familie Krieg, an meinem Arbeitsplatz und so weiter, also in der ganzen Gesellschaft. Wenn wir einen Stein ins Wasser werfen, ziehen die Wellen viele Kreise; genauso verbreitet sich der Krieg.

Im Alten wie im Neuen Testament wird uns gesagt, wie wichtig die Vergebung ist. Wir lesen in Genesis, dass der sterbende Jakob eine Botschaft für seinen jüngsten Sohn Joseph verfasst. Diese Botschaft lässt er Josef durch seine Söhne überbringen, die ihren Bruder Jahre zuvor an Sklavenhändler verkauft hatten. Die Botschaft lautet: *»Vergib*

doch deinen Brüdern ihre Untat und Sünde, denn Schlimmes haben sie dir angetan. Nun also vergib doch die Untat der Knechte des Gottes deines Vaters.« Gen 50,17
Für Jakob war es sehr wichtig, dass sein Sohn Joseph den Brüdern, die ihm Schlimmes angetan hatten, vergibt. Wie hat Joseph darauf geantwortet? Lesen wir weiter in Genesis, was Josef sagt: *»Fürchtet euch nicht. Stehe ich denn an Gottes Stelle? Ihr habt Böses gegen mich im Sinn gehabt, Gott aber hatte dabei Gutes im Sinn, um zu erreichen was heute geschieht: viel Volk am Leben zu erhalten. Nun also fürchtet euch nicht. Ich will für euch und eure Kinder sorgen. So tröstete Joseph sie und redete Ihnen freundlich zu.«* Gen 50,19-21. Ähnliche Erfahrungen werden auch wir machen, wenn wir uns gegenseitig vergeben, selbst dann, wenn es uns schwer fällt.

In Sir 28,2-6 lesen wir: *»Vergib deinem Nächsten das Unrecht, dann werden dir, wenn du betest, auch deine Sünden vergeben. Der Mensch verharrt im Zorn gegen den anderen, vom Herrn aber sucht er Heilung zu erlangen. Mit seinesgleichen hat er kein Erbarmen, aber wegen seiner eigenen Sünde bittet er um Gnade? Obwohl er nur ein Wesen aus Fleisch ist, verharrt er im Groll; wer wird da seine Sünden vergeben? Denk an das Ende, lass ab von der Feindschaft, denke an Untergang und Tod und bleib den Geboten treu!«*
Wir erwarten von Gott, dass Er mit uns gnädig ist und Erbarmen hat, sind selber aber unbarmherzig gegen unseren Nächsten.

Dazu möchte ich eine persönliche Erfahrungen mitteilen: Als ich noch als junge Krankenschwester in einer Gemeinde tätig war, wurde ich zu einem Schwerkranken gerufen. Bevor ich in sein Zimmer ging, erzählte mir seine Frau noch schnell die Lebenssituation. Ihr Mann lebte seit über 40 Jahre getrennt von der Kirche. Eine Woche vor meinem Besuch hatte ihn der Gemeindepfarrer aufgesucht. Kaum hatte er das Zimmer betreten, rief ihm der Kranke entgegen, dass er ihn nicht sehen wolle und warf die Kaffeetasse nach ihm und rief, er solle ja wieder gehen.

Seine Frau hingegen hatte das große Gebetsanliegen, dass ihr betagter Mann vor seinem Tod zu Gott zurückfinden möge. Der Mann war sehr schwach und abgemagert, er hatte hohes Fieber und war sterbenskrank. Ich wusste kaum, was ich bei diesem Schwerkranken zuerst und zuletzt tun sollte. Ich habe in meinem Herzen gebetet. In diesem Zustand wollte ich nicht sofort mit ihm über Gott sprechen. Zunächst habe ich ihm gegen das hohe Fieber eine Spritze gegeben. Nach einer Stunde habe ich wieder nach ihm geschaut. Dem alten Herrn ging es etwas besser, weil das Fieber zurückging. Er war froh und sagte, dass es ihm besser gehe und war schon in der Verfassung, mir Komplimente zu machen. Das war mir sehr recht für die Fortsetzung des Gesprächs. Ich habe ihm erklärt, dass ich nur etwas für seinen vergänglichen Körper getan hätte, nicht aber für seine unsterbliche Seele. Sofort wurde mein Patient böse und wollte mich aus dem Zimmer werfen. Ich sagte ihm: »Bevor ich gehe, habe ich eine Frage. Was hast du gegen Gott und die Kirche?« Ganz aufgewühlt erzählte er mir: Als er aus dem Krieg zurückgekommen sei, habe er, wie viele andere auch, vom damaligen Pfarrer ein Grundstück haben wollen, um ein Haus zu bauen. Aber er habe keines bekommen. In seiner großen Enttäuschung habe er seine Verbindung zur Kirche abgebrochen. Da habe ich seine Hand genommen und gesagt: »Das war sicher vom Pfarrer nicht recht.« Ich wollte ihn damit nur trösten. Dann wollte ich ihn aber auf etwas anderes aufmerksam machen: »Du weißt, dass wir alle einmal sterben müssen. Und wenn wir vor Gott stehen, wird er uns nicht fragen, was haben die anderen gemacht. Gott wird dich fragen: »Wo warst du, was hast du gemacht?« Er macht Dich nicht dafür verantwortlich, was der Pfarrer gemacht hat. Er macht Dich aber verantwortlich dafür, wie Du reagiert hast. Da sah er mich mit großen Augen an und sagte dabei ganz leise: »Hol' den Pfarrer!« Der Pfarrer wurde gerufen, kam sofort und war höchst verwundert. Während der Pfarrer bei dem Kranken war, haben seine Frau und ich für seine Bekehrung gebetet. Er hat mit großer Reue gebeichtet und zum ersten Mal nach vielen Jahren die heilige Kommunion empfangen. Der Pfarrer spendete ihm anschließend auch die Krankensalbung.

Als ich danach zu ihm kam, hatte er Tränen in den Augen. Mit großer Dankbarkeit und Freude hat er meine Hand festgehalten. Dabei strahlte sein ganzes Gesicht. Die ganze Familie hat sich mit ihm gefreut. Gott hat eine Antwort auf das jahrelange Gebet seiner Frau gegeben. Unser Gott ist barmherzig und gütig. Am gleichen Tag ist der Mann um 23:20 Uhr im Beisein von uns allen gestorben, ganz friedlich und mit Gott versöhnt. Preiset den Herrn!

Der Apostel Paulus schreibt in Eph 4,2-3: *»Seid demütig, friedfertig und geduldig, ertragt einander in Liebe und bemüht euch die Einheit des Geistes zu wahren, durch den Frieden, der euch zusammenhält.«* Wir sollen uns Mühe geben, uns gegenseitig verstehen und in Liebe annehmen. Wir sollen nicht im Streit leben, sondern immer bereit sein, zu vergeben.
Wir lesen in Kol 3, 13-14: *»Ertragt euch gegenseitig und vergebt einander, wenn einer dem andern etwas vorzuwerfen hat. Wie der Herr euch vergeben hat, so vergebt auch ihr! Vor allem aber liebt einander, denn die Liebe ist das Band, das alles zusammenhält und vollkommen macht.«*

Wenn wir von Vergebung reden, müssen wir fünf verschiedene Arten der Unversöhntheit unterscheiden:

1. Ich bin nicht bereit, den Menschen zu vergeben, die mich verletzt haben.

Beispiel: Einmal war eine geschiedene Frau bei uns zu Exerzitien und erzählte, dass sie sehr unglücklich sei. Ihr Mann hatte sie vor zehn Jahren verlassen und seine Sekretärin geheiratet, die so alt war wie ihre älteste Tochter. Inzwischen war auch die Tochter psychisch krank und litt an Depressionen. Die Frau hatte eine eigene wirtschaftliche Existenz aufgebaut, weil sie von ihrem Mann kein Geld bekam. Sie bot verschiedene esoterische Behandlungen an. Während sie mir das erzählte, hatte

ich nach Art einer Vision das Bild eines menschlichen Skeletts vor mir. Ich fragte sie, ob sie zu Hause ein Skelett hat. Sie verneinte das.
Einige Zeit später rief sie mich an und erzählte, dass sie tatsächlich ein echtes menschliches Skelett (keine Nachbildung) in einem Koffer im Keller gefunden hat. Sie hatte völlig vergessen, dass sie das Skelett einst für ihre esoterischen Praktiken besorgt hat. Aber der Heilige Geist hat alles aufgedeckt: Hier lag der Grund von vielen Störungen. Nun wusste sie nicht, was sie mit dem Skelett anfangen sollte. Sie hatte sich bereits bei den Behörden erkundigt, die ihr nur sagten, sie solle ein Grab kaufen und das Skelett beerdigen lassen. Sie hatte aber zu wenig Geld und war hilflos. Ich gab ihr den Rat, das Skelett einer Universität zur Verfügung zu stellen, was sie auch getan hat. Seit dem waren die Störungen weg und es ging ihr besser.
Weiterhin habe ich ihr erklärt, dass sie durch die esoterischen Behandlungen von unserem wahren Gott weggelaufen ist. Sie sagte mir, sie wolle alles wieder in Ordnung bringen und wolle auch ihre Tochter zu mir schicken. Später kam die Tochter zu unseren Exerzitien. Im Gespräch habe ich ihr klar gemacht, dass sie ihrem Vater vergeben muss. Sie sagte, sie werde ihrem Vater und seiner neuen Frau nie vergeben, denn sie hätten ihr Familienleben ruiniert. Ich habe ihr gesagt, dass sie nur geheilt werden kann, wenn sie ihrem Vater und anderen Menschen vergibt. Nachdem wir intensiv zusammen gebetet haben, bekam sie die Gnade, allen Menschen zu vergeben, von denen sie sich verletzt fühlte. Am darauf folgenden Tag gab sie Zeugnis darüber. Sie habe erkannt, dass sie ohne Vergebung keinen Frieden finden und Gott sie deshalb nicht heilen könne. Sie war bereit, zu ihrem Vater zu gehen, um ihm zu vergeben. Ihr wurde aber auch bewusst, dass sie selbst manches falsch gemacht hatte und um Vergebung bitten sollte.
Später hat sie mir erzählt, dass es höchste Zeit gewesen war, den Vater zu besuchen. Er war in großer Not, er hatte einen Schlaganfall, war gelähmt und bettlägerig. Er war sehr traurig, weil auch seine Mutter kürzlich verstorben war. Bei dem Wiedersehen nach zehn Jahren Trennung

haben beide geweint. Der Vater hatte inzwischen bereut, was er der Familie angetan hat.
Wir sehen hier, wie viele Probleme die Familie auszustehen hatte, weil die Familienmitglieder nicht bereit waren, zu vergeben. Durch die Versöhnung ist schließlich die ganze Familie zum Glauben gekommen.

2. Es gibt Menschen, die wir verletzt haben und die nicht bereit sind, uns zu vergeben.

Vielleicht haben wir schon manches unternommen und sie um Verzeihung gebeten. Aber sie wollten davon nichts wissen. Es ist wichtig, dass wir für sie beten, damit sie die gleiche Gnade bekommen wie wir und fähig werden, zu vergeben.

3. Manche Menschen können sich selbst nicht vergeben.

In Rumänien nahm ein Mann an Exerzitien teil, der leberkrank war und Depressionen hatte. Auf meine Nachfrage erzählte er mir, dass er seit dem Tod seiner Mutter an Depressionen leide. Sein Vater war sehr früh gestorben und die Mutter musste die drei kleinen Kinder alleine groß ziehen. Sie hatte alle Mühen auf sich genommen und schwer auf dem Feld gearbeitet, damit alle drei Kinder eine gute Schulbildung bekamen und studieren konnten. So kam es auch. Die Kinder hatten beruflich Erfolg und überwiesen ihrer Mutter regelmäßig Geld, damit auch sie gut leben konnte. Eines Tages jedoch beging die Mutter Selbstmord. Sie hinterließ einen Abschiedsbrief, in dem sie schrieb, dass sie sehr einsam gewesen sei und so nicht mehr weiterleben könne. Der Sohn machte sich seitdem die schwersten Vorwürfe, dass er sich nicht um seine Mutter gekümmert hatte, die doch alles dafür getan hatte, um ihm und seinen Geschwistern ein gutes Leben zu ermöglichen. Er war voller Schuldgefühle. Wir wissen, dass man durch Schuldgefühle depressiv werden kann. Wenn ich Schuldgefühle habe, heißt das, dass ich zu wenig Vertrauen in Gott habe. Ich habe mit dem Mann gebetet, damit er wieder zu einer vertrauensvollen Beziehung zu Gott findet, der ihm doch vergeben will, so dass er auch sich selbst vergeben kann.

Auch Frauen, die abgetrieben haben, leben oft in Schuldgefühlen, weil sie sich selbst nicht vergeben können. Selbst wenn sie diese Sünde mit Reue gebeichtet haben, plagen sich viele Frauen noch Jahre später mit Schuldgefühlen. Es ist traurig, dass sie nicht daran glauben, dass Gott alle Sünden in der Beichte wirklich vergibt. Bei Jesaja 1,18 heißt es: *„Wären eure Sünden auch rot wie Scharlach, sie sollen weiß werden wie Schnee. Wären sie rot wie Purpur, sie sollen weiß werden wie Wolle.“* Das ist eine von 2500 Verheißungen Gottes! Haben Sie Vertrauen auf Gott. Er liebt die Sünder! Nicht die Sünde. Die will Er uns vergeben.

4. Es gibt Menschen, die mit Gott hadern und zornig werden.

Diese Menschen sind direkt oder versteckt auf Gott böse. Vielleicht, weil sie nicht alles bekommen, was sie wollen oder weil Gott ihnen irgendetwas wegnimmt, was sie zuvor unverdient von Gott bekommen hatten. Oder weil ihnen etwas zugestoßen ist. Sie fragen, warum Gott so etwas zulässt und was sie in ihrem Leben falsch gemacht haben.
Bevor ich Ihnen eine Erläuterung gebe, möchte ich an dieser Stelle eine Erfahrung einfügen: Einmal wurde ich in Indien zu einer Familie geholt, weil die Mutter sehr krank war. Sie konnte kaum laufen, sie hatte eine bestimmte Art von Rheuma. Während des Gebets habe ich verstanden, dass sie mit Gott haderte. Sie erzählte mir, seit ihre Tochter Selbstmord begangen hat, kann sie nicht mehr beten wie früher. Und in die Kirche könne sie sowieso nicht mehr gehen. Ich fragte sie, ob sie geheilt werden wolle. Sie sagte »ja«. Das Allerwichtigste war, dass sie Gott um Vergebung bat, weil sie gegen Ihn zornig gewesen war. Sie sollte Jesus alles abgeben: ihre Traurigkeit, ihre Schlaflosigkeit und alles andere. Zwei Jahre später traf ich sie wieder. Sie war nicht mehr verbittert, sie war geheilt und wie neu geboren.

Ein weiterer Fall: Eine Frau erzählte mir bei Exerzitien, dass ihr ältester Sohn sehr aktiv in der Kirche war, er war sogar Vorsitzender im Pfarrgemeinderat. Die Familie war glücklich gewesen – bis das dritte Kind mit einer Behinderung zur Welt kam. Der Mann war wütend auf Gott, wollte nichts mehr von der Kirche wissen und trat später aus der Kirche aus. Sicherlich war die Sorge für ein behindertes Kind eine schwere Situation für die Familie. Aber wir wissen nicht, was Gottes Plan ist. Der Vater war nicht bereit, Gottes Plan zu akzeptieren und dieses Kreuz mit Gottes Hilfe zu tragen. Anstatt jetzt noch intensiver mit Gott zu leben und Ihn um Kraft zu bitten, ist er von Gott weggelaufen und machte damit die Situation noch schwieriger. Leider hatte die ganze Familie darunter zu leiden, dass der Vater so verbittert wurde.
Er hatte völlig vergessen, dass es vieles in seinem Leben gab, für das er Gott danken konnte. Es war nicht sein Verdienst, dass er zuvor zwei gesunde Kinder bekommen hatte. Und so ist es oft: wir vergessen 999 gute Dinge, wenn uns eins von 1000 weggenommen wird.

5. Vielleicht waren unsere Vorfahren nicht mit Gott versöhnt, als sie gestorben sind.

Dadurch können auch negative Folgen auf uns übergegangen sein. Deshalb ist es wichtig, dass wir nicht nur für unsere eigenen Sünden um Vergebung bitten. Wir müssen bei Gott auch für unsere Vorfahren um Vergebung bitten und Heilige Messen lesen lassen, denn sie können das selbst nicht mehr tun. So steht es schon im Alten Testament im zweiten Buch der Makkabäer. Judas der Makkabäer kämpfte um die Reinheit des Glaubens in Israel. Sein Gegner Gorgias kämpfte in der Schlacht gegen ihn. Obwohl der Herr auf der Seite der Juden war, fielen einige von den Juden in der Schlacht. Judas und seine Männer verstanden nicht, warum aus ihren Reihen einige gefallen waren. Später aber entdeckten sie bei den Gefallenen Amulette fremder Götter unter ihrer

Kleidung, was den Juden streng verboten war. Nun wussten sie, dass diese wegen ihrer Sünde gefallen waren. Vgl. 2 Mak 12,40;
Und weiter lesen wir in 2 Mak 12,41: *»...sie priesen nun alle das Wirken des Herrn, des gerechten Richters, der das Verborgene ans Licht bringt. Anschließend hielten sie einen Bittgottesdienst ab und beteten, dass die begangene Sünde wieder völlig ausgelöscht werde. Der edle Judas aber ermahnte die Leute, sich von Sünden rein zu halten; sie hätten ja mit eigenen Augen gesehen, welche Folgen das Vergehen der Gefallenen gehabt habe. Er veranstaltete eine Sammlung, an der sich alle beteiligten, und schickte etwa zweitausend Silberdrachmen nach Jerusalem, damit man dort ein Sündopfer darbringe. Damit handelte er sehr schön und edel; denn er dachte an die Auferstehung.«*

In Ex 20, 5 lesen wir: *»Bei denen, die mir Feind sind, verfolge ich die Schuld der Väter an den Söhnen, an der dritten und vierten Generation.«*
Wenn zum Beispiel in einer Familie jemand Alkoholprobleme hat, an Depressionen leidet oder Selbstmord begangen hat, können wir meistens feststellen, dass diese Probleme bereits bei den Vorfahren aufgetaucht sind und jetzt die Nachkommen die gleichen Probleme haben, weil die Sünden der Vorfahren noch nicht bekannt und vergeben sind. Darum müssen wir für unsere Vorfahren täglich um Vergebung beten und auch hl. Messen für sie halten lassen.

In Mt 5,38–41 lesen wir, was Jesus uns sagt: *»Ihr habt gehört, dass gesagt worden ist, Auge für Auge und Zahn für Zahn. Ich aber sage euch, leistet dem, der euch etwas Böses antut keinen Widerstand, sondern wenn dich einer auf die rechte Wange schlägt, dann halt ihm auch die andere hin. Und wenn dich einer vor Gericht bringen will, um dir das Hemd wegzunehmen, dann lass ihm auch den Mantel. Und wenn dich einer zwingen will, eine Meile mit ihm zu gehen, dann geh zwei mit ihm.«*

Jesus sagt uns, wir sollen nicht Böses mit Bösem vergelten. In 1 Thess 5, 15 lesen wir: *»Seht zu, dass keiner dem andern Böses mit Bösem vergilt, sondern bemüht euch immer, einander und allen Gutes zu tun.«* Es gibt viele Menschen, die nicht vergeben können und lange Jahre Hass im Herzen tragen. Dadurch werden sie nicht nur selber krank, sondern leben auch mit der ganzen Familie in Unfrieden.

Dazu noch eine Erfahrung:
Ein Priester holte mich zu seiner Mutter, die krank war, zum Beten. Aufgrund der Krankheit konnte sie nicht gut schlafen und litt unter hohem Blutdruck. Im Gespräch habe ich sie gefragt, für welches Anliegen ich beten soll. Sie sagte, ich solle für einen ihrer Söhne beten, der auf schlimmen Abwegen ging. Dann habe ich gefragt: »Was ist mit Ihrer Tochter?« Ich spürte bereits, dass die Frau etwas verschwieg. Sie reagierte auch heftig und sagte: »Nein, ich will nicht über meine Tochter sprechen!« »Aber,« sagte ich, »Gott will, dass Sie darüber sprechen!«
Ich habe im Herzen gebetet: Zeig mir ein Bild, damit die Frau versteht, dass es Dein Wille ist, dass sie über ihre Tochter spricht. Da sah ich in meinem Inneren ein Bild: Ein ungefähr sechsjähriges Mädchen mit langen Haaren und einem hellgrünen Kleid lag bewusstlos im Bett. In der Nähe sah ich eine große Schüssel mit Wasser.
Also fragte ich die Mutter: Ich sehe ein kleines Mädchen mit langen Haaren in einem grünen Kleid in einem Bett liegen. Daneben eine große Schüssel mit Wasser. Was war da mit ihrer Tochter? Warum hat sie bewusstlos da gelegen?
Die Frau hat mich entgeistert angeschaut. »Wie können Sie das alles wissen? Das meine Tochter wegen des hohen Fiebers bewusstlos war und dass mein Mann ihr kaltes Wasser ins Gesicht gespritzt hat?« »Ich weiß das nicht«, entgegnete ich ihr »aber Jesus weiß alles von Ihrem Leben, auch von Ihrer Tochter.«
Hier sehen wir, wie Gott auch die kleinsten Kleinigkeiten unseres Lebens, jeden Moment, jedes Ereignis, jede Bewegung von uns kennt.

Endlich glaubte die Frau, dass Gott sie jetzt, in diesem Moment, aufforderte, über ihre Tochter zu sprechen. Dann erzählte sie: Eines Tages sei ihre Tochter mit einem behinderten Mann ins Haus gekommen, der auch noch zu einer anderen Konfession gehörte und den sie nun heiraten wolle. Darauf hin habe ich sie raus geschmissen. Inzwischen hat die Tochter den Mann geheiratet und zwei Kinder bekommen. Die Familie lebt im Ausland.
Mich machte diese Schilderung traurig und ich konnte nicht begreifen, wie die Mutter in einer solchen Verbitterung bleiben und leben konnte! Ich musste an die Stelle bei Mt 6,14-15 denken: *»Denn wenn ihr den Menschen ihre Verfehlungen vergebt, dann wird euer himmlischer Vater euch auch vergeben. Wenn ihr aber den Menschen nicht vergebt, dann wird euch euer Vater eure Verfehlungen auch nicht vergeben«*. Jesus lehrt uns auch das »Vater unser« Gebet, darin beten wir täglich: » *..vergib uns unsere Schuld wie auch wir vergeben unseren Schuldigern.«*(Vgl. Mt 6,12) Wie kann Gott uns vergeben, wenn wir selbst nicht vergeben?
Ich habe versucht der Mutter zu erklären: Ohne unsere Vergebung kann der Herr uns nicht vergeben und damit auch nicht heilen. Diese Frau und ihr Mann haben mir wirklich Leid getan. Immer, wenn die Tochter angerufen hat, ging nicht sie, sondern ihr Mann ans Telefon. Was war das für ein trauriges, unzufriedenes Leben, von dem die ganze Familie in Mitleidenschaft gezogen war. Ich habe ihr zugegeben, dass Vergeben – menschlich gesehen – sehr schwer und schmerzlich ist. Mit der Hilfe von Jesus ist aber alles möglich für uns. Wir dürfen ihn doch um die Gnade bitten, vergeben zu können!

So habe ich angefangen, zu beten: Komm Herr Jesus in unsere Mitte, hilf dieser Mutter, damit sie vergeben und um Vergebung bitten kann.
Ich habe ihr kurz erklärt, wie sie beten soll, auch wenn die Tochter nicht anwesend ist. Ich sagte ihr: »Stellen Sie sich vor, ich sei ihre Tochter. Sie können jetzt alles zu mir sagen, was sie schmerzt; aber dann auch vergeben und ihre Tochter um Vergebung bitten. Während die Mutter

all dies laut aussprach, habe ich für sie gebetet. Mit Gottes Hilfe konnte sie vergeben und um Vergebung bitten. Langsam wurde sie ruhig und still.
Gott dankend, bin ich von der Familie zurückgefahren. Ich war überzeugt, dass die Frau diese beiden Vergebungs-Schritte ehrlich und bewusst in ihrem Herzen vollzogen hatte.
Am Tag darauf bekam ich die freudige Nachricht, dass die Tochter um 7 Uhr morgens ihre Mutter angerufen und gesagt hat: Mami du warst heute Nacht bei mir, du hast mich umarmt und um Vergebung gebeten. Ich vergebe dir Mami – wir wollen wieder gut sein. Kurz danach habe ich erfahren, dass die Tochter mit der ganzen Familie nach Jahren zum ersten Mal wieder zu Besuch zu ihren Eltern kam. Und auch die Mutter selbst wurde von allen ihren Krankheiten geheilt. So hat sie durch ihre Vergebung nicht nur innere, sondern auch körperliche Heilung empfangen.
Preiset den Herrn!

Wie viele Menschen auf der Welt leben so wie diese Familie? Sie sind schlaflos, enttäuscht, krank, traurig und machen sich und andere dadurch unglücklich. Manche Menschen denken immer, dass immer nur die Anderen Schuld haben, nur sie selbst nicht. Mit diesen Gedanken schädigen sie sich selbst am meisten.

Apostel Paulus schreibt in Gal 5,15:*»Wenn ihr einander beißt und verschlingt, dann gebt Acht, dass ihr euch nicht gegenseitig umbringt.«*
Das bedeutet, dass es viele Menschen gibt, die sich gegenseitig das Leben schwer machen, weil sie nicht vergeben wollen und können. Über viele Jahre oder sogar Jahrzehnte sind sie nachtragend. Sie zerstören sich und andere.
Es gibt viele ältere Menschen, die noch unter Kriegserinnerungen leiden. Sie können Kriegsgegnern oder Diktatoren nicht vergeben. Ich kann solchen Menschen nur eines sagen: Sicher ist es so, dass Machthaber und Tyrannen vieles zerstört haben und auch durch ihre Schuld viele

zu Tode kamen und dass noch heute viele Menschen an den Folgen leiden. Die Herrscher und viele Kriegsgegner von einst sind aber längst gestorben. Wir jedoch können nicht vergessen und nicht vergeben, was sie verbrochen haben. Ich frage euch: »Bedeuten diese Menschen so viel für euch, dass ihr euch ihretwegen das Leben so schwer macht und ständig in schmerzvoller Erinnerung lebt?«
Vielleicht ist es bei Dir eine Person, die es Dir in Deinem Herzen schwer macht, weil ihr Euch gegenseitig nicht vergebt. Viele Menschen sind krank, weil sie in Hass und Rache leben.

In 1 Joh 3,15 lesen wir: *»Jeder der seinen Bruder hasst, ist ein Mörder und ihr wisst, kein Mörder hat ewiges Leben, das in ihm bleibt.«* Was heißt hier Hass? Viele Menschen sagen: »Ich hasse niemanden.« Und doch wollen sie mit bestimmten Leuten nichts zu tun haben, vielleicht ist es die Schwiegermutter oder die Schwiegertochter. »Seid die Person von uns weggezogen ist, haben wir kein Problem mehr,« sagen die Leute. Und doch wenn ich frage: »Erzählen Sie mal eine schlimme Erfahrung, die Sie mit der Schwiegermutter hatten,« dann fängt die Person an, über ihre Schwiegermutter zu schimpfen und beginnt aufgeregt über die alten Streitigkeiten zu sprechen oder fängt an, bitterlich zu weinen. Das alles sind Hinweise, dass sie noch nicht vergeben hat und dass sie Gottes Gnade braucht, um die Verletzungen los zu lassen und im Namen Jesu Vergebung aussprechen zu können.

Hebr 12,15 heißt es: *»Seht zu, dass niemand die Gnade Gottes verscherzt, dass keine bittere Wurzel wächst und Schaden stiftet und durch sie alle vergiftet werden.«*

Als Pflegedienstleiterin wurde ich einmal von meinen Mitarbeitern gerufen, weil sie mit einer äußerst aggressiven Patientin nicht fertig wurden. Die 92 Jahre alte Frau schlug um sich, kratzte und biss, sie wollte niemanden an sich heran lassen. Es war aber doch dringend nötig, dass

die Frau gewaschen und angekleidet wurde. Wir konnten sie nur bändigen, als es mir gelang, ihr das Gebiss aus dem Mund zu nehmen
Ich habe über diese Frau nachgedacht und später mit ihrem Sohn telefoniert. Ich wollte wissen, ob es etwas in dem Leben seiner Mutter gegeben habe, das ihre heftige Reaktion erklären könnte. Er sagte, während der Kriegszeit habe es schlimme Vorfälle gegeben; seine Mutter sei wiederholt von mehreren Soldaten vergewaltigt worden. Jetzt war es mir klar, warum die Frau sich so verhielt.
Wenn ich diese Begebenheit in den Exerzitien erzähle, frage ich die Teilnehmer: »Möchten Sie es riskieren, dass Sie sich im Alter auch so verhalten?«
Es ist wichtig, dass wir rechtzeitig vergeben, so lange wir es noch können. Sonst könnte es uns genau so gehen, wie dieser alten Frau. Jesus wartet darauf, dass Er auch uns die Gnade geben kann, alles zu vergeben.

Wenn wir im Nicht-Vergebenden-Zustand leben, ist es so, als hätten wir bittere Wurzeln. So lange, wie wir nicht vergeben, wachsen diese bitteren Wurzeln immer mehr in die Tiefe. Ich wiederhole, weil es sehr wichtig für uns ist, was wir in 1 Joh 3,15 gelesen haben: *»Jeder der seinen Bruder hasst, ist ein Mörder und ihr wisst kein Mörder hat ewiges Leben, dass in ihm bleibt.«* Wo Hass ist, kann das ewige Leben nicht in ihm sein, d.h. Jesus kann nicht in ihm wohnen.

Wie müssen wir vergeben?

Jesus selbst sagt zu uns: *» Ich aber sage euch. Liebt eure Feinde und betet für die, die euch verfolgen.«* Mt 5,44.

Einmal war ein Mann bei den Exerzitien in einem großen Gebetszentrum in Indien, wo Tausende Teilnehmer waren. Er sagte zu dem Exerzitienmeister, dass sein Nachbar von seinem Grundstück ein Stück weggenommen habe und dazu noch gerichtlich gegen ihn vorgegangen sei.

»Ich kann daher dem Mann unmöglich vergeben!« rief er aus. Der Pater sagte zu ihm, er solle die ganze Nacht vor dem Allerheiligsten für seinen Nachbarn beten. Er solle auch die Stelle Röm 12,20 lesen: *»Wenn dein Feind Hunger hat, gib ihm zu essen, wenn er Durst hat, gib ihm zu trinken. Tust du das, dann sammelst du glühende Kohlen auf sein Haupt.«*
Am nächsten Tag kam ein anderer Exerzitienteilnehmer zum gleichen Pater und sagte: »Ich konnte die ganze Nacht nicht schlafen, war unruhig, ich hatte so Kopfschmerzen, dass ich dachte, es brennt alles in meinem Kopf, denn ich habe gestern über das Thema Vergebung gehört. Ich muss eingestehen, ich habe viel Unrechtes gegen meinen Nachbarn getan. Ich will alles wieder gutmachen gegen ihn.« So waren beide Nachbarn, ohne es voneinander zu wissen, bei den Exerzitien. Während der eine erkannt hat, dass er seinem Gegner vergeben muss und die ganze Nacht vor dem Allerheiligsten für ihn gebetet hat, hat der andere durch Kopfschmerzen sozusagen die glühenden Kohlen auf seinem Haupt gespürt und erkannt, dass er sein Unrecht wieder gut machen muss. Da sehen wir, wie wertvoll das Gebet für die Feinde sein kann.

Das bestätigt Paulus in Röm 12, 21: *»Lass dich nicht vom Bösen besiegen, sondern besiege das Böse durch das Gute.«*
Dazu ein weiterer Fall. Vor einiger Zeit kam eine ältere Frau aus Bosnien zu Besuch nach Deutschland und machte Exerzitien bei uns im Haus Raphael. Während ich den Vortrag über Vergebung gehalten habe, konnte ich beobachten wie sie unglücklich, ärgerlich und traurig ausgesehen hat. Nach dem Vortrag habe ich mit ihr gesprochen. Aufgewühlt erzählte sie mir, dass ihre Tochter von ihrem Schwiegersohn ermordet worden war. Und der Schwiegersohn war im Gefängnis. Seitdem war die Mutter krank. Sie konnte nicht mehr schlafen, hatte schwere Kopfschmerzen und war immer unruhig. Denn sie konnte ihrem Schwiegersohn nicht vergeben. Ich habe sie gefragt, ob sie ihren Schwiegersohn sehr »liebt«, da sie sich und ihre Familie seinetwegen unglücklich macht und sie sagte mir: »Ich werde ihm nie vergeben, ich werde mei-

nem Schwiegersohn nie vergeben können.« Ich wollte ihr helfen und sagte ihr: »Menschlich gesehen ist das sehr schwer, aber wir wollen Jesus um Hilfe bitten, dass Sie die Gnade zum Vergeben bekommen.« Anschließend war Eucharistische Anbetung. Über 80 Exerzitienteilnehmer waren zusammengekommen. Mit Erlaubnis dieser Frau sagte ich dann durch das Mikrofon, dass wir für sie beten wollen, damit sie vergeben kann. Wir haben gemeinsam ganz laut »Jesus« gerufen und einige haben auch unter Tränen gebetet. Jesus hat sofort eine Antwort gegeben, denn die Mutter sagte laut: »Ich vergebe, ich vergebe meinem Schwiegersohn.« Ich musste an Jes 65,24 denken: *»Schon ehe sie rufen, gebe ich Antwort, während sie noch reden, erhöre ich sie.«*
Am letzten Tag der Exerzitien kam sie ans Mikrofon und gab Zeugnis. Sie wurde geheilt von allen ihren Beschwerden und sie erzählt heute noch in Bosnien davon. Sie spricht nicht nur darüber, wie wichtig Vergebung ist, sondern auch, dass Jesus heute wirklich unter uns lebt und wirkt. Später brachte sie auch ihren Mann und ihre Söhne zu unseren Exerzitien. Wir sehen, wie schnell sich alles durch die Vergebung in ihrem Leben verändert hat, sie hat das Böse durch das Gute besiegt.

Jesus sagt weiter Mt 5,46: *»Wenn ihr nämlich nur die liebt, die euch lieben, welchen Lohn könnt ihr dafür erwarten? Tun das nicht auch die Zöllner?«* Was meint Jesus hier mit Liebe? Nur diejenigen lieben, die uns lieben? Wenn ich Christ sein möchte, Christus nachfolgen möchte, muss ich die Feinde lieben und für sie beten. Eigentlich sind die Feinde unsere Freunde. Wenn wir beispielsweise verleumdet werden, kommen wir dadurch näher zu Gott. Das ist eine Erfahrung, die ich auch in meinem Leben mache.

Wir lesen in der Heiligen Schrift immer wieder, dass Petrus Fragen stellte, die auch für uns heute wichtig sind, zum Beispiel in Mt 18,21: *»Herr, wie oft muss ich meinem Bruder vergeben, wenn er sich gegen mich versündigt? Siebenmal? Jesus sagte zu ihm: nicht siebenmal, sondern siebenundsiebzigmal.«* Das ist auch eine Antwort für uns alle.

Heißt es einfach siebenundsiebzig Mal? Dann müssen wir ja jedes Mal zählen, wie viel Mal wir noch vergeben sollen? Jesus wollte damit sagen, dass Petrus immer vergeben sollte. Gilt es nur für Petrus? Nein, Jesus sagt es auch heute noch zu uns. — Wie Er seinen Feinden vergeben hat, wollen auch wir vergeben.

In Eph 4,26-27 lesen wir: »*Lasst Euch durch den Zorn nicht zur Sünde hinreißen. Die Sonne soll über eurem Zorn nicht untergehen. Gebt dem Teufel keinen Raum.*«

Durch unseren Zustand des Nicht-Vergeben-Wollens geben wir dem Teufel Raum in unserem Leben. Bevor die Sonne untergeht, das heißt, bevor wir schlafen gehen, sollten wir alles in Ordnung bringen. Bei uns in Indien ist es Sitte, dass die Kinder nach dem täglichen Familiengebet, bevor sie abends schlafen gehen, mit gefalteten Händen zu Eltern und Geschwistern »Gelobt sei Jesus Christus« sagen und die anderen mit »In Ewigkeit Amen« antworten. Ich kann mich heute noch erinnern, als ich klein war, dass ich an manchen Tagen nicht zu meinem Vater gehen wollte, weil ich irgendetwas angestellt und mein Vater deshalb mit mir geschimpft hatte. Ich wartete bis zum Schluss, dann bin ich zögernd zu ihm gegangen. Mein Vater hat mich dann liebevoll gestreichelt und gesagt: Ist ja alles wieder gut! Das war dann ein wunderbarer Moment der Versöhnung für mich, auch wenn ich es damals noch nicht so verstanden habe.

Oft denke ich, es gäbe nicht soviel Streit in der Familie, wenn sie ihr Leben auf diese Weise ausrichten und in der Familie gemeinsam beten würden. Dann gäbe es auch nicht so viele Ehescheidungen. Zuerst gibt es zwischen zwei Personen einen kleinen Streit, wie ein bisschen Staub. Wenn man den Staub nicht wegmacht, gibt es kleine Steine, aus vielen kleinen Steinen wird es eine Mauer zwischen ihnen geben, so dass sie sich zum Schluss gegenseitig nicht mehr ausstehen können. Es wäre so schön und heilsam, wenn die Familie täglich gemeinsam mit Gott beginnen würde, denn jeden Morgen gibt uns Gott neue Kraft und neue Liebe und schenkt uns, wenn wir den Tag mit IHM beschließen, am Abend die Versöhnung.

Was geschieht, wenn wir nicht vergeben?

Punkt 1: Gott wird deine Sünden nicht vergeben. Mt 6,15: *»Wenn ihr aber den Menschen nicht vergebt, dann wird euch euer Vater eure Verfehlungen auch nicht vergeben.«*

Punkt 2: Dein Gebet wird nicht beantwortet werden. Mk 11,25: *»Und wenn ihr beten wollt, und ihr habt einem anderen etwas vorzuwerfen, dann vergebt ihm, damit auch euer Vater im Himmel euch eure Verfehlungen vergibt.«* Und in Joh 9,31: *»Wir wissen, dass Gott einen Sünder nicht erhört; wer aber Gott fürchtet und seinen Willen tut, den erhört er.«*

Punkt 3: Du kannst dadurch auch krank werden, nicht schlafen können, Unruhe, Depression können sich einstellen. Ps 32:1: *»Wohl dem, dessen Frevel vergeben und dessen Sünde bedeckt ist. Wohl dem Menschen, dem der Herr die Schuld nicht zur Last legt und dessen Herz eine Falschheit kennt. Solang' ich es verschwieg, waren meine Glieder matt, den ganzen Tag musste ich stöhnen. Denn deine Hand lag schwer auf mir bei Tag und bei Nacht; meine Lebenskraft war verdorrt wie durch die Glut des Sommers. Da bekannte ich dir meine Sünde und verbarg nicht länger meine Schuld vor dir. Ich sagte: Ich will dem Herrn meine Frevel bekennen. Und du hast mir die Schuld vergeben.«*

Eine Frau kam zu uns, die unter Depressionen litt und die über 40 Jahre in psychiatrischer Behandlung war. Im Gebet hat Jesus mir offenbart, dass sie ihrer Mutter nicht vergeben konnte. Sie wurde schon im Mutterschoß von ihrer Mutter abgelehnt. Die Mutter hatte damals ein Mittel geschluckt, um eine Abtreibung hervorzurufen. Das Kind aber überstand die versuchte Abtreibung und kam normal zur Welt. Zwischen dem Kind und der Mutter wuchs aber keine gegenseitige Liebe. Selbst als die Mutter schon längst verstorben war, konnte die Tochter ihr nicht

vergeben. Durch unser gemeinsames Gebet wurde sie schließlich, Gott sei Dank, doch noch fähig zur Vergebung. Und so ging es ihr langsam besser. Es gibt heute Frauen, die nach einer Abtreibung keinen Frieden mehr in ihrem Leben finden, weil sie in Schuldgefühlen leben. Es ist zwar notwendig, dass sie sich ihrer Schuld bewusst werden, dass sie bereuen und beichten. Es ist auch sehr wichtig, dass sie ihr Kind um Vergebung bitten, es taufen und dem Kind einen Namen geben. Oft machen wir dann die Erfahrung, dass die auf diese Weise wieder Frieden finden.
1 Kor 15,28-29: *»Wenn ihm dann alles unterworfen ist, wird auch er, der Sohn, sich dem unterwerfen, der ihm alles unterworfen hat, damit Gott herrscht über alles und in allem. Wie kämen sonst einige dazu, sich für die Toten taufen zu lassen? Wenn Tote gar nicht auferweckt werden, warum lässt man sich dann taufen für sie?«*
Wenn hier vom Apostel Paulus unbestritten in der Urkirche mit Hinweis auf die Auferstehung einige sich stellvertretend für Tote taufen ließen, kann man sicher auch im Glauben die abgetriebenen und verstorbenen Kinder taufen, ihnen einen Namen geben und den Ritus wie im Gotteslob verwenden.

Punkt 4: Die Menschen, die nicht vergeben haben, können auch nicht mehr richtig beten, weil das Nicht-Vergeben uns plagt, unsere Gedanken und Gefühle gefangen nimmt, oder uns auf andere Weise im Gebet behindert.

Wir wollen jetzt kurz nachdenken, wie Jesus seinen Feinden vergeben hat. Wir lesen Ps 129,3: *»Die Pflüge haben auf meinem Rücken gepflügt, ihre langen Furchen gezogen.«*
So, wie geschrieben steht, wurde auch Jesus verwundet. Sie schlugen Ihn mit einem Stock auf den Kopf und spuckten Ihm ins Gesicht. Sie flochten einen Dornenkranz und setzten ihn Ihm auf den Kopf. Sie verspotteten Ihn. Jesus, der Gottes Sohn ist, haben sie als noch größeren Verbrecher als Barabbas hingestellt. Und wie hat Jesus reagiert? ER hat

kurz vor Seinem Tod am Kreuz in Seinen grausamen Schmerzen an Seine Feinde gedacht und für sie gebetet.
Wir lesen in Lk 23,34: »*Jesus aber betete: Vater vergib ihnen, denn sie wissen nicht, was sie tun.*« Auch wir wollen für unsere Feinde beten: »Vater, vergib ihnen, denn sie wissen nicht was sie tun.«

Wir können auch so beten:
»Vater, hilf mir zu vergeben. Vater hilf mir allen von ganzem Herzen denen zu vergeben, die mir wehgetan haben. Vater, in deinem Namen und in deiner Kraft vergebe ich allen, die mich verletzt haben. Vater sei ihnen barmherzig und gnädig, vergib ihnen ihre Sünden, gib ihnen Reue und Umkehr, befreie sie von allen bösen Kräften, Gedanken und Gebundenheiten.«

Wir beten auch für alle Menschen, die wir verletzt haben: »Vater, gib ihnen die Gnade, damit sie uns vergeben.«

Halleluja!

Ich wünsche ihnen allen die Gnade, vergeben zu können.

Kapitel 13: Nächstenliebe

Bei Joh 13,34 lesen wir:
»Ein neues Gebot gebe ich euch. Liebt einander, wie ich euch geliebt habe. So sollt auch ihr einander lieben.«
Im ersten Kapitel haben wir uns bewusst gemacht, wie groß Gottes Liebe zu uns ist. Jesus fordert uns jetzt auf, dass wir Seine Liebe weitergeben. Wir sollen einander in der gleichen Weise lieben, wie Er uns liebt.

In Mt 19,16 lesen wir:
»Es kam ein Mann zu Jesus und fragte: Meister, was muss ich Gutes tun, um das ewige Leben zu gewinnen? Er antwortete: Was fragst du mich nach dem Guten? Nur einer ist »Der Gute«. Wenn du aber das Leben erlangen willst, halte die Gebote! Darauf fragte er ihn: Welche? Jesus antwortete. Du sollst nicht töten, du sollst nicht die Ehe brechen, du sollst nicht stehlen, du sollst nicht falsch aussagen; ehre Vater und Mutter!«
Schließlich fasst Jesus diese fünf Gebote zusammen: *»Du sollst Deinen Nächsten lieben wie dich selbst«*. Wer den Nächsten wirklich liebt, der wird ihn nicht töten, der wird nicht in dessen Ehe einbrechen, er wird seinen Nächsten nicht bestehlen, er wird nicht falsch aussagen gegen ihn und ihn nicht belügen. Er wird Vater und Mutter ehren; er wird sie nicht missachten oder einfach abschieben.
Wir sehen, wie wichtig dieses Gebot für Jesus ist.
Bei Mt 22,36 wiederholt Jesus diese Forderung mit denselben Worten, als ein Gesetzeslehrer ihm die Frage stellt: *»Welches Gebot im Gesetz ist das Wichtigste?«* Als erstes nennt Jesus dem Gesetzeslehrer die Gottesliebe. Sofort danach fügt er hinzu: *»Ebenso wichtig ist das zweite (Gebot): Du sollst Deinen Nächsten lieben wie Dich selbst.«*
Wir lesen in Röm 13,9.10: *»Denn die Gebote: du sollst nicht die Ehe brechen, du sollst nicht töten, du sollst nicht stehlen, du sollst nicht be-*

gehren und alle anderen Gebote sind in dem einen Satz zusammengefasst: Du sollst deinen Nächsten lieben wie dich selbst. Die Liebe tut dem Nächsten nichts Böses. Also ist die Liebe die Erfüllung des Gesetzes.«

Nächstenliebe heißt aber auch, sich selbst annehmen und lieben. Wenn ich mich selbst nicht liebe, kann ich meinen Nächsten auch nicht lieben. Wenn zum Beispiel eine schwangere Frau ihr Kind ablehnt und es nicht liebt, überträgt sich diese Ablehnung auf das heranwachsende Kind und es kann später seine Mutter nicht lieben. Das Kind hat es später sehr schwer, sich selbst zu lieben und es fällt ihm deshalb ebenso schwer, seinen Nächsten zu lieben. Solange diese Verletzung besteht, kann dieser Mensch in seinem Leben nie wirklich glücklich werden. Er macht sich und anderen das Leben schwer. Erfahrungsgemäß sind solche Kinder zeitlebens auf der Suche nach Aufmerksamkeit und Liebe, wobei sie oft das Gegenteil bewirken. Sie werden aggressiv, manchmal auch brutal gegen ihre Eltern. Oder sie suchen das, was sie nicht bekommen haben, wie wir schon im ersten Kapitel geschrieben haben, in Drogen oder Alkohol oder sie werden abhängig von fleischlichen Begierden. Oft sind sie ein Leben lang unglücklich. Kein Psychiater und keine Medikamente können einem solchen Menschen wirklich helfen. Diese Art von Verletzungen kann nur Jesus Christus heilen. Gott sagt Selbst zu uns, dass Er unser Arzt ist, wie in Ex 15,26: *»Denn ich bin der Herr, dein Arzt.«*

Während des Gebetes um innere Heilung haben wir häufig die Erfahrung gemacht, dass solchen Menschen durch die Kraft der Vergebung geholfen werden kann und sie dann von ihren Verletzungen geheilt werden.

Einmal kam eine Frau zu mir, die schwanger war und ohne dies zu wissen gegen Pocken geimpft wurde. Der Arzt riet ihr zur Abtreibung, weil der Embryo durch die Impfung vielleicht Schaden genommen hätte. Ich habe ihr gesagt, dass eine Abtreibung immer ein Mord ist, aber sie wollte diese Worte nicht hören. Daraufhin habe ich sie zum Pfarrer geschickt. Der sagte ihr folgendes: »Wenn ich Ihnen ein Gewehr gebe und sie in ein Heim für behinderte Kinder schicke, würden Sie dann alle Kinder erschießen?« Die Frau hat verstanden und die Schwangerschaft nicht abbrechen lassen. Und ich habe ihr mein Gebet versprochen. Auch in Lourdes habe ich für dieses Kind gebetet. Aber die Angst, das Kind könne behindert zur Welt kommen, blieb. Manchmal tauchte bei ihr die Vorstellung auf, es wäre doch besser, wenn das Ungeborene von selbst abginge und nicht geboren würde.

Schließlich kam das Kind in meinem Beisein zur Welt und war völlig gesund. Es wuchs heran, hatte aber über alle Jahre hinweg ein gestörtes Verhältnis zu seinen Eltern. Es benahm sich ihnen gegenüber sehr aggressiv, während es zu anderen Personen ein normales oder herzliches Verhältnis entwickelte. Keiner der Beteiligten konnte sich dieses Verhalten erklären, das Kind selbst auch nicht. Die Eltern beteten viel in diesem Anliegen und machten Wallfahrten. Als das Kind von damals 28 Jahre alt war, traf ich die Familie wieder. Ich bat die Eltern um die Erlaubnis, dem jungen Mann die Vorgeschichte seiner Geburt zu erzählen. Sie willigten ein.

Der Mann bemühte sich, zu verstehen was damals passiert war und lernte nach und nach, seinen Eltern zu vergeben. Denn er lebte unbewusst mit einem ständigen Vorwurf und einer Anklage gegen die Eltern. Die Vergebung geschah in vielen kleinen Schritten. Das Verhältnis hat sich seitdem merklich gebessert und zum Guten gewandt. So haben die Eltern eine Antwort von Gott bekommen; ihr Gebet ist erhört worden.

Ein anderes Zeugnis: In Berlin war ein Mann bei unseren Exerzitien, der mir auffiel, weil er eine sehr ernste Miene machte und lange Haare hatte. Er saß ganz vorne und hat mich immer sehr ernst angeschaut, als

würde er alles, was ich sagte, gar nicht verstehen. Langsam begann er, während des Programms auch mal zu lächeln und hat versucht, beim Lobpreis mitzutun.
Am letzten Tag hat er dann Zeugnis gegeben, dass ihm diese Exerzitien gut getan haben. Beim Fortgehen traf ich ihn noch draußen vor der Tür. Wir haben kurz gesprochen und ich habe ihn ins Haus Raphael eingeladen. Dann stieg ich ins Auto. Doch ich musste noch einmal aussteigen und ihm sagen: »Ich glaube, Jesus hat es lieber, wenn sie ihre Haare normal schneiden lassen.« Einige Monate später ist er dann zu Exerzitien zu uns gekommen. Er hat Zeugnis gegeben, dass er hier die Gnade von Jesus bekommen hat, vielen Menschen zu vergeben, sogar seiner Mutter. Sie hatte ihn in ein Kinderheim abgegeben, als er fünf Jahre alt war und wollte ihn wieder abholen, als er sechzehn war. Aber er wollte von ihr nichts wissen. Er war aggressiv und frustriert, zwischen ihm und seiner Mutter blieb das Verhältnis gestört. Später ist er vom Kinderheim weggelaufen.
Einmal, als er Hunger hatte, kam er zu den Schwestern von Mutter Theresa. Sie kümmerten sich um ihn. Durch sie kam er auch zu unseren Exerzitien. Hier konnte er endlich seiner Mutter, die sich nie um ihn gekümmert hatte, vergeben. Preiset den Herrn!

Einige Monate später bekam ich einen Brief, dass er am 12. April konvertiert hatte und am 15. Mai von Kardinal Sterzinsky gefirmt wurde. Er schrieb mir weiter, dass er während der Exerzitien eine Antwort von Jesus bekommen hatte, bezüglich seiner Zukunft. Er weiß jetzt, dass Jesus ihn in seine Nachfolge ruft: er möchte Priester werden. Wir sehen, wie wichtig jeder Mensch für Jesus ist und wie Er seine verlorenen Schafe zurückholt. In Seiner Liebe hat Er diesen Menschen nicht nur wieder zu sich geholt: Er hat ihm auch noch die klare Gewissheit geschenkt, dass er Priester werden soll. Gott ist großzügig im Geben Seiner Gaben und wir sollen es auch sein.

Wir begegnen häufig Menschen, die behaupten, sie lebten mit Gott. Sie gehen oft zur heiligen Messe, beten viel und sagen, dass sie Gott lieben. In den Gesprächen stellen wir dann fest, dass es etwas in ihrem Leben gibt, das sie nicht vergeben wollen. Manche haben auch einfach vergessen, dass sie etwas zu vergeben haben. Sie haben Verletzungen so lange unter den Teppich gekehrt, bis sie jegliches Gespür verloren haben. Aber in der Tiefe bleibt eine Bitterkeit und das Herz wird unmerklich immer härter.

Einmal kam eine Frau zum Gebet zu mir, die schwer krank war; sie hatte Asthma und Arthritis und war geplagt von vielen körperlichen Beschwerden. Während des Gesprächs kam mir die Eingebung, ihr Folgendes zu sagen: »Sie haben Ihrer Schwiegermutter noch zu vergeben.« Darauf entgegnete sie mir, dass die Zeit mit ihrer Schwiegermutter schlimm gewesen sei, aber dass sie sie trotzdem bis zu ihrem Sterbetag gepflegt habe. »Ich habe ihr doch alles vergeben,« fügte sie noch hinzu. In diesem Moment spürte ich deutlich, dass sie keineswegs vollständig vergeben hatte. Ich habe sie gebeten, mir eine schmerzliche Erfahrung von damals mitzuteilen. Als die Frau anfing zu erzählen, brach sie in lautes Weinen aus. Da hat sie begriffen, dass noch Verletzungen da waren, die noch zu vergeben waren. Wir haben vor dem Allerheiligsten in der Kapelle für sie gebetet. Bei der Handauflegung ruhte sie im Heiligen Geist. Als sie wieder aufstand, war sie merklich erleichtert; ihr Gesicht war völlig verändert und sie erklärte: »Der schwere Druck auf meiner Brust ist weg!« Sie hatte wirklich Befreiung durch Jesus erfahren.

Viele wissen nicht, dass sie eine große Sünde begehen, wenn sie unversöhnt zur Heiligen Kommunion gehen. Sie verdrängen, dass noch Bitterkeit, ja sogar Hass in ihrem Herzen ist; in diesem Zustand empfangen

sie Jesus, und meinen, dass ihr Leben damit in Ordnung sei. Wie traurig ist das für Jesus selbst!
In 1 Kor 11, 27-30 macht uns Paulus auf folgendes aufmerksam: *»Wer also unwürdig von dem Brot isst, und aus dem Kelch des Herrn trinkt, macht sich schuldig am Leib und am Blut des Herrn. Jeder soll sich selbst prüfen. Erst dann soll er von dem Brot essen und aus dem Kelch trinken. Denn wer davon isst und trinkt, ohne zu bedenken, dass es der Leib des Herrn ist, der zieht sich das Gericht zu, indem er isst und trinkt. Deswegen sind unter euch viele schwach und krank,...«* Wir sehen, wie wichtig es ist, dass wir Frieden haben mit uns und den Mitmenschen.

Liebe können wir nur in uns haben, wenn wir den Heiligen Geist in uns wirken lassen. Meinen Nächsten kann ich nur lieben in der Liebe des Heiligen Geistes, denn Er ist Liebe.
Das ist auch meine Erfahrung. Vor meiner Erneuerung im Heiligen Geist habe ich das Benehmen meiner Nächsten nicht immer verstanden. Z.B. wenn ich gegrüßt habe und mein Gruß nicht erwidert wurde. Inzwischen habe ich gelernt, sie so anzunehmen, wie sie sind. Denn im Licht des Heiligen Geistes sehen wir alles anders als früher. In 1. Petr 3, 8 lesen wir: *»Seid alle eines Sinnes, voll Mitgefühl und brüderlicher Liebe, Seid barmherzig und demütig!«* So schrieb Petrus damals an seine Gemeinde und heute an uns. Wir lesen in Röm 15, 1: *»Wir müssen als die Starken die Schwäche derer tragen, die schwach sind, und dürfen nicht für uns selbst leben.«*

Überall auf der Welt wo ich Exerzitien halte, treffe ich Schwestern des von Mutter Theresa gegründeten Ordens »Sisters of charity« (Schwestern der Nächstenliebe). Da sehe ich, wie viele Opfer diese Schwestern bringen, wie selbstlos sie arbeiten für die Menschen, die schwach und krank sind. Wir sehen auch, wie diese Schwestern Frucht bringen in ihrer Berufung. Es ist ein Zeichen für das Wirken des Heiligen Geistes, dass Schwestern in diesem Orden und anderen karitativen Orden in der ganzen Welt tätig sind. So kann man nur arbeiten, wenn man mit Jesus lebt und sich von seinem Geist leiten lässt.

In Phil 2,2 lesen wir: *»Wenn es also Ermahnung in Christus gibt, Zuspruch aus Liebe, eine Gemeinschaft des Geistes, herzliche Zuneigung und Erbarmen, dann macht meine Freude dadurch vollkommen, dass ihr eines Sinnes seid, einander in Liebe verbunden, einmütig und einträchtig, dass ihr nichts aus Ehrgeiz und nichts aus Prahlerei tut, sondern in Demut schätze einer den anderen höher ein als sich selbst. Jeder achte nicht nur auf das eigene Wohl, sondern auch auf das der anderen.«* Der Apostel Paulus gibt uns nicht nur Anleitung für eine Lebensweise der Nächstenliebe, sondern sagt uns auch wie wir sie ausüben sollen.

In Gal 6,1 schreibt er: *»Wenn einer sich zu einer Verfehlung hinreißen lässt, meine Brüder, so sollt ihr, die ihr vom Geist erfüllt seid, ihn im Geist der Sanftmut wieder auf den rechten Weg bringen. Doch gib Acht, dass du nicht selbst in Versuchung gerätst.«* Es ist auch wichtig, dass wir unseren Nächsten aus Liebe korrigieren, auch dann wenn es uns manchmal schwer fällt, die Wahrheit zu sagen. Wenn wir als Christen nicht die Lebensweise der Nächstenliebe verbreiten, machen wir uns schuldig.

Manchmal kommen Ehefrauen zu mir und beschweren sich über das Verhalten ihrer Männer. Ich sage dann oft: »Sie selbst sind zur Erneuerung gekommen und haben den Heiligen Geist, Ihr Mann noch nicht. Wie können Sie von ihm etwas erwarten, was er selbst noch nicht erfahren hat?«

In Gal 6,2; lesen wir: *»Einer trage des anderen Last. So werdet ihr das Gesetz Christi erfüllen.«* Bei Kol 3,14: *»Vor allem aber liebt einander, denn die Liebe ist das Band, das alles zusammenhält und vollkommen macht. In eurem Herzen herrsche der Friede Christi, dazu seid ihr berufen als Glieder des einen Leibes.«*

Denn nur in der Einheit kann sich die Liebe auswirken.
Dafür haben wir ein wunderbares Beispiel in der jüngsten Zeit erlebt. Nachdem unser Papst Johannes Paul II. gestorben war, kam die ganze Welt nach Rom zusammen und hat in Einheit gebetet. Ehemalige Gegner und sogar Feinde haben sich während der Eucharistiefeier beim Friedensgruß die Hände gereicht. Das war eine Antwort auf das Leben und das Wirken dieses großen Papstes. Er hat ein Leben lang bewiesen, wie sehr er seinen Nächsten geliebt hat. Obwohl er in der letzten Zeit seines Lebens sehr krank und gebrechlich war, hat er seine Pflichten erfüllt und noch vieles darüber hinaus getan. Besonders zu erwähnen ist, dass er sich trotz seines schlechten Gesundheitszustands und Aussehens bis zuletzt den Menschen gezeigt hat. Viele Andere hätten es gescheut, in diesem Zustand an die Öffentlichkeit zu gehen. Er aber hat es getan, um den Menschen nahe zu sein. Wir hoffen und bitten, dass durch sein fürbittendes Gebet auf der Welt mehr Friede und Liebe herrschen werden.
Auffällig ist, dass kurz nach seinem Tod ein Euthanasiegesetz, das im Europarat verabschiedet werden sollte, plötzlich keine Mehrheit mehr gefunden hat. So gibt es, Gott sei Dank, in Europa erst einmal kein weiterführendes Euthanasiegesetz. Das allein schon ein ist Wunder.
Durch sein Leben und sein Wirken hat der Heilige Vater gezeigt, wie wichtig es ist, dass Frieden und Gerechtigkeit auf der Erde herrschen. Ob in der Politik oder in der Familie: Ohne Gott können wir nicht leben.

Wir lesen in Mt 7,26: *»Wer aber meine Worte hört, und nicht danach handelt, ist wie ein unvernünftiger Mann, der sein Haus auf Sand baute.«* So wird es mit uns gehen, wenn wir unser Haus, unser Land, ja Europa ohne Gott aufbauen wollen. Weil es auf Sand gebaut ist, kann es jederzeit auseinander brechen und hat keinen Bestand. Wenn wir als Christen nicht die Kultur der Nächstenliebe verbreiten, machen wir uns an diesem Zustand mit schuldig.

Es gibt viele Menschen auf der Welt, die nicht einmal wissen, oder es auch nicht wissen wollen, wer ihr Nächster ist. Oder sie wissen es und schauen weg.
Wir lesen in Lk 10,29: *»Ein Gesetzeslehrer kam zu Jesus und wollte wissen, wer sein Nächster ist" Darauf antwortete Jesus: Ein Mann ging von Jerusalem nach Jericho hinab und wurde von Räubern überfallen. Sie plünderten ihn aus und schlugen ihn nieder, dann gingen sie weg und ließen ihn halbtot liegen. Zufällig kam ein Priester denselben Weg herab. Er sah ihn und ging weiter. Auch ein Levit kam zu der Stelle; er sah ihn und ging weiter. Dann kam ein Mann aus Samarien, der auf der Reise war. Als er ihn sah, hatte er Mitleid, ging zu ihm hin, goss Öl und Wein auf seine Wunden und verband sie. Dann hob er ihn auf sein Reittier, brachte ihn zu einer Herberge und sorgte für ihn. Am anderen Morgen holte er 2 Denare hervor, gab sie dem Wirt und sagte: »Sorge für ihn. Und wenn du mehr für ihn brauchst, werde ich es dir bezahlen, wenn ich wiederkomme.« Was meinst du: Wer von diesen dreien hat sich als der Nächste dessen erwiesen, der von den Räubern überfallen wurde? Der Gesetzeslehrer antwortete: Der, der barmherzig an ihm gehandelt hat. Da sagte Jesus zu ihm: Dann geh und handle genauso.«*
Dazu bei 1 Joh 4, 20: *»Wenn jemand sagt: ich liebe Gott, aber seinen Bruder hasst, ist er ein Lügner. Denn wer seinen Bruder nicht liebt, den er sieht, kann Gott nicht lieben, den er nicht sieht. Und dieses Gebot haben wir von Ihm. Wer Gott liebt, soll auch seinen Bruder lieben.«*

Ich denke, der Gesetzeslehrer hat schon richtig verstanden. Wir wollen selber über diese Frage nachdenken, denn Jesus fragt heute auch uns, ob wir uns als der Nächste eines Menschen in Not erweisen. Bin ich nicht auch der Mensch auf dem Weg nach Jericho? Habe ich unterwegs einen Menschen getroffen, der in schwerer Not ist, der kein Geld mehr hat, oder nichts zu essen? Oder der verzweifelt und hoffnungslos ist? Oder der krank und einsam ist, der niemanden hat, der ihm hilft? Wie habe ich mich benommen? Wie handle ich heute, wenn ich einen Menschen sehe, der in Not ist?

Bin ich an so einem Notfall vorbeigegangen? War ich wie dieser Priester? Habe ich jemanden in Not gesehen und bin trotzdem weitergegangen? War ich wie der Levit? Oder war ich wie der Mann, der die Not seines Nächsten wahr genommen und ihm geholfen hat?

Wir lesen in 1 Joh 3, 16.17: *»Daran haben wir die Liebe erkannt, dass Jesus sein Leben für uns hingegeben hat. So müssen auch wir für die Brüder das Leben hingeben. Wenn jemand Vermögen hat und sein Herz vor dem Bruder verschließt, den er in Not sieht, wie kann die Gottesliebe in ihm bleiben?«* Wir lesen in Vers 18 weiter: *»Meine Kinder! Wir wollen nicht mit Wort und Zunge lieben, sondern in Tat und Wahrheit.«* Wir wollen uns bewusst machen, welche Möglichkeiten wir haben, um anderen Menschen zu helfen.

Nächstenliebe besteht nicht nur darin, Menschen in äußerer und materieller Not zu helfen. Wir lesen in 1 Thess 5,14: *»Wir ermahnen euch Brüder! Weist die zurecht, die ein unordentliches Leben führen. Ermutigt die Ängstlichen, nehmt euch der Schwachen an; seid geduldig mit allen.«*

Im Jahr 2004 war ich bei Bischof Antal in der Ukraine, der mich dorthin eingeladen hatte, um mit ihm Exerzitien zu halten. Es waren etwa 90 Teilnehmer. Bemerkenswert war, dass auch ein Zigeunerehepaar teilnahm. Dem Ehemann konnte man ansehen, dass er sehr krank war. Als die Monstranz mit dem Allerheiligsten durch die Reihen getragen wurde, schaute er das Allerheiligste so innig an, dass ich von seinem großen Glauben beeindruckt war. Ich fühlte, dass ich ihm die Hand auflegen und für ihn beten sollte – was ich normalerweise während der eucharistischen Segnung nicht tue. Nach den Exerzitien gab dieser Mann Zeugnis und betonte, wie sehr sie ihm gut getan hätten. Er bedankte sich beim Bischof, dass er als Zigeuner an diesen Exerzitien teilnehmen durfte. Er hoffte, dass wir wiederkommen würden.

Ich habe dann erfahren, dass der Mann schon seit drei Jahren an einem Lebertumor litt und jedes Jahr Chemotherapien über sich ergehen lassen musste. Nach der letzten Chemotherapie hatten die Ärzte ihn heimgeschickt und ihm gesagt, dass es jetzt keine Rettung mehr für ihn gäbe. Er wurde dann von einer Frau, die zuvor bei unseren Exerzitien eine Heilung erfahren hatte, ermutigt, auch einmal zu kommen.

Ein Jahr später war ich wieder in der Ukraine, aber an einem anderen Ort. Dieses Mal waren es etwa 80 Teilnehmer. Zu meinem Erstaunen waren zehn Zigeuner dabei. Als ich sie sah, fragte ich mich, was wohl aus dem Mann vom Vorjahr geworden war. Am zweiten Tag kam eine junge Frau zu mir und hat mit großer Freude erzählt: »Ich bin heute hier mit meinem Stamm, weil mein Vater von seinem Leberkrebs geheilt wurde. Seinetwegen sind wir hier. Er hat uns so gedrängt, dass wir hier hergehen. Morgen will er selber kommen und Zeugnis geben.«
Am nächsten Tag war er da. Er war nicht mehr wieder zu erkennen, hatte an Gewicht zugenommen und sah gut aus. Mit großer Ausstrahlung hat er Zeugnis gegeben über seine Heilung. Er heißt Bela Horvath und

ist 46 Jahre alt. Vor den Exerzitien war er sehr traurig gewesen und hatte den Tod vor Augen gehabt. Während des eucharistischen Segens rief er weinend zu Jesus. Später erzählte er: »Als der Bischof mit der Monstranz vor mir stand, hat die Schwester mir die Hand aufgelegt und für mich gebetet, weil ich so heftig weinen musste. In diesem Moment habe ich gespürt: Jesus hat in mir etwas getan - und ich war sicher, dass Er mich geheilt hat. Ich bin heimgekommen mit großer Freude und habe allen Menschen erzählt, dass ich geheilt bin. Doch das wollten die anderen nicht glauben. Zwei Monate später war ich bei der Untersuchung. Gott sei Dank, die Ärzte haben bestätigt, dass die bösartigen Tumore verschwunden sind. Halleluja!« Er fügte noch hinzu: »Seit ich mit meinem Jesus lebe, bin ich gesund, habe ich eine Arbeit bekommen und sogar ein Auto. In meiner Familie sind große Freude und Friede eingekehrt. Ich bin glücklich.«

Kurz darauf haben in seiner Familie insgesamt fünf Paare, die alle unverheiratet zusammengelebt hatten, kirchliche Hochzeit gefeiert: Er selbst und seine Frau, dann seine Tochter und sein Sohn, sowie seine Geschwister! Sie haben mit Gottes Segen ihr Familienleben neu begonnen. Am gleichen Tag ging auch noch ein 18-jähriges Familienmitglied zur Erstkommunion und 2 Kinder wurden getauft. Dieser Zigeuner ist entschlossen, aus Liebe zu seinen Nächsten, seinen ganzen Stamm zu Jesus zu bringen, damit alle Mitglieder mit Jesus leben und die gleichen guten Erfahrungen machen wie er. Er hat uns sehr eindringlich darum gebeten; und so ist es geschehen. Im Folgejahr haben über 70 Zigeuner an unseren Exerzitien teilgenommen. Und Jesus hat wieder viele von Krankheiten geheilt. Er hat aber auch viele Beziehungen geheilt. Während der Exerzitien hatten wir drei Hochzeiten! – Im Jahr 2007 haben etwa 180 Roma an unseren Exerzitien teilgenommen.

Diesem Mann ist es wichtig, dass andere die gleichen Erfahrungen mit Jesus machen wie er selber. Auch das ist eine Form der Nächstenliebe. So wollen auch wir, die wir Erfahrungen mit Jesus in unserem Leben gemacht haben dafür Sorge tragen, dass auch unsere Nächsten diese Erfahrung machen dürfen. Seit 1999 leben wir im Haus Raphael. Nachdem viele Menschen Jesus ganz neu begegnet sind, und im heiligen Geist erneuert wurden durch unsere Exerzitien, können sie nicht mehr schweigen über das, was Gott an ihnen getan hat. Sie wollen, dass viele Menschen die gleichen Erfahrungen machen, wie sie sie selbst gemacht haben.

Preiset den Herrn!

Kapitel 14: Familie mit Gott

Ohne Gott kann niemand eine Familie aufbauen.
Ps 127,1: *»Wenn nicht der Herr das Haus baut, müht sich jeder umsonst, der daran baut. Wenn nicht der Herr die Stadt bewacht, wacht der Wächter umsonst.«*
Nur durch das Sakrament der Ehe – nur durch Gottes Segen – kann eine Familie gegründet werden. Es ist für das spätere Leben eines Menschen von entscheidender Bedeutung, in welcher Umgebung er aufwächst und ob er im Glauben aufwächst. Je nachdem, wie die Menschen aufwachsen, so wird es auch in der Welt aussehen.
Es kommt immer wieder vor, dass Eltern zu uns kommen, die traurig sind und uns mitteilen, dass ihre Kinder nicht mehr an Gott glauben, nicht mehr in die Kirche gehen und sogar auf Irrwege kommen.
In Deut 6,4 lesen wir, was Gott zu uns sagt:
»Höre, Israel! Jahwe, unser Gott, Jahwe ist einzig. Darum sollst du den Herrn, deinen Gott, lieben mit ganzem Herzen, mit ganzer Seele und mit ganzer Kraft. Diese Worte, auf die ich dich heute verpflichte, sollen auf deinem Herzen geschrieben stehen. Du sollst sie deinen Söhnen wiederholen. Du sollst von ihnen reden, wenn du zu Hause sitzt und wenn du auf der Straße gehst, wenn du dich schlafen legst und wenn du aufstehst.« Das heißt doch: Du sollst immer über Gott sprechen.

In Deut 6,8 lesen wir: *»Du sollst sie [diese Worte] als Zeichen um das Handgelenk binden. Sie sollen zum Schmuck auf deiner Stirn werden.«* Weiter heißt es: *»Du sollst sie auf die Türpfosten deines Hauses und in deine Stadttore schreiben.«*
Was will Gott uns denn damit sagen? Es reicht nicht, dass wir selber glauben, sondern wir sollen auch von diesem Gott zu unseren Kindern sprechen. In Vers 7 heißt es, wir sollen mit unseren Söhnen und Töchtern über Gott sprechen. Wann sollst du über Gott sprechen? Immer! Denn wenn wir als Eltern unseren Kindern nicht von Gott erzählen, wer dann? Wo können sie etwas über Gott hören? Auf der Straße? In der

Schule? Dort, wo aus falsch verstandener Toleranz die Kreuze entfernt wurden? Oder in der Diskothek?

Unsere Großeltern haben ihren Glauben an unsere Eltern weitergegeben – eine Generation an die andere. In der heutigen Zeit aber sprechen viele Eltern in der Familie nicht mehr über Gott, somit geht der Glaube immer mehr verloren.
In Apg 16,31 lesen wir: *»Paulus und Silas antworteten dem Gefängniswärter: Glaube an Jesus den Herrn und du wirst gerettet werden, du und dein Haus.«* Wir sehen, *»Du und dein Haus,«* das heißt deine ganze Familie wird gerettet. Zuerst musst du selbst an Jesus Christus glauben! Aber was ist Glaube? Wir lesen in Hebr 11,1: *»Glaube aber ist: Feststehen in dem, was man erhofft, Überzeugtsein von Dingen, die man nicht sieht.«* In Vers 3 lesen wir: *»Aufgrund des Glaubens erkennen wir, dass die Welt durch Gottes Wort erschaffen worden und dass so aus Unsichtbarem das Sichtbare entstanden ist.«*
Jeder Christ muss an die Heilige Schrift glauben. Wer nicht an sie glaubt, ist kein Christ. In 2 Petr 1,21 steht geschrieben: *»...denn niemals wurde eine Weissagung ausgesprochen, weil ein Mensch es wollte, sondern vom Heiligen Geist getrieben, haben Menschen im Auftrag Gottes geredet.«* Dadurch erkennen wir, dass der Autor der Bibel der Heilige Geist ist.

Wir wollen einmal schauen, wie Gott eine Familie gegründet hat.
In Gen 1,27 heißt es: *»Gott schuf also den Menschen als sein Abbild; als Abbild Gottes schuf er ihn. Als Mann und Frau schuf er sie.«* Dass heißt, Mann und Frau sind gleichwertig; beide sind das Abbild seiner Liebe.

Jetzt kommt der Brennpunkt: Gen 1,28: *»Gott segnete sie, und Gott sprach zu ihnen: Seid fruchtbar und vermehrt euch, bevölkert die Erde,...«*

Zuerst hat Gott sie gesegnet und anschließend sagte Gott zu den Menschen: *»Seid fruchtbar und vermehrt euch.«* In dieser Reihenfolge. Gott segnete sie. Also ohne Gottes Segen, ohne das Sakrament der Ehe kann keine christliche Familie gegründet werden. Die christliche Ehe besteht nur in der Einheit mit Gott. Auch in der Suche nach dem passenden Ehepartner ist es wichtig, nach Gottes Plan zu fragen und sich von ihm führen zu lassen. Gott selbst führt die Ehepartner zusammen. Heute noch ist es in Indien so Brauch, dass die Eltern für ihre Kinder Ehepartner suchen; allerdings haben die Kinder die Freiheit, zu entscheiden.
Eine junge Inderin hatte nach der Hochzeit mit großem Schrecken festgestellt, dass ihr Ehemann Alkoholiker war. Und doch hat sie versucht, ihren Mann so anzunehmen wie er ist. Denn sie hat sich selbst getröstet und gesagt, dass es Gottes Plan ist, dass sie ausgerechnet diesen Mann zum Ehemann bekommen hat. Sie hat angefangen, für ihren Mann zu beten. All ihre Vorstellungen und Wünsche hat sie zurückgestellt und ihn mit Liebe und Verständnis angenommen. Ein Priester, der mit ihr gebetet hat, sagte zu ihr: »Jesus fragt dich, wem sollte ich diesen Mann anvertrauen, wenn nicht dir?« Sie hat verstanden! Es hat über ein Jahrzehnt gedauert, aber schließlich wurde ihr Ehemann frei vom Alkohol und nicht nur das: Die ganze Familie lebt in Frieden, weil sie Gott die erste Stelle in ihrem Leben gibt.
Wenn Menschen in ihrer Ehe glücklich sein wollen, ist die Liebe das Allerwichtigste. Wenn ich meinen Ehepartner / meine Ehepartnerin annehme wie er/sie ist, mit seinen/ihren Schwächen und Fehlern, dann ist das ein Zeichen der Liebe.

Voraussetzung für die Liebe ist allerdings, dass ich mich selber annehme und mich von Gott geliebt weiß.

In Gen 2,23 antwortet Adam auf die Erschaffung von Eva: *»Das endlich ist Bein von meinem Bein und Fleisch von meinem Fleisch. Frau soll sie heißen; denn vom Mann ist sie genommen.«* Adam hat also mit großer Freude Eva angenommen, die von Gott für ihn bestimmt war. Und Gott hat sie ihm nicht nur für einen Lebensabschnitt zugeführt, sondern bis zum Ende seines Lebens.

Wenn zwei Personen einen Bund schließen, also sich das Sakrament der Ehe spenden, heißt es, sich gegenseitig auszuliefern, sich in Gottes Liebe und in gegenseitiger Liebe ohne Vorbehalt zu verschenken.

Dazu sagt uns Paulus in 1 Kor 7, 3-5: *»Der Mann soll seine Pflicht gegenüber der Frau erfüllen und ebenso die Frau gegenüber dem Mann. Nicht die Frau verfügt über ihren Leib, sondern der Mann. Ebenso verfügt nicht der Mann über seinen Leib, sondern die Frau. Entzieht euch einander nicht, außer im gegenseitigen Einverständnis und nur eine Zeitlang, um für das Gebet frei zu sein.«*

In guten und in schweren Tagen zusammenstehen bis der Tod sie scheidet; das ist das Versprechen vor Gott und an Gott.

Im Alten Testament lesen wir im Buch Tobit, Kapitel 10, die berührende Abschiedsrede der Schwiegereltern des Tobias. Sie segnen das junge Paar, danken Gott und sprechen den Wunsch aus, dass sie noch zu ihren Lebzeiten Enkelkinder sehen dürfen. Zu seiner Tochter Sara sagt der Vater Raguel, dass sie ihrerseits ihre Schwiegereltern in Ehren halten und wie ihre eigenen Eltern annehmen soll. Wir lesen weiter, wie Tobias und seine Frau Sara nun bei seinen Eltern ankommen. Im Vers 17 geht es weiter: *»Als Tobit seiner Schwiegertochter begegnete, segnete er sie und sagte: Sei willkommen, meine Tochter! Gepriesen sei Gott, der dich zu uns geführt hat, und gesegnet seien dein Vater und deine Mutter.«* Für alle Familien sind diese beiden Schwiegereltern ein Vorbild. Es ist sehr wichtig, dass die Schwiegereltern die Ehepartner ihrer Kinder wie die eigenen Kinder annehmen. Ebenso sollen die Ehepartner ihre Schwiegereltern achten und wie die eigenen Eltern annehmen. Am einfachsten wäre es, wenn alle das Vorwort »Schwieger-« weglassen und sich nur als Eltern und Tochter beziehungsweise Sohn bezeichnen würden.

Das Eheleben ohne den Segen Gottes anzufangen bedeutet, ein Haus auf Sand zu bauen.
Einmal war eine über sechzigjährige Frau bei mir zum Gespräch. Sie war sehr traurig. Sie hatte drei Söhne, 40, 38 und 36 Jahre alt. Sie hätte so gerne ein Enkelkind gehabt. Der älteste war homosexuell, der zweite Alkoholiker und der dritte kam nicht mehr nach Hause. Sie hat sich als sehr fromm dargestellt, sie ging jeden Tag in die Kirche, betete viel für ihre Söhne und verrichtete noch Dienste in der Kirche. Als ich für sie gebetet habe, hatte ich eine Vision und sah einen Ehering. Das habe ich als ein Zeichen gedeutet, dass sie nicht kirchlich verheiratet war. Ich habe mich nicht getraut zu fragen, ob sie die Kinder bekommen hat, ohne kirchlich getraut zu sein. Dann habe ich das Wort Jes 59, 1 bekommen: *»Seht her, die Hand des Herrn ist nicht zu kurz, um zu helfen, sein Ohr ist nicht schwerhörig, so dass er nicht hört.«* In Vers 2 lesen wir: *»Nein, was zwischen euch und eurem Gott steht, das sind eure Vergehen; eure Sünden verdecken sein Gesicht, so dass er euch nicht hört.«*

Schließlich habe ich die Frau doch gefragt, ob sie verheiratet ist. Sie sagte: »Ja«. Ich habe nachgefragt, ob sie kirchlich getraut ist. Daraufhin sagte sie: »Nein. Aber wir haben bereits das 25-jährige standesamtliche Jubiläum gefeiert.« Ich sagte ihr, so wie wir schon in Jes 59,1.2 gelesen haben, wie sollte Gott ihr Gebet beantworten, wenn sie selber in Sünde lebt?
Wir wollen, dass unsere Kinder aus der Sünde herauskommen und wir selbst leben in der Sünde. Nach kurzem Zögern sagte sie mir, das ist unmöglich, dass wir jetzt vor den Altar treten und Hochzeit halten, um Gottes Segen zu erlangen. Was denken denn dann die Leute? Ich habe sie folgendermaßen getröstet: »Zum Sakrament der Ehe ist das Wichtigste, dass Gott, ein Priester und das Ehepaar dabei sind. Diese Hochzeit soll in ihrem Herzen und vor Gott stattfinden und nicht in einer äußeren Feier mit Sekt. Sie werden sehen, wie Gott ihre Familie segnet. Entscheiden Sie sich für Gott und nicht für die Welt.« Gott sei Dank hat

die Frau mir nach einigen Monaten mitgeteilt, dass ihre Ehe kirchlich gesegnet wurde.

Im Buch Klagelied 2,19 heißt es: »*Steh auf, klage bei Nacht, zu jeder Nachtwache Anfang! Schütte aus wie Wasser dein Herz vor dem Angesicht des Herrn! Erhebe zu ihm die Hände für deiner Kinder Leben, die vor Hunger verschmachten an den Ecken aller Straßen.*« Nicht nur für das leibliche Wohl soll gesorgt werden, viel wichtiger ist die Seele der Kinder. Bibellesen ist sehr wichtig, denn da steht alles geschrieben, wie Menschen mit Gott leben sollen. Das Wort Gottes ist eine Lebensanweisung. In Ps 1,2 heißt es: »*Wohl dem Mann, der Freude hat an der Weisung des Herrn, über seine Weisung nachsinnt bei Tag und bei Nacht.*« Vers 3: »*Er ist wie ein Baum, der an Wasserbächen gepflanzt ist, der zur rechten Zeit seine Frucht bringt und dessen Blätter nicht welken. Alles, was er tut, wird ihm gut gelingen.*« Also, wenn wir einen Baum in die Nähe von Wasser pflanzen, werden die Blätter nicht welken und er wird Früchte bringen. So ist es auch, wenn wir Gottes Wort ernst nehmen und danach leben. Nur indem wir seine Gebote halten, kann Gottes Segen in der Familie sein. Wir lesen in der Bibel, seid fruchtbar und vermehrt euch. Manche Menschen sagen, wir wollen keine Kinder oder höchstens ein Kind. Das stimmt nicht mit Gottes Gebot überein.

Einmal während meines Heimaturlaubs in Indien kam ein Ehepaar zu mir. Seit elf Jahren waren sie schon verheiratet. Sie hatten sich immer sehr ein Kind gewünscht. Im Gespräch habe ich verstanden, dass sie beide noch zu vergeben hatten. Ich versuchte der Frau klar zu machen, dass es besser ist, kein Kind zu haben, so lange sie der Schwiegermutter nicht vergibt und mit ihr in Streit lebt. »Stellen Sie sich vor, wie sich Ihr innerer Zustand auf das Kind übertragen würde! Es wäre vermutlich sehr aggressiv und zornig.« Ich habe sie gefragt, ob sie bereit ist, ihrer Schwiegermutter von Herzen zu vergeben. Sie sagte: »Ja ich bin bereit.« Ich habe sie weiter gefragt, ob sie bereit ist, ihre Sünden zu bereuen und zur Beichte zu gehen. Dann fügte ich noch hinzu, dass sie die erste Stel-

le Jesus Christus geben sollte und nicht dem Wunsch nach einem Kind. Sie sollte sagen: »Herr, Dein Wille geschehe!« Nachdem sie viel geweint hat, und nachdem sie ihrer Schwiegermutter von Herzen vergeben hat, habe ich für sie gebetet und habe die Verheißung in Anspruch genommen, die wir im Buch Jer 33,3 lesen: *»Rufe zu mir, so will ich dir antworten und dir große, unfassbare Dinge mitteilen, die du nicht kennst.«* Mit großem Vertrauen haben wir gemeinsam zu Gott gerufen. Und er hat uns Antwort gegeben. Drei Monate später, habe ich erfahren, dass die Frau schwanger geworden ist.
Preiset den Herrn! Gott ist groß und barmherzig.

In Gen 2,16.17 steht weiter: *»Dann gebot Gott, der Herr, dem Menschen. Von allen Bäumen des Gartens darfst du essen, doch vom Baum der Erkenntnis von Gut und Böse darfst du nicht essen; denn sobald du davon isst, wirst du sterben.«* Nur Gott weiß, was gut und was nicht gut für uns ist. Weil er uns liebt, hat uns Gott diese Weisung gegeben. Sie enthält die Warnung vor einer Gefahr: *»Denn sobald du davon isst, wirst du sterben.«* Also hat Gott den Tod nicht gemacht. Im Buch der Weisheit 1, 13 lesen wir: *»Denn Gott hat den Tod nicht gemacht und hat keine Freude am Untergang der Lebenden.«* Weiter lesen wir in Weish 2,23: *»Gott hat den Menschen zur Unvergänglichkeit erschaffen und zum Bild seines eigenen Wesens gemacht.«*
Vers 24: *»Doch durch den Neid des Teufels kam der Tod in die Welt und ihn erfahren alle, die ihm angehören.«* Wie hat Satan den Menschen zur Sünde verführt? Wir lesen in Gen 3 ab Vers 1: *»Die Schlange sagte zu der Frau: Hat Gott wirklich gesagt: Ihr dürft von keinem Baum des Gartens essen? Die Frau entgegnete der Schlange: Von den Früchten der Bäume im Garten dürfen wir essen. Nur von den Früchten des Baumes, der in der Mitte des Gartens steht, hat Gott gesagt: Davon dürft ihr nicht essen und daran dürft ihr nicht rühren, sonst werdet ihr sterben.«* Im Vers 4 lesen wir: *»Darauf sagte die Schlange zur Frau: ' Nein, ihr werdet nicht sterben. Gott weiß vielmehr: Sobald ihr davon*

esst gehen euch die Augen auf; ihr werdet wie Gott sein und erkennt Gut und Böse'.«
Eva hat alles geglaubt, was die Schlange gesagt hat. Nicht nur sie hat die verbotene Frucht gegessen. Sie gab auch ihrem Mann, so lesen wir: Adam war auch dabei. Adam hat nicht gesagt, Frau, wir wollen nicht davon essen, das ist eine Sünde. Nein, er hat mitgemacht und wir sehen, er ist mitschuldig geworden. Oft zieht ein Ehepartner den anderen zur Sünde mit.
So ist es auch im Eheleben noch heute. Beispielsweise sagt eine Frau zu ihrem Mann: Lass uns zur heiligen Messe gehen, es ist Sonntag und der Mann sagt: Nein heute machen wir uns einen schönen Tag, wir unternehmen einen Ausflug. Und die Frau macht mit.

Nachdem Adam und Eva gesündigt haben, bekamen sie Angst und haben sich vor Gott versteckt und sich damit von Gott getrennt. Ohne Gott ist das Familienleben schwer. Es gibt keine Freude im Herzen. Die gleiche Schlange, der Teufel, ist heute noch genauso am Werk wie im Paradies und verführt die Menschen.
Eine Frau, die Alkoholikerin war, hatte vor vier Jahren bei uns an Exerzitien teilgenommen. Seither ist sie, Gott sei Dank, von ihrer Sucht geheilt. Im vergangenen Jahr rief mich diese Frau an, sie wäre jetzt in einer ganz großen Not und bräuchte Hilfe durch unser Gebet. »Bitte beten Sie für uns! Meine Schwiegertochter ist schwanger mit ihrem dritten Kind. Sie hat bereits zwei gesunde Kinder, aber dieses Kind will sie abtreiben lassen.«
Ich gab ihr zur Antwort: »Ich will nicht nur für sie beten, ich will auch mit ihr sprechen, bitte geben Sie mir die Telefonnummer ihrer Schwiegertochter.« Darauf rief ich sie an und die Schwiegertochter erzählte mir von ihrem Problem. Sie hatte keine Hilfe, weder von ihrem Ehemann noch von ihrer Schwiegermutter, und sie selbst fühlte sich mit ihren Nerven am Ende und überfordert, wenn sie noch ein Kind erziehen müsse. Deshalb lehne sie das Kind ab. Ich habe ihr ganz ruhig zugehört und gesagt: »Wollen Sie nicht hören, wie das Kind in ihrem Schoß

weint! 'Mami, warum willst du mich töten? Lass mich leben, ich liebe dich, du hast mich doch noch nicht gesehen. Ich kann doch nichts dafür, dass ich in deinem Schoß entstanden bin. Wie kannst du mich töten! Ich kann ja nicht weglaufen, denn ich bin in deinem Schoß eingeschlossen. Lass mich leben, Mami, denn ich liebe dich'.«

Daraufhin wurde die Frau ganz still.

Ich sagte ihr, es ist viel schlimmer für ihre Nerven, ein Kind abzutreiben und im Bewusstsein der Schuld zu leben, als ein drittes Kind zu erziehen. Ich weiß das aus meiner eigenen Erfahrung mit Frauen, die abgetrieben haben und daraufhin depressiv und sogar psychisch krank geworden sind.

Gott sei Dank hat sich die Frau nach dem Gespräch mit mir entschieden, das Kind nicht abzutreiben. Sie kam sogar mit ihrem Mann zu mir und hat sich bedankt. Sie sprach schon davon, dass sie nach der Geburt auch das Kind einmal zu mir bringen wollte. Etwa vier Wochen später hat ihr Ehemann mich sehr aufgeregt angerufen und gesagt, dass seine Frau jetzt doch einen Termin am nächsten Tag beim Arzt hätte, um die Abtreibung durchführen zu lassen. Ich war erschrocken und wollte unbedingt mit seiner Frau sprechen. Zuerst wollte sie nicht ans Telefon kommen, doch dann kam sie. Sie erzählte mir, dass sie einen großen Streit mit ihrem Ehemann hatte und sie auf keinen Fall das Kind von ihm behalten will. Im Herzen betend habe ich angefangen, mit ihr zu reden: »Nur weil ihr zwei streitet, darf das Kind nicht zur Welt kommen, sondern muss getötet werden?! Das ist eine große Sünde gegen Gott, der unser Schöpfer ist. Ich flehe Sie an, lassen Sie das Kind leben! Ich war so traurig, dass ich selber wegen dem Kind weinen musste. Da habe ich verstanden und gesagt: 'Jetzt weint ihr Kind'.« Die Mutter hat auch angefangen zu weinen und, Gott sei Dank, hat sie verstanden, dass die Abtreibung ein Mord ist und gegen das fünfte Gebot verstößt. Im Herzen erschüttert hat sie mir versprochen, dass sie nicht zum Arzt geht und das Kind behalten will. Danach habe ich weiterhin für sie gebetet aber nichts mehr von ihr gehört. Vor einigen Tagen habe ich beim Aufräumen ihre Telefonnummer in die Hände bekommen. Mit Herzklopfen

habe ich angerufen und ein Mädchen war am Telefon. Die erste Frage von mir war: »Wie geht es euch beiden Kindern?« Sie sagte mir, wir sind nicht mehr zu zweit, wir sind zu dritt! Ich konnte laut Halleluja jubeln, weil das Kind lebt!
Auch die Mutter kam dann ans Telefon. Sie hat sich sehr gefreut und sagte, dass sie oft an mich gedacht hat und dass sie mich mit ihrem Kind besuchen wird. Demnächst will die ganze Familie kommen.
Ist es nicht traurig, dass es in Ehen und Familien durch Streit zu Abtreibung kommt?
In Gen 3,17 lesen wir: *»Zu Adam sprach Gott. Weil du auf deine Frau gehört und von dem Baum gegessen hast, von dem zu essen ich dir verboten hatte: So ist verflucht der Ackerboden deinetwegen. Unter Mühsal wirst du von ihm essen alle Tage deines Lebens.«* Vers 18: *»Dornen und Disteln lässt er dir wachsen und die Pflanzen des Feldes musst du essen.«*
Der Mann war Sklave von seiner Frau. Er hat Gott und seine Gebote missachtet. Weil Adam gesündigt hat, wurde der Ackerboden verflucht. Wir lesen: *»Dornen und Disteln lässt er dir wachsen.«* Dornen können Krankheiten sein, Disteln die Probleme der Familie. Weil Adam und Eva gesündigt haben, haben wir diese Sünde von ihnen geerbt. So können auch durch die Sünden unserer Vorfahren und Eltern in der Familie Krankheiten und Probleme weitergegeben werden, so kann es von Generation zu Generation Alkoholiker geben, Selbstmordfälle, depressive Menschen und Menschen mit schlechten Gewohnheiten.
Ich weiß von Geschiedenen, die wieder mit einem Partner zusammenleben. In solch einer Familie wurde ein acht Monate altes Kind krank. Die Eltern waren mit dem Kind, das jetzt vier Jahre alt ist bei uns und haben fünf Tage das Wort Gottes gehört. Sie haben verstanden, dass sie das Kind in Sünde gezeugt haben und dass sie in Sünde leben. Sie haben sich vorgenommen, in Zukunft nicht mehr so weiter zu machen, sondern wie Bruder und Schwester zusammen zu leben. Nach vier Jahre langem Leiden wurde das Kind von Jesus geheilt.
Preiset den Herrn!

Wir lesen in Joh 10,10: *»Der Dieb kommt nur um zu stehlen, zu schlachten und zu vernichten; ich bin gekommen, damit sie das Leben haben und es in Fülle haben.«* Willst Du ein neues Leben mit Jesus anfangen? Bereue Deine Sünden und verzichte auf die sündige Umgebung!

Im Eheleben ist es wichtig, dass die Ehepartner sich gegenseitig so respektieren, wie sie sind. Gott nimmt auch jeden von uns so an, wie er ist. Gott bestimmt die Eheleute füreinander und führt sie zusammen, um eine Familie zu gründen. Oft zeigt es sich, nach der Hochzeit, dass der Ehepartner nicht so ist, wie man sich ihn vorgestellt hat. Vielleicht kommt eine bestimmte Schwäche zum Vorschein, die unerträglich ist. Wir wollen es uns so vorstellen, wie wenn diese Person in einer Grube liegt und sich nicht allein ohne Hilfe des anderen befreien kann. Aber oft wird das Zusammenleben durch das Benehmen und die Lieblosigkeit des Partners immer unerträglicher, bis hin zur Scheidung. Oft mangelt es nur an einem verstehenden Wort für den anderen, der in der Grube liegt und Hilfe braucht.
Gott sagt in Joh 15,12: *»Liebt einander so, wie ich euch geliebt habe.«* In der Ehe soll man diese Lehre sehr ernst nehmen. Wenn ich selbst Ablehnung erfahre, sollte ich nicht auch ablehnen. Annehmen lernen, ist sehr wichtig im Eheleben. Jeder bringt seine eigenen inneren Verletzungen mit. So ist man schneller verletzbar. Man sollte keine Entscheidungen ohne den Ehepartner treffen. So wie sich Ehepartner ohne Scham begegnen, so sollten sie auch innerlich ganz offen und ehrlich zueinander sein.

In Joh 15,5 lesen wir, wie Jesus sagt: *»Ich bin der Weinstock, ihr seid die Reben. Wer in mir bleibt und in wem ich bleibe, der bringt reiche Frucht, denn getrennt von mir könnt ihr nichts vollbringen.«* Getrennt von Jesus können wir in der Familie keinen wahren Frieden und keine wahre Freude erfahren. Jesus soll in der Familie Mittelpunkt sein. In Ps

127,1 heißt es: *»Wenn nicht der Herr das Haus baut, müht sich jeder umsonst, der daran baut. Wenn nicht der Herr die Stadt bewacht, wacht der Wächter umsonst.«* Vers 127,2: *»Es ist umsonst, dass ihr früh aufsteht und euch spät erst niedersetzt, um das Brot der Mühsal zu essen; denn der Herr gibt es den Seinen im Schlaf.«* Wir sollen Jesus die erste Stelle in unserer Familie geben und alle Sorgen, alle Last ihm täglich neu abgeben.

In 1 Petr 3,1-5 sagt Petrus zu den Frauen: *»Ebenso sollt ihr Frauen euch euren Männern unterordnen, damit auch sie, falls sie dem Wort (des Evangeliums) nicht gehorchen, durch das Leben ihrer Frauen ohne Worte gewonnen werden, wenn sie sehen, wie ehrfürchtig und rein ihr lebt. Nicht auf äußeren Schmuck sollt ihr Wert legen, auf Haartracht, Gold und prächtige Kleider, sondern was im Herzen verborgen ist, das sei euer unvergänglicher Schmuck: ein sanftes und ruhiges Wesen. Das ist wertvoll in Gottes Augen. So haben sich einst auch die heiligen Frauen geschmückt, die ihre Hoffnung auf Gott setzten: Sie ordneten sich ihren Männern unter.«*
In 1 Petr 3,7 lesen wir wie Petrus zu den Männern spricht: *»Ebenso sollt ihr Männer im Umgang mit euren Frauen rücksichtsvoll sein, denn sie sind der schwächere Teil; ehrt sie, denn auch sie sind Erben der Gnade des Lebens. So wird euren Gebeten nichts mehr im Weg stehen.«* In Deut 5,16 lesen wir, was die Kinder tun sollen: *»Ehre deinen Vater und deine Mutter, wie es dir der Herr, dein Gott, zur Pflicht gemacht hat, damit du lange lebst, und es dir gut geht in dem Land, das der Herr, dein Gott, dir gibt.«*
In Joh 6,37 sagt Jesus: *»Alles, was der Vater mir gibt, wird zu mir kommen. Und wer zu mir kommt, den werde ich nicht abweisen.«*
Gott sei Dank kommen durch die Erneuerung im heiligen Geist viele Familien zu Jesus zurück und er weist sie nicht ab. Jesus sagt in Mt 11,28: *»Kommt alle zu mir, die ihr euch plagt und schwere Lasten zu tragen habt. Ich werde euch Ruhe verschaffen.«*

Alles Jesus abzugeben, ist das Wichtigste im Leben, denn Er sorgt für uns wie es in Mt 21,22 heißt: *»Und alles, was ihr im Gebet erbittet, werdet ihr erhalten, wenn ihr glaubt.«* Deshalb wollen wir in der Familie zusammen beten. Wir wollen auch hören, wie Jesus in das Haus von Zachäus kam. In Lk 19,9 lesen wir: *»Heute ist diesem Haus das Heil geschenkt worden.«*
Lassen Sie in Ihrer Familie Jesus immer zu Gast sein, damit Er auch Ihnen in Ihrer Familie für immer das Heil schenken kann.

So empfehle ich Ihnen: Nehmen Sie sich ab heute das gemeinsame Familiengebet vor und schließen Sie Ihren Tag mit gegenseitiger Versöhnung und Segnung ab.

Preiset den Herrn!

Kapitel 15: Lobpreis

Es ist mir eine große Freude und ein besonderes Anliegen, über das Thema »Lobpreis« zu schreiben. Ich möchte Ihnen darlegen, wie wir in unserem täglichen Gebet unseren Gott und Schöpfer lobpreisen sollen und dürfen.

Unsere katholische Kirche kennt diesen Lobpreis schon immer. In der Heiligen Messe wird dies besonders deutlich: Wir beginnen die Eucharistiefeier, indem wir Gott die Ehre geben: Dem Vater, dem Sohn und dem Heiligen Geist. Eucharistie heißt Danksagung. Im Gloria verbinden wir uns mit den Engeln von Bethlehem, so wie wir es im Lk 2,13-14 lesen: *»Und plötzlich war bei dem Engel ein großes himmlisches Heer, das Gott lobte und sprach: Verherrlicht ist Gott in der Höhe und auf Erden ist Friede bei den Menschen seiner Gnade.«*

In der täglichen Liturgie finden sich viele Lobpreislieder. Im Stundengebet der Kirche beten wir die Psalmen zum Beispiel Ps 63: *» [2] Gott, du mein Gott, dich suche ich, meine Seele dürstet nach dir. Nach dir schmachtet mein Leib wie dürres, lechzendes Land ohne Wasser. ... [4] Denn deine Huld ist besser als das Leben; darum preisen dich meine Lippen. [5] Ich will dich rühmen mein Leben lang, in deinem Namen die Hände erheben. [6] ...mit jubelnden Lippen soll mein Mund dich preisen. [7] Ich denke an dich auf nächtlichem Lager und sinne über dich nach, wenn ich wache. [8] Ja, du wurdest meine Hilfe; jubeln kann ich im Schatten deiner Flügel. [9] Meine Seele hängt an dir, deine rechte Hand hält mich fest.«*

Schon immer hat die Kirche gewusst, dass wir unseren Gott, wegen Seiner Großtaten an uns preisen sollen oder wie es in Psalm 71 heißt: *»[16] ... deine großen und gerechten Taten allein will ich rühmen«,* und das nicht nur mit Mund und Herzen, sondern auch mit Erheben der Hände sollen wir Ihn freudig lobpreisen.

Die Bibel lehrt uns, was Gottes Wille ist: das Leben soll voller Lobpreis sein! Wer die Bibel kennt, weiß, was Lobpreis ist, wie wir Gott, den allmächtigen Schöpfer, täglich loben und preisen dürfen. Es ist wichtig, dass der Lobpreis in unserem Leben einen festen Platz hat. Im Alten- wie im Neuen Testament können wir oft über den Lobpreis lesen, besonders in den Psalmen.

In Daniel 6,11 lesen wir: *»Daniel kniete dreimal am Tag nieder und richtete sein Gebet und seinen Lobpreis an seinen Gott, ganz so wie er es gewohnt war.«* Wir sehen hier, wie Daniel dreimal täglich Gott gelobt und gepriesen hat. Der Psalmist sagt in Ps 119,164: *»Siebenmal am Tag singe ich Dein Lob.«* Also, dürfen Sie selbst entscheiden, ob Sie Gott drei Mal oder sieben Mal am Tag, wie im kirchlichen Stundengebet (Brevier), lobpreisen wollen.

In 1 Thess 5,16-18 lesen wir: *»Freut euch zu jeder Zeit! Betet ohne Unterlass! Dankt für alles, denn das will Gott von euch, die Ihr Jesus Christus gehört.« »Zu jeder Zeit«* heißt, in jeder Lebenslage, ob es uns schlecht geht oder gut; ob wir krank sind oder gesund, ob wir Misserfolg haben oder ob wir erfolgreich sind.

Gerade denke ich an meine erste Lobpreiserfahrung im Krankenbett. Eines Tages musste ich, aufgrund von Knochenschmerzen am Fuß, überraschend ins Krankenhaus. Die Ärzte stellten fest, dass bereits am nächsten Tag eine große Operation notwendig war. Nachdem der Arzt mir persönlich mitgeteilt hatte, wie ernst die Lage war, bekam ich große Angst. Mein Blick fiel auf das Kreuz an der Wand. Da gingen mir die Augen auf und ich sagte: Bis heute hast Du mir zwei gesunde Beine geschenkt. Ich habe Dir nie dafür gedankt.
Plötzlich wurde mir bewusst, was Gott mir in meinem Leben schon alles geschenkt und was ich nicht besonders beachtet hatte. Alles, was ich bin und habe, alles kam von meinem Schöpfer. Unverdient hat Er mir so

vieles geschenkt! Wunderbar hat Er mich im Mutterleib gewoben und geformt.
Da begann ich, meinen Gott von Herzen zu loben und zu preisen, auch für diesen Zustand. Das war der erste bewusste Lobpreis in meinem Leben; diese Art Lobpreis führe ich bis heute aus.
Plötzlich waren meine Ängste verschwunden. Es kam eine große Ruhe über mich. Preiset den Herrn. Hallelujah!

Was heißt eigentlich Hallelujah? Das ist ein Lobpreis für unseren Gott. Das Wort kommt aus der Hebräischen Sprache: Es ist eine Aufforderung, ein »Imperativ«, Jahwe, also Gott, zu preisen. »Hallelu« = preiset »jah«, auf gut Deutsch: »*Preiset den Herrn*!« Dieses »jah« ist eine Kurzform des Gottesnamens Jahwe, unter dem sich der Herr dem Mose am brennenden Dornbusch in der Wüste geoffenbart hat und von dem Er Selbst sagte: *»Das ist mein Name für immer, und so wird man mich nennen in allen Generationen.«* Ex 3,15.
Auf der ganzen Welt gibt es nur ein einziges Wort, das in allen Sprachen gleich ist und das man ohne Übersetzung verstehen kann: *Hallelujah*. Bei meiner Arbeit in der Evangelisation habe ich es dadurch leicht, die Menschen in den vielen Ländern mit einem *Hallelujah* zu begrüßen.

Als ich das erste Mal in Rumänien Exerzitien gehalten habe, habe ich auch einen alten Herrn mit *Hallelujah* begrüßt. Der Mann konnte mir nicht antworten. Ich wiederholte noch einmal: *»Hallelujah«*, um ihn aufzumuntern. Da sah ich, dass er weinte. Ich erfuhr von seiner Frau, dass er seit einem Schlaganfall nicht mehr sprechen konnte, also konnte er auch nicht »Hallelujah« sagen. Ich hatte Mitleid mit ihm und wollte für ihn beten. Deshalb habe ich den Priester und alle Teilnehmer gerufen und wir sind zusammen in die Kirche gegangen. In der Kirche fiel mir ein, wie Gott durch den Propheten Jeremia zu uns gesprochen hat, Jer 33,3: *»Rufe zu mir, so will ich dir antworten und dir große, unfassbare Dinge mitteilen, die du nicht kennst.«* An diese Verheißung habe ich fest geglaubt. Da haben wir alle gemeinsam laut gebetet für den

Großvater; mit großem Vertrauen haben wir für ihn gebetet, denn bei Gott ist nichts unmöglich. Dann habe ich mich zu ihm gebeugt und hörte wie er vorsichtig Hal-le-lu-ja sagte. Alle, die das erlebten, waren voller Freude, und mit großer Begeisterung haben sie laut Gott gelobt und gepriesen. Seine Frau hat mir später noch einen Zeitungsartikel geschickt mit einer Übersetzung. Dort wurde berichtet, wie der Mann seine Sprache vollständig wieder gefunden hat. Sie schrieb uns noch, dass er jetzt nicht nur »Halleluja« sagen, sonder auch Rosenkranz beten und ganz normal sprechen kann.
Da musste ich an die Vielen denken, die eine gesunde Zunge haben, die sprechen können, aber Gott nicht loben und danken.

Johannes schreibt in der Offb 19,1: *»Danach hörte ich etwas wie den lauten Ruf einer großen Schar im Himmel: Hallelujah.«* In Vers 6 lesen wir: *»Da hörte ich etwas wie den Ruf einer großen Schar und wie das Rauschen gewaltiger Wassermassen und wie das Rollen mächtiger Donner. Hallelujah!«* Viele Menschen sind erstaunt, wenn sie hören, wie wir an unseren Gebetstagen mit lauter Stimme Lobpreis halten. Wir wollen jedoch schon hier auf Erden für den Lobpreis im Himmel üben und jetzt schon, in dieser Welt, unserem Gott, dem Herrscher über die ganze Schöpfung, die Ehre erweisen durch unseren Lobpreis.

Wir lesen auch in Offb 7,9: *»Dann sah ich eine große Schar aus allen Nationen, Stämmen, Völkern und Sprachen. Niemand konnte sie zählen. Sie standen in weißen Gewändern vor dem Thron und vor dem Lamm und trugen Palmzweige in den Händen.«*
In Vers 10 heißt es: *»Sie riefen mit lauter Stimme: Die Rettung kommt von unserem Gott, der auf dem Thron sitzt und von dem Lamm.«*
So wird ein Lobpreis sein im Himmel - auch für uns, wenn wir gestorben sind. Da wird nicht geschaut, welche Hautfarbe wir haben oder zu welcher Nation wir gehören; ob man groß ist oder klein, denn wir lesen in Offb 19,5: *»...und eine Stimme kam vom Thron her: Preist unseren*

Herrn all seine Knechte und alle, die Ihn fürchten, Kleine und Große.« Nun wissen wir, welche Aufgabe wir im Himmel haben werden.

Viele gläubige Christen beten gerne für ihre eigenen Anliegen: für Heilungen, Befreiung von Ängsten, schlechten Gewohnheiten und Depressionen. Auch beten sie bei finanziellen Schwierigkeiten. Anstatt Gott für all das zu danken, was sie schon bekommen haben, jammern sie um das, was sie nicht haben.

Wie ist es möglich, dass man Gott für alles loben und preisen und ihm danken kann – auch für Probleme und Schwierigkeiten? Menschlich gesehen ist das sehr schwer.
Nach meiner Erfahrung will Gott uns durch jede Krankheit oder sonstige Probleme etwas mitteilen und uns näher zu sich führen. Ein Sprichwort sagt: »Not lehrt beten« und das stimmt und bewahrheitet sich noch heute. Ich habe durch meine Krankheit verstanden, dass ich mich ändern soll. Wenn ich heute zurückblicke, weiß ich meine damalige Krankheit zu schätzen; denn ohne sie würde ich heute nicht für die Evangelisation arbeiten.

In Röm 8,28 lesen wir: *»Wir wissen, dass Gott bei denen, die ihn lieben, alles zum Guten führt, bei denen, die nach seinem ewigen Plan berufen sind.«* Ich sehe heute Seinen Plan von damals: ich wurde dahin geführt, dass ich jetzt in vielen Ländern das Wort Gottes verkünden darf.

In Dan 3, ab 21 steht über die drei Männer, die um ihres Glaubens willen ins Feuer geworfen worden sind: *»Da wurden die Männer, wie sie waren, in ihren Röcken und Mänteln und Mützen und den übrigen Kleidungsstücken gefesselt und in den glühenden Feuerofen geworfen.«* Und dann heißt es: *»Doch sie gingen mitten in den Flammen umher, lobten Gott und priesen den Herrn.«* Sie taten es folgendermaßen: *»Gepriesen und gelobt seist Du Herr, Gott unserer Väter. Herrlich ist Dein Name in alle Ewigkeit.«* Und was geschah? *»Aber der Engel des*

Herrn war zusammen mit Asarja und seinen Gefährten in den Ofen hinabgestiegen. Er trieb die Flammen des Feuers aus dem Ofen hinaus und machte das Innere des Ofens so, als wehte ein taufrischer Wind. Das Feuer berührte sie gar nicht. Es tat ihnen nichts zuleide und belästigte sie nicht.«
Wir sehen wie die drei Jünglinge auch in diesem Zustand - sogar im Feuer - Gott gelobt und gepriesen haben. Dieser Lobpreis ist im Himmel angekommen, so dass Gott einen Engel gesandt hat. Ich füge hinzu: Sogar mit einer Klimaanlage! Durch ihren Lobpreis wurden sie von Gott in wunderbarer Weise gerettet!

In Ps 22 ,4 lesen wir, wie der Psalmist sagt: *»Du bist heilig! Du thronst über dem Lobpreis Israels.«* Das heißt: Gott wohnt im Lobpreis seines Volkes.

Wie kraftvoll Lobpreis ist, erfahren wir auch an unseren Gebetstagen. Wenn einige hundert Menschen zusammen Gott loben und preisen, können wir spüren, dass der Herr in unserem Lobpreis wohnt und wir erfahren seine Gegenwart durch innerliche und körperliche Heilungen.

Wie können wir unseren Gott loben und preisen?
Laut, leise, im Herzen, händeklatschend, händeerhebend, und so weiter. Viele haben Hemmungen, mit lauter Stimme zu lobpreisen und die Hände zu erheben.

In Jesus Sirach 43,30 lesen wir: *»Ihr, die ihr den Herrn lobt, singt laut, soviel ihr könnt, denn nie wird es genügen. Ihr, die ihr ihn preist, schöpft neue Kraft, werdet nicht müde, denn fassen könnt ihr es nie.“«*
Manchmal, wenn ich müde bin, gehe ich in die Kapelle und mache lauten Lobpreis. Dann spüre ich neue Kraft in mir und bin nicht mehr müde. Wir sehen: Gott gibt uns soviel Kraft, dass wir es selbst nicht fassen können. Wollen Sie Gott nicht auch laut loben und preisen?

In Ps 47, 2 lesen wir: *»Ihr Völker alle klatscht in die Hände. Jauchzt Gott zu mit lautem Jubel.«* Alle Völker sollen in die Hände klatschen wegen der Taten Gottes. Allein, wenn wir betrachten, wie schön die Blumen und die Pflanzen sind; besonders, wenn nach dem Winter wieder alles grün wird und mit neuer Pracht blüht. Woher kommt das alles, wenn nicht von Gott! Ist das nicht jeden Lobpreis wert?

Eine Familie aus Tirol hatte bei uns in Haus Raphael Exerzitien mitgemacht und dabei auch den Lobpreis kennen gelernt. Seitdem machen sie auch zu Hause in ihrer Familie Lobpreis. Als eine Tochter heiratete, wurde zu Beginn der Brautmesse eine halbe Stunde Lobpreis gemacht. Am Anfang haben sich die Gäste erstaunt gegenseitig angeschaut, denn das war ungewöhnlich für eine Hochzeit, dann haben sie nach und nach mitgemacht. Es war ein wunderbarer Lobpreis, man hätte meinen können, man sei im Himmel. Durch diesen Lobpreis konnte die anschließende Eucharistiefeier viel intensiver erlebt werden.
Liebe Leserinnen und Leser – wollen Sie auch solche Hochzeiten (mit)feiern?

Dazu fällt mir die Stelle bei Jesus Sirach 39,15 ein: *»Verherrlicht seinen Namen, feiert ihn mit Lobgesang, mit Liedern zu Harfe und Saitenspiel.«* Gott will also, dass wir jede Feier mit einem Lobpreis beginnen. In Ps 66,1-2 lesen wir: *»Jauchzt vor Gott alle Länder der Erde, spielt zum Ruhm seines Namens; verherrlicht Ihn mit Lobpreis!«* Wir lesen immer wieder: alle Länder—nicht nur ein Teil der Völker! Manchmal behaupten Menschen, laut Lobpreis zu machen, das passe nicht nach Europa, das sei indische Mentalität. Die Heilige Schrift ist aber für die ganze Menschheit bestimmt!

In Ps 63, 5 sagt der Psalmist, wir haben es schon zitiert: *»Ich will Dich rühmen mein Leben lang. In deinem Namen die Hände erheben.«* Wenn ich für meinen Gott nicht die Hände erheben kann, für wen dann sonst? Für einen Sportler, einen Schlagersänger? Frau Doktor Block, die uns ihr Haus Raphael für die Evangelisation geschenkt hat, musste den Lobpreis auch erst erlernen. Am Anfang konnte sie ihre Hände nur zaghaft erheben, aber jetzt kann man beim Lobpreis nicht mehr neben ihr stehen weil sie ihre Hände aus lauter Freude ganz hoch erhebt und bewegt. Sie sehen, wenn wir uns wirklich freuen, können wir unsere Hände beim Lobpreis auch ganz nach oben erheben.

Der ehemalige Bürgermeister einer Kleinstadt im Münsterland hatte an unseren Exerzitien teilgenommen. Anfangs hatte er den lauten Lobpreis nicht mitgemacht. Am letzten Tag hat er Zeugnis gegeben und gesagt: Am ersten Tag hat er gemeint, er sei in einem Kindergarten. Er konnte seine Hände nicht erheben. Dann hat er durch die Vorträge verstanden, dass auch ein Bürgermeister bei Gott klein werden muss. Denn es heißt in der Heiligen Schrift: *»Wenn ihr nicht wie die Kinder werdet, könnt ihr nicht in das Himmelreich kommen.« (Mt 18,3)* »Kind sein« heißt: Alles Gott überlassen. Kind bin ich, wenn ich persönlich für meinen Gott meine Hände erhebe und denke: Ja Herr, mach mit mir was du willst, Dein Wille soll an mir geschehen, es wird immer gut sein, denn Du meinst es immer gut mit mir.

Welchen Nutzen bringt uns der Lobpreis?

1. Wir bekommen unverhofften Frieden durch den Lobpreis.
   In Phil 4,6-7 lesen wir: *»Sorgt Euch um nichts, sondern bringt in jeder Lage betend und flehend eure Bitten mit Dank vor Gott. Und der Friede Gottes, der alles Verstehen übersteigt, wird Eure Herzen und eure Gedanken in der Gemeinschaft mit Christus Jesus bewahren.«* Wir sollen uns um nichts Sorgen machen, denn wenn wir Ihm alles abgeben, dann wird Er alles recht machen. Und wir sollen das Danken nicht vergessen. Im Psalm 103 können wir verschiedene Wirkungen des Lobpreises erfahren. In Vers 2 heißt es: *»Lobe den Herrn, meine Seele und vergiss nicht, was er dir Gutes getan hat.«*

2. Wenn wir Gott loben und Ihn preisen, werden unsere Krankheiten geheilt und unsere Schuld wird uns vergeben. In Vers 3 lesen wir nämlich: *»der dir all deine Schuld vergibt und all deine Gebrechen heilt.«*

3. Während wir Gott loben und preisen, wird Gott uns sein Erbarmen schenken. In Vers 4 lesen wir: *»...der dein Leben vor dem Untergang rettet und dich mit Huld und Erbarmen krönt.«*

4. In Vers 5 heißt es weiter: *»...der dich dein Leben lang mit seinen Gaben sättigt. Wie dem Adler wird dir die Jugend erneuert.«* Der Herr gibt alle seine Gaben, damit wir im Herzen jung bleiben. Die Menschen, die täglich, regelmäßig Lobpreis halten, bekommen eine starke positive Ausstrahlung.

5. Wir werden frei von Fesseln.
   In der Apg 16, 25-26 lesen wir: *»Um Mitternacht beteten Paulus und Silas und sangen Loblieder und die Gefangenen hörten ihnen zu. Plötzlich begann ein gewaltiges Erdbeben, so dass die Grundmauern des Gefängnisses wankten. Mit einem Schlag sprangen die Türen auf und allen fielen die Fesseln ab.«* Obwohl sie um ihres Glaubens willen ins Gefängnis geworfen, in Ketten gelegt und geschlagen worden waren, haben sie angefangen, Gott zu loben und zu preisen. Und Gott hat sie wunderbar befreit.

Dazu möchte ich mehrere Erfahrungen berichten:

Ein Herr Richard Wurmbrand ist in Rumänien ins Gefängnis gekommen. Vierzehn Jahre lang war er gefesselt, weil er das Wort Gottes verkündet hat. Seine gefesselten Hände hochhebend, hat er in seiner schwierigen Situation Gott gelobt und gepriesen. Wie durch ein Wunder ist er später freigekommen.

Eine weitere Erfahrung mit Lobpreis: Anton, der Alkoholiker war, hat an Exerzitien teilgenommen. Seine Frau und Kinder hatten ihn dorthin gebracht. Am letzten Tag der Exerzitien hat er Zeugnis gegeben, dass Jesus ihn von seiner Sucht befreit hat. Seit er im Exerzitienzentrum gewesen ist, hat Anton keinen Alkohol mehr gebraucht. Mit großer Freude ist er heimgekommen. Seine Frau und Kinder waren sehr gespannt und beobachteten ihn unauffällig, ob er wieder zur Flasche greifen würde. Es wurde Abend. Da wurde die Familie Zeuge eines seltsamen Benehmens: Anton ging mehrmals einige Treppenstufen hinunter in den Keller und wieder herauf. Plötzlich hat er angefangen, laut Lobpreis zu machen und hat eine Flasche Sprudel geholt und getrunken. Er erzählte seiner Familie dann: Er hat wahrgenommen, wie etwas in ihm zu ihm sagt: Anton, es ist Zeit, hinunterzugehen und zu trinken wie immer. Es sieht dich niemand. Du kannst das ruhig machen. Dann hat er eine andere Stimme gehört: Anton, ich habe dich geheilt. Du hast das nicht mehr nötig. So habe er wiederholt beide Stimmen gehört. In diesem Moment hat er an den Vortrag über Lobpreis gedacht: Wenn man in Versuchung kommt, soll man Lobpreis machen - dann wird der Böse weichen. Und deshalb hat er laut Lobpreis gemacht. Danach verspürte er kein Bedürfnis mehr nach Alkohol. Gott sei Dank ist er bis heute frei geblieben.

Wir sehen, wie gut es ist, wenn wir bei Problemen Lobpreis machen können, damit die Anfechtungen fernbleiben. Wir können uns auf unterschiedliche Weise gefesselt fühlen. Durch Lobpreis können wir frei werden.

Durch Lobpreis kann sogar ein Krieg gewonnen werden. Zwischen Amalek und den Israeliten war Krieg. Joshua kämpfte gegen Amalek. Mose und Aaron haben mit erhobenen Händen für den Sieg gebetet. Wir lesen in Exodus 17, 11-13: *»Solange Mose seine Hand erhoben hielt,* *war Israel stärker; sooft er aber die Hand sinken ließ, war Amalek stärker. Als dem Mose die Hände schwer wurden, holten sie einen Steinbrocken, schoben ihn unter Mose, und er setzte sich darauf. Aaron und Hur stützten seine Arme, der eine rechts, der andere links, so dass seine Hände erhoben blieben, bis die Sonne unterging. So besiegte Josua mit scharfem Schwert Amalek und sein Heer.«* Wir sehen hier, wie wichtig es ist, auch mit erhobenen Händen zu Gott zu rufen. Wenn wir mit erhobenen Händen dem Herrn die Ehre geben, dann gewinnen wir auch für unser Leben.

Wir lesen in 1 Chr 23,5 wie König David nach dem Tempelbau seine Leute zu verschiedenen Diensten eingeteilt hat. Zum Lobpreis heißt es dort: *»Viertausend sollten den Herrn mit den Instrumenten preisen, die David zum Lobpreis anfertigen ließ.«* Sein Dankgebet beendet König David in Kapitel 29, 20 wie folgt: *»Dann befahl David der ganzen Versammlung: Preist den Herrn, euren Gott. Und die ganze Versammlung lobte den Herrn, den Gott ihrer Väter. Sie verneigten sich und warfen sich nieder vor dem Herrn und dem König.«* Schon damals hat man erkannt, wie wichtig der Lobpreis ist.

Im Lobpreis geschieht folgendes:

Wir werden ganz frei für Gott und für Seine Liebe, wir spüren Seine Nähe und Seine Wärme, wir empfangen Seinen Frieden. Wir werden neu mit dem Heiligen Geist erfüllt und bekommen dadurch neue Kraft und neuen Mut. Wenn Sie solche Erfahrungen mit Lobpreis machen wollen, nehmen Sie sich Zeit, jeden Tag die großen Taten Gottes durch Loben und Danken zu rühmen.

Unsere Mutter Maria ist ein wunderbares Vorbild für uns, wie sie Gott einen herrlichen Lobpreis bei der Begegnung mit ihrer Base Elisabeth dargebracht hat. Im Lukas-Evangelium 1 ab 46 lesen wir:

»Meine Seele preist die Größe des Herrn,
und mein Geist jubelt über Gott, meinen Retter.
Denn auf die Niedrigkeit seiner Magd hat er geschaut.
Siehe, von nun an preisen mich selig alle Geschlechter.
Denn der Mächtige hat Großes an mir getan, und sein Name ist heilig.
Er erbarmt sich von Geschlecht zu Geschlecht über alle, die ihn fürchten.
Er vollbringt mit seinem Arm machtvolle Taten:
Er zerstreut, die im Herzen voll Hochmut sind; er stürzt die Mächtigen vom Thron und erhöht die Niedrigen. Die Hungernden beschenkt er mit seinen Gaben und lässt die Reichen leer ausgehen. Er nimmt sich seines Knechtes Israel an und denkt an sein Erbarmen, das er unsern Vätern verheißen hat, Abraham und seinen Nachkommen auf ewig.«

Lassen Sie uns häufig mit der Gottesmutter diesen Lobpreis halten!

Nachwort

Der Evangelist Lukas schreibt, nachdem er das uns bekannte Evangelium niedergeschrieben hat an einen Freund:
»Im ersten Buch, lieber Theophilus, habe ich über alles berichtet, was Jesus getan und gelehrt hat, [2] *bis zu dem Tag, an dem er (in den Himmel) aufgenommen wurde. Vorher hat er durch den Heiligen Geist den Aposteln, die er sich erwählt hatte, Anweisungen gegeben.* [3] *Ihnen hat er nach seinem Leiden durch viele Beweise gezeigt, dass er lebt; vierzig Tage hindurch ist er ihnen erschienen und hat vom Reich Gottes gesprochen.* [4] *Beim gemeinsamen Mahl gebot er ihnen: Geht nicht weg von Jerusalem, sondern wartet auf die Verheißung des Vaters, die ihr von mir vernommen habt.* [5] *Johannes hat mit Wasser getauft, ihr aber werdet schon in wenigen Tagen mit dem Heiligen Geist getauft.* [6] *Als sie nun beisammen waren, fragten sie ihn: Herr, stellst du in dieser Zeit das Reich für Israel wieder her?* [7] *Er sagte zu ihnen: Euch steht es nicht zu, Zeiten und Fristen zu erfahren, die der Vater in seiner Macht festgesetzt hat.* [8] *Aber ihr werdet die Kraft des Heiligen Geistes empfangen, der auf euch herabkommen wird; und ihr werdet meine Zeugen sein in Jerusalem und in ganz Judäa und Samarien und bis an die Grenzen der Erde.«* Apostelgeschichte (Apg) 1,1-8
Jesus, der Herr, hat also in den ersten »vierzigtägigen Exerzitien« Seine Jünger voll und ganz eingewiesen in den Auftrag, den sie als Kirche in dieser Welt haben: *»Ihr werdet meine Zeugen sein in Jerusalem und in ganz Judäa und Samarien und bis an die Grenzen der Erde.«*

Als sich im vorigen Jahrhundert deutlich abzeichnete, dass der Eifer für die Verkündigung der Botschaft Jesu Christi offensichtlich nachgelassen hatte und sich eine große Verwirrung in der Kirche breit machte, hat Papst Johannes Paul II. laut und deutlich zu einer »Neuevangelisierung« aufgerufen. Das wollte er in zwei Richtungen: Einmal nach innen in die Kirche hinein, wie es im Brief an die Hebräer heißt: » *…macht die erschlafften Hände wieder stark und die wankenden Knie wieder fest,*

13 und ebnet die Wege für eure Füße, damit die lahmen Glieder nicht ausgerenkt, sondern geheilt werden. 14 Strebt voll Eifer nach Frieden mit allen und nach der Heiligung, ohne die keiner den Herrn sehen wird. 15 Seht zu, dass niemand die Gnade Gottes verscherzt, dass keine bittere Wurzel wächst und Schaden stiftet und durch sie alle vergiftet werden, 16 dass keiner unzüchtig ist oder gottlos wie Esau, der für eine einzige Mahlzeit sein Erstgeburtsrecht verkaufte. Hebr 12,12-16
Es geht also darum nach Heiligung zu streben, damit wir geheilt werden. Dem dient die Neuevangelisierung hauptsächlich. Das ist aber nur die eine Seite. Die andere, zweite Seite, hat Papst Paul VI. in seinem Apostolischen Schreiben »Evangelii nuntiandi« (8. Dezember 1975) angesprochen und dieses ist eine Vergegenwärtigung des Auftrags Jesu: *»Geht hinaus in die ganze Welt, und verkündet das Evangelium allen Geschöpfen! 16 Wer glaubt und sich taufen lässt, wird gerettet; wer aber nicht glaubt, wird verdammt werden. 17 Und durch die, die zum Glauben gekommen sind, werden folgende Zeichen geschehen: In meinem Namen werden sie Dämonen austreiben; sie werden in neuen Sprachen reden; 18 wenn sie Schlangen anfassen oder tödliches Gift trinken, wird es ihnen nicht schaden; und die Kranken, denen sie die Hände auflegen, werden gesund werden.«* Mk 16:15-18

Dieses Buch von Sr. Margaritha Valappila berichtet genau davon. Wenn Sie es aufmerksam gelesen haben und im Herzen auf das Wort Gottes hören, werden Sie gewiss auch an dem Segen teilhaben, den viele Hörer seelisch und leiblich empfangen haben, die diese Verkündigung life gehört und am Lobpreis teilgenommen haben. Tragen Sie bei, zu diesem großen Werk, durch Ihre Fürbitte in Dankbarkeit für den Glauben und in Liebe.
Sr. Margaritha gehört zur Kongregation der Schwestern vom Heiligen Josef zu Saint Marc, Provinz St. Trudpert, auf deren Homepage zu lesen ist: »Als Ordensgemeinschaft in den Dienst der Kirche gerufen, fühlen wir uns dem missionarischen Auftrag der Kirche verbunden.« ee

»Gott rief ihm aus dem Dornbusch zu: Mose, Mose! Er antwortete: Hier bin ich. Der Herr sagte: Komm nicht näher heran! Leg deine Schuhe ab; denn der Ort, wo du stehst, ist heiliger Boden.«

Aus Ex 3

»Dank der Charismatischen Erneuerung haben viele Christen, Männer und Frauen, Jugendliche und Erwachsene, Pfingsten als lebendige Wirklichkeit wiederentdeckt, die in ihrem Alltagsleben gegenwärtig ist.« Johannes Paul II.

»Die ‚Initiative Brennender Dornbusch' ist die unablässige Anbetung, Tag und Nacht, vor dem Allerheiligsten; eine Einladung an die Gläubigen zum ‚Obergemach zurückzukehren' also, vereint in der Betrachtung des Eucharistischen Geheimnisses, in der Fürbitte für die volle Einheit der Christen und die Umkehr der Sünder. Ich wünsche mir von ganzem Herzen, dass diese Initiative viele dazu führt, die Gaben des Geistes wiederzuentdecken, die ihre ursprüngliche Quelle in Pfingsten haben«, sagte der Papst am 29.05.2004

DANIELIS VERLAG 2005
ISBN 3-936004-00-5, 3. Auflage
€10,00

Hier einige gekürzte und ergänzte Zitate aus vorstehendem Buch

»Als ich an den langen Gebetsabend in Deutschland zurückdachte, der erst einige Tage zurücklag, bewegte mich das Verlangen, die Kirchengeschichte im letzten Jahrhundert nachzulesen ...

So setzte ich mich wieder mit den Worten von Papst Johannes XXIII. auseinander, der in Vorbereitung auf das II. Vatikanische Konzil alle Gläubigen aufforderte, für ein neue pfingstliche „Ausgießung des Heiligen Geistes" zu beten.

»Erneuere in unserer Zeit Deine Pfingstwunder. Gewähre der heiligen Kirche, dass sie mit Maria, der Mutter Jesu, einmütig und inständig im Gebet ausharre und unter der Führung des Heiligen Petrus das Reich des göttlichen Erlösers ausbreite, das Reich der Wahrheit und der Gerechtigkeit, das Reich der Liebe und des Friedens. Amen«

Diese Worte werden oft zitiert ... besonders im Zusammenhang mit den Anfängen der Katholisch-Charismatischen Erneuerung im Jahr 1967. Es ist erwähnenswert, dass Papst Johannes XXIII. persönliche Erfahrungen mit einer Fortdauer von Pfingsten gemacht hatte, einem Pfingsten in einem Dorf in der Tschechoslowakei, das auf das elfte Jahrhundert zurückging, wie Patti Gallagher Mansfield berichtet:
Als er noch Bischof Angelo Roncalli hieß, besuchte Johannes XXIII. regelmäßig ein kleines tschechoslowakisches Dorf von etwa 300 Einwohnern. ... Über viele Jahrhunderte hatten alle Katholiken dieses Dorfes das ganze Spektrum der Gnadengaben erfahren, so wie sie im ersten Korintherbrief (Kapitel 12) verzeichnet sind.

Diese charismatische Umgebung besuchte Bischof Roncalli wiederholt in den Dreißigerjahren und „er schien vollkommen damit vertraut zu sein, als Gaben des Geistes ausgeübt wurden."

Aus »Brennender Dornbusch« Seite 50

Der Heilige Geist wirkt und lebt in Seiner Kirche, wie, wann und wo Er will.

Epheser 2, 20:

»Ihr seid auf das Fundament der Apostel und Propheten gebaut; der Schlussstein ist Christus Jesus selbst.«

Dieses Buch berichtet vom geheimen Ursprung der Erneuerungsbewegung des letzten Jahrhunderts in der Kirche. Die selige Elena Guerra, sie lebte vom 23 Juni 1835 bis Karsamstag 1914 in Lucca, ist die Apostelin des Heiligen Geistes, durch die der Herr eine weltweite Erweckung angestoßen hat. Der sel. Papst Johannes XXIII. hat dies bestätigt, indem er sie bei der Seligsprechung im Jahre 1959 so nannte.

DANIELIS VERLAG 2005
ISBN 3-936004-01-5
€10,00

Hier Zitate aus »Die Frau des neuen Pfingsten....«, ab S. 73

»Elena hatte in ihren verschiedenen Tätigkeiten immer die Verehrung des Heiligen Geistes gefördert, zu der sie schon als Kind hingeführt worden war. Diese Verehrung hatte sie dann durch Studium, Meditation, Gebet und Lektüre bereichert. Es ist zudem zu bemerken, dass Elenas Spiritualität und inneres Leben nicht nur ein individualistisches und gefühlsmäßiges Merkmal - typisch für jene Zeit - besitzt, sondern dass sie immer mehr eine kirchliche Dimension bekommt.... Sie erfährt sich wie ein Wachtposten Gottes, der in der sich schweigend ausbreitenden Nacht warnt und zu DEM ruft, der allein Rettung und Licht bringen kann.

Mit einer ungewöhnlichen analytischen und zugleich synthetischen Fähigkeit erkennt sie die Situation der Gesellschaft und der Kirche. Ihre Vision ist kritisch, leidenschaftlich und gleichermaßen gelassen. ...Schon 1867 hatte Elena geschrieben: „Erinnern wir uns daran, dass der Heilige Geist Derjenige ist, der das Angesicht der Erde erneuert und jetzt ist diese Erneuerung notwendiger denn je. Vom Heiligen Geist können wir uns eine erfolgreiche Erneuerung der Kirche erwarten." ...Das bedeutet also: Verwirklicht die Kirche in der jeweiligen Zeit nicht ihre ständige Berufung zur Erneuerung „des Angesichts der Erde", so lebt sie nicht in der Atmosphäre des Abendmahlssaales und des Pfingstereignisses. Elena hatte ganz plötzlich die Eingebung verspürt, an den Papst zu schreiben und ihn zum Handeln zu drängen, damit die Kirche über die Rückkehr zum Heiligen Geist erneuert würde. ... in einer Kirche, die Braut des Geistes ist und mit einer christlichen Berufung, die man ohne die Gabe des Heiligen Geistes nicht einmal erfassen kann", „sieht" Elena, dass die Kirche wieder geistlich werden muss, dass sie den Heiligen Geist wieder entdecken muss, dass sie das immer wiederkehrende Pfingstereignis entdecken muss.

Um diese geistliche Dimension zurück zu gewinnen, drängt Elena alle, Priester, Bischöfe, Laien und nicht zuletzt den Papst dazu, sich einer Entscheidung zu stellen, was die Erneuerung der Kirche betrifft. Entweder der Heilige Geist entfacht die Lebendigkeit und das Feuer »der Kirche des Abendmahlssaals« in der heutigen Kirche wieder, oder man muss die Verweltlichung in Kauf nehmen.

„Der Welt fehlen Wahrheit und Liebe, weil sie den Geist Gottes, *der* Liebe und Wahrheit ist, von sich gestoßen hat. Wir alle sehen, ...den erbarmungswürdigen Zustand, dass die Welt auf den totalen Ruin zusteuert,... aber was tun wir, um die notwendige Rückkehr des Geistes Gottes ins Herz der Menschen zu beschleunigen?"«

3 ...es wird eine Zeit kommen, in der man die gesunde Lehre nicht erträgt. ...man wird der Wahrheit nicht mehr Gehör schenken, sondern sich Fabeleien zuwenden.
5 Du aber sei in allem nüchtern, ...verkünde das Evangelium, erfülle treu deinen Dienst!

2 Tim 4,3-5

Mag. Erika Gibello, Sekretärin des ehem. Vizepräsidenten der Internationalen Exorzisten-Vereinigung, Pfr. Rufus Pereira ist eine ausgewiesene Kennerin der östlichen religiöser Angebote und okkulter Praktiken. Sie zeigt die Gefahren, die aus Buddhismus, Schamanentum, Yoga, Pendeln, esoterischer Medizin für unseren Glauben kommen. Eine klare Orientierung die »Not-wendig« ist.

DANIELIS VERLAG 2007
ISBN 3-936004-02-1
€ 15.80